古典文獻研究輯刊

二三編

潘美月・杜潔祥 主編

第 16 冊

元曲釋詞（增訂版）（六）

王學奇、王靜竹 著

國家圖書館出版品預行編目資料

元曲釋詞（增訂版）（六）／王學奇、王靜竹 著 -- 初版 --
新北市：花木蘭文化出版社，2016〔民 105〕
目 20+242 面；19×26 公分
（古典文獻研究輯刊 二三編；第 16 冊）
ISBN 978-986-404-855-7（精裝）
1. 元曲 2. 曲評
011.08   105015206

古典文獻研究輯刊
二三編　第十六冊   ISBN：978-986-404-855-7

元曲釋詞（增訂版）（六）

作　　者　王學奇、王靜竹
主　　編　潘美月　杜潔祥
總 編 輯　杜潔祥
副總編輯　楊嘉樂
編　　輯　許郁翎、王筑　美術編輯　陳逸婷
企劃出版　北京大學文化資源研究中心
出　　版　花木蘭文化出版社
社　　長　高小娟
聯絡地址　235 新北市中和區中安街七二號十三樓
　　　　　電話：02-2923-1455／傳真：02-2923-1452
網　　址　http://www.huamulan.tw 信箱 hml 810518@gmail.com
印　　刷　普羅文化出版廣告事業
初　　版　2016 年 9 月
全書字數　1182776 字
定　　價　二三編 21 冊（精裝）新台幣 40,000 元

元曲釋詞（增訂版）（六）

王學奇、王靜竹　著

shi

元曲釋詞（增訂版・六）

王學奇　王靜竹著

然

「然」字在元曲中一般多用爲連詞（雖然）、轉接詞（但是）或肯定詞（是），例釋如下。

（一）

《董西廂》卷六【仙呂調・戀香衾】：「然終須相見，奈時下難捱。」

同書卷七【越調・雪裏梅花】：「然憔悴，尚天眞。」

同書卷七【越調・尾】：「我然是箇官人，卻待叫兀誰做縣君。」

《拜月亭》一【賺尾】：「然是弟兄心，般勤意，本（奈）酒量窄，推辭少喫。」

《三奪槊》三【攪箏琶】：「他每親父子，俺然是舊君臣，則是四海他人。」

《太平樂府》卷八朱庭玉散套【梁州第七・妓門庭】：「端的不曾見兀的般眞行院，雖是個女流輩，然住在花街柳陌，小末的誰及。」

然，猶連詞，然後再下相應之詞，把筆鋒一轉，例如上舉各例中的「奈」字、「尙」字、「卻」字、「則」字、「雖」字、等等，都是「然」字的相應詞。宋・黃庭堅《寄南陽謝外舅師》：「然知今人巧，未覺故人迂。」「然知」即「雖知」，「未」字與之相應也。在宋、元人口語中，又習慣於倒用「雖然」爲「然雖」，意義同「然」，例如：戲文《張協狀元》十二：「老漢然雖是個村肐落裏人，稍通些個人事。」戲文《小孫屠》七：「然雖路上堪行，

俺則（只）是心中未穩。」等等。此語晉已有之，如《晉書》卷五十九《八王傳序》：「然雖克滅權偪，猶足維翰王畿。」宋・吳自牧《夢梁錄》卷十三「團行」條：「然雖差役，如官司和僱支給錢未，反勝於民間僱倩工錢，而工役之輩，則歡樂而往也。」元、明仍沿用，如上舉各例及明雜劇王雲來《逍遙遊》【前腔】：「然雖如此，你要得知，不是師父度你的？還是那骷髏度你的？」

（二）

《看錢奴》四【紫花兒序】白：「雖則普濟貧人，然也有病好的。」

《誤入桃源》三【尾煞】白：「雖則被那兩個撞席的攪擾了這一會，然也喫得醉的醉了，飽的飽了，我們都散罷！」

上舉之例，「然」用為轉接詞，猶但是、可是、然而。此用法很早，如《漢書・高帝紀下》：「呂后問曰：『陛下百歲後，蕭相國既死，誰令代之？』上曰：『曹參可。』問其次，曰：『王陵可，然少戇，陳平可以助之。陳平知有餘；然難獨任。周勃重厚少文；然安劉氏者，必勃也。』」諸「然」字，並轉語也。

（三）

《黃鶴樓》三【尾聲】白：「不才劉備，乃景帝玄孫，中山靖王劉勝之後，然漢之宗葉。」

《千里獨行》楔、白：「兄弟，不然如此說，我如今有一計。」

《九世同居》二【煞尾】：「〔王伯清云：〕張公藝，莫不是九世不分居的張公藝？〔二末云：〕然也。」

上舉各例，「然」用為肯定詞，猶是。《論語・雍也》：「雍之言然。」言然，言是也。《史記・孔子世家》：「孔子欣然笑曰：『形狀末也，而謂似喪家之狗，然哉！然哉！』」重言「然哉」者，深以為是也。

熱莽

熱蟒

《西遊記》一本一齣【尾聲】：「拆散了美滿並頭蓮，接上這熱莽連枝樹。」

《㑳梅香》三【小桃紅】：「你也合將眼皮開放，你常好是熱蟒也沈東陽。」

《陽春白雪》前集二無名氏小令【壽陽曲】：「胡來得賽，熱莽得極，明明的抱著虎睡，惱番小姐摑了面皮，見丈人來怎生回避？」

粗率曰莽；熱莽，極言感情熱烈不能自制的情態。明·朱有燉《煙花夢》四折：「將海棠花揉的胭脂碎，他做了熱莽張君瑞。」凌濛初《虬髯翁》一折：「好熱莽他認了親，廝呼喚咱佔了彩。」亦其例也。莽，一作蟒，同音假借。（明·何良俊《四友齋曲說》引《㑳梅香》此語作「熱莽」）

熱粘

輯佚《蘇小卿月夜販茶船》【十二月】：「這廝把鶯花來熱粘，俺娘將財禮錢忙拈。你道是先憂來後喜，我著你有苦無甜。」

同劇【二煞】：「倚仗你馮魁茶引三千廣，強把蘇卿熱似粘。」（《詞林摘艷》卷三及《盛世新聲》【中呂粉蝶兒】錄此曲均作「熱粘」）

輯佚《死葬鴛鴦塚》【四門子】：「想今生料得難相占，我和他到九泉下熱廝粘。」

粘，膠著之謂也；熱粘，極言其親熱，即纏擾追隨、亦步亦趨的親暱狀。粘，一作沾，同音借用，如明·朱有燉《慶朔堂》四【水仙子】：「熱廝沾引的蜂蝶鬧。」《盛世新聲》亥集小令【滿庭芳】：「風情熱沾，巫雲暗結。」

熱樂

《詞林摘艷》卷四王伯成散套【仙呂點絳唇·爲照芳妍】：「我想這文武朝金殿，不熱樂如妃子列華筵。」

同書卷七王子一散套【商調集賢賓·鶯花寨近來誰戰討】：「熱樂似銀箏象板紫檀槽。」

熱樂，吳語，謂熱鬧。樂，是鬧字的聲轉。或作熱落，如《二刻拍案驚奇·懵教官愛女不受報，窮庠生助師得令終》：「且說高恩溪初時在女壻家裏過日，甚是熱落。」或作熱絡，如清·蓬園《負曝閑談》第十五回：「兩人甚是相處得來，便分外熱絡，每天鬧在一處。」現在仍有此說法。

按落、絡，同音借用。

熱趲（趲）

熱鑽（鑚）

《望江亭》一【幺篇】：「一會兒甜言熱趲，一會兒惡叉白賴；姑姑也，只被你直著俺兩下做人難！」

《西廂記》三本二折【滿庭芳】：「禁不得你甜話兒熱趲，好著我兩下裏做人難。」

輯佚《死葬鴛鴦塚》【採茶歌】：「你看他冷相攪，熱廝鑽，不明不暗話兒甜。」（《詞林摘艷》卷八「鑽」作「鑚」）

《樂府群珠》卷四失注小令【普天樂・居】：「干廝迓的姨夫快趁，緊統鏝的郎君熱趲，忒聰明的小姐休頑。」（《詞林摘艷》卷一「趲」作「趲」）

熱，用作甚辭，猶很、甚、十分、緊緊。趲者，催逼之也。」《集韻》：「趲，音讚，逼使走也。」故熱趲（趲），即緊緊催逼之意。又作熱鑽（鑚），義同。

按：鑽爲趲的音近假借字。

熱不熱

《詞林摘艷》卷五劉庭信散套【夜行船・新夢青樓一夢覺】：「我則怕這鍋水熱不熱，今番在恁，你則待調弄得話頭兒長，承當的呪兒磣。」

熱不熱，即熱；用「不」字，是以反語見義，起加強語氣作用。

熱忽剌

熱忽喇

《調風月》三【紫花兒序】：「好輕乞列薄命，熱忽剌姻緣，短古取恩情。」

《張生煮海》三【倘秀才】：「秀才家能軟款，會安詳，怎做這般熱忽喇的勾當？」

《詞林摘艷》卷一張鳴善小令【普天樂・詠世】：「顛不剌的見了萬千，滴溜撲輸了千萬，熱忽剌的姻緣誰曾慣？」

熱忽剌，即熱，如例一。又係狀親熱之詞，如例二、三。忽剌、忽喇，語助詞，無義。

熱地上蚰蜒

熱地蚰蜒

《魯齋郎》一【賺煞】：「也是俺連年裏時乖運蹇，可可的與那個惡那吒打個撞見，諕的我似沒頭鵝、熱地上蚰蜒。」

《玉壺春》一【六幺序】：「引的人意懸懸，似地熱地蚰蜒。」

元刊本《薛仁貴》四【憶王孫】：「薛仁貴歡娛，張士貴似熱地上蚰蜒沒是處。」

《合同文字》一【那吒令】：「一片心迷留迷亂焦，兩條腿滴羞篤速戰，恰便似熱地上蚰蜒。」

蚰蜒（yóu yán），節足動物，體圓長微扁，長約一、二寸，與蜈蚣同類，棲陰濕地。熱地上蚰蜒，形容焦灼難受，手足無措的樣子。《二刻拍案驚奇》卷二：「小道人就像熱地上蚰蜒，好生打熬不過，禁架不定。」同書卷八：「急得心癢難熬，好似熱地上蚰蜒，一歇兒立腳不定。」皆其例。

人人

人人，指一人或眾人，如：

（一）

《董西廂》卷四【中呂調・古輪臺】：「據自家冠世文章，謫仙才調，胸捲江淮，腸撐星斗，臉兒又清秀，怎不教那恁色的人人掛心頭？」

《牆頭馬上》一【寄生草】：「柳暗青煙密，花殘紅雨飛，這人人和柳渾相類。」

《太平樂府》卷三喬吉小令【天淨沙・即事】：「鶯鶯燕燕春春，花花柳柳眞眞，事事風風韻韻。嬌嬌嫩嫩，停停當當人人。」

《盛世新聲》亥集小令【折桂令】：「香冷誰焚？衾冷誰溫？薰得衾溫，少箇人人。」

人，重言之，則曰人人，是對所親愛者的暱稱，實指一個人。這種情詞戀語，宋代已然，例如：晏幾道【生查子】詞：「歸傍碧紗窗，說與人人道，眞箇別離難，不似相逢好。」歐陽修【蝶戀花詞：「翠被雙盤金縷鳳，憶得前春，有箇人人共。」黃庭堅【少年心】詞：「似合歡桃核眞堪人恨，心兒裏有兩箇人人。」辛棄疾【南歌子】詞：「有箇人人，把做鏡兒猜。」皆是。

（二）

《三戰呂布》一、白：「人人奮勇喫食，拚命當先。」

上舉之例，人人謂眾人也。《禮・表記》：「人人失其所好。」《孟子・離婁上》：「人人親其親，長其長，而天下平。」《史記・始皇紀》：「人人自安樂。」《漢書・賈誼傳》：「人人各如其意所出。」《後漢書・隗囂傳》：「王之將吏，群居穴處之後，人人抵掌，欲爲不善之計。」陶潛《飲酒》詩：「道喪向千歲，人人惜其情。」白居易《哭孔戡》詩：「從事得如此，人人以爲難。」皆其例。

人中

《裴度還帶》二【賀新郎】：「則他山根、印堂、人中貴。」

《燕青博魚》二【金盞兒】：「我將這大拇指去那廝人中裏掐。」

《謝金吾》二【感皇恩】：「我這裏掐人中，七娘子揪頭髮，一家兒鬧喧聒，不爭你沉沉不睡，撇下了即世的婆婆，卻教俺怎支持？怎發付？怎結末？」

人中，指人面上唇上正中之凹痕。元・陶宗儀《輟耕錄》卷五：「唇之上何以謂之人中？若曰：人身之中半，則當在臍腹間。蓋自此而上，眼耳鼻皆雙竅，自此面下，口暨二便皆單竅，三畫陰，三畫陽，成泰卦也。」相書上迷信說法：人中長一寸，壽一百。又，舊時對於昏迷不醒的人，就用手指掐他的人中，使其蘇甦，是一種搶救的手術。

人事

《合汗衫》四【雙調新水令】白：「有甚麼人事送些與老爺，就放了你去。」

《范張雞黍》一【醉中天】白：「小官在京師，也帶了些人事來送老母。」

《莊周夢》二【梁州】白：「我不曾將人事來，每位大姐贈一首詩。」

《留鞋記》楔、白：「你買這胭脂是做人事送人的？還是自己要用的？」

饋贈人的禮物叫做人事，明·徐光《暖姝由筆》云：「今人，凡交遊往來及贄見，不論貴賤，但有饋送之禮，貨物不等，皆謂之人事。」清·錢大昕《恒言錄·交際類》：「人事，禮物也。《許國東齋記事》云：『今人以物相遺，謂之人事。』自唐已有之，白樂天《事宜狀》云：『上須進奉，下須人事。』其來已久。」《晉書·武帝紀》：泰始四年十二月，「頒五條詔書於郡國：一曰正身，二曰勤百姓，三曰撫孤寡，四曰敦本息末，五曰去人事。」這裏所謂「去人事」，即禁止接受饋贈之意。《後漢書·黃琬傳》：「時權富子弟多以人事得舉，而貧約守志者以窮退見遺。」據此，則知「人事」之語，不自唐始，蓋漢、晉已然。

在元曲中，「人事」作人情事理等解者，習見易明，例從略。

人家

《看錢奴》二【隨煞】：「別人家便當的一週年，下架容贖解。」

《西廂記》三本二折【四邊靜】：「怕人家調犯，早共晚夫人見些破綻，你我何安？」

《救孝子》楔【幺篇】：「常拐人家婦，冷鋪裏做夫妻。」

人家，即他人、別人；「家」字輕讀。「別人家」，即別人也。王伯良注《西廂記》云：「人家，指張生，猶他家，伊家之類。」現在口語中，還有此種用法。

人情

《救風塵》一【寄生草】：「〔正旦做行科，見外旦云：〕妹子，你那裏人情去？〔外旦云：〕我不人情去，我待嫁人哩。」

《魯齋郎》三、白：「父親、母親人情去了，這早晚敢待來也。」

《老生兒》一【仙呂點絳唇】白：「那一日婆婆人情去了。」

《西廂記》二本二折【幺篇】：「不請街坊，不會親憐，不受人情。」

同劇二本三折【攪箏琶】：「休波，省人情的妳妳忒慮過，恐怕張羅。」

《對玉梳》三【二煞】：「送人情穩坐著香車。」

《合同文字》一【油葫蘆】：「量小生有甚人情有甚錢，苦痛也波天！則（只）為那家私生受了二十年，要領舊席鋪停柩無一片，要領好衣服粧裹無一件。」

出外作客，往來應酬，餽贈禮，均謂之人情、行人情或送人情。婚喪排場從儉、不事鋪張者，叫做省人情，省者，即從儉之意。王季思注《西廂記》云：「省人情，猶言懂世情也。省，省得、懂得意，非節省之省」，似誤。因老夫人（即妳妳）怕去籌措、準備錢物，才壓縮開支；特別是她蓄意悔婚，也根本不想把這種所謂結親的場面搞得有聲有色，故作儉省義解，於疏通上下文理，義較長。再從風俗習慣講，杜甫《戲作俳諧體遣悶》詩云：「粗粆作人情」，這說明在唐代已有送人情的風尚。清·翟灝《通俗編》亦云：「以禮物相遣曰送人情，唐、宋、元人皆言之也。」現在仍有此說法，如遇親友婚喪時，贈送禮物，叫做「隨人情」或「送人情。」

人皮囤

《范張雞黍》一【六幺序】：「都是些裝肥羊、法酒人皮囤，一個個智無四兩，肉重千斤。」

囤，是積儲糧食的地方；人皮囤，用人皮作成的囤，是提人比做飯桶，為當時嘲笑人的習用語。

稔色（rěn sè）
捻色

《董西廂》卷一【中呂調·尾】：「臉兒稔色百媚生，出得門兒來慢慢地行，便是月殿裏姮娥也沒恁地撐。」

同書同卷【般涉調·牆頭花】：「不苦詐打扮，不甚艷梳掠；衣服盡素縞，稔色行為定有孝。」

同書卷五【仙呂調·賞花時】：「稔色的龐兒憔悴死，欲寫相思，除非天樣紙，寫不盡這相思。」

同書卷六【般涉調·麻婆子】：「姐姐為人是稔色，張生做事忒通疎。」

同書卷八【南呂宮・瑤臺月】：鶯鶯已是縣君，君瑞是玉堂學士。
一箇文章天下無雙，一箇稔色寰中無二。」

《牆頭馬上》【南呂一枝花】：「則爲畫眉的張敞風流，擲果的潘郎稔
色。」

《西廂記》一本四折【甜水令】：「稔色人兒，可意冤家，怕人知道，
看時節淚眼偷瞧。」

同劇四本一折【後庭花】：「自從逢稔色，思量的不下懷。」

《太平樂府》卷七貫雲石散套【好觀音・怨恨】：「想著那樽席上捻
色風流，不良殺教人下不得呪。」

稔色，美色、漂亮的意思。王季思注《西廂記》云：「董詞：『臉兒稔色
百媚生』，……董詞又屢以『稔』『膩』連文，有『腰兒稔膩』、『諸餘稔膩』、
『稔膩風韻』等語，亦並美好細膩之意。」稔色，即妍色。

稔，一作捻，形近而誤。

恁（rèn）

您

恁：一猶那；二如此之意；三猶任；四猶怎、怎麼；五用作語助詞；六
用作第二人稱。

《救風塵》一【么篇】：「恁時節船到江心補漏遲。」

《牆頭馬上》二【二煞】：「恁時節知他是和尚在缽盂在？」

《陳州糶米》一【勝葫蘆】：「有一日受法餐刀正典刑，恁時節錢財
使罄，人亡家破，方悔道不廉能。」

《圯橋進履》二【尾聲】：「恁時節纔識這曉經綸、安宇宙這一箇困
窮儒也一箇年少客。」

《陽春白雪》前集四貫酸齋小令【紅繡鞋】：「直吃得海枯石爛恁時休。」

《詞林摘艷》卷三蘭楚芳散套【粉蝶兒・如月如花】：「恁時節悶減
愁消受用殺。」

以上各「恁」字，猶那；「恁時節」，謂那時候也。姜夔【疏影】詞：「等
恁時重覓幽香，已入小窗橫幅。」

（二）

《劉知遠諸宮調》一【南呂宮·尾】：「許來大年甲恁般毀辱。」

《望江亭》三、白：「弟子孩兒！直恁的般多！」

《金線池》三【醉春風】：「能照顧眼前坑，不隄防腦後井，人眼前不您的喫場撲騰，呆賤人幾時能夠醒醒？」

《牆頭馬上》二【菩薩梁州】：「則這女娘家直恁性兒乖！」

《殺狗勸夫》一【那吒令】：「您直恁般愛富嫌貧。」

《陳州糶米》四【鴈兒落】：「難道你王粉頭直恁駿，偏不知包待制多謀策。」

《陽春白雪》後集三呂侍中散套【六幺序】：「唱道難曉幽微，且恁陶陶度浮世。」

《詞林摘艷》卷八張小山散套【一枝花·薔薇滿院香】：「滿斝醉吟，今朝酩酊明朝恁，不喫後待圖甚？」

以上各「恁」字，謂如此，這樣。清·劉淇《助字辨略》卷二釋「恁」云：「方言，此也。」近人姚華《菉猗室曲話》：「恁，音飪，俗言如此也。」均是。宋·黃機【水龍吟】詞：「恨荼蘼吹盡，櫻桃過了。便只恁成孤負。」此「恁」字，猶云如此，言便只是如此，遂過卻春光也。無名氏【九張機】詞：「不言愁恨，不言憔悴，只恁寄相思。」「只恁」，謂只如此，只這樣也。

您，恁之形誤。

（三）

《西遊記》四本十四齣【堯民歌】：「走了那黑容儀，換上這臉黃金，抵多少死卻鐘期遇知音？難盡恁。風流兩箇心，不似俺鰥寡孤獨甚。」

《陽春白雪》前集二馬東籬小令【撥不斷】：「君若歌者我慢斟，屈原沉死由他恁，醉和醒爭甚？」

《樂府群珠》卷一湯舜民小令【山坡羊·書懷示友人】：「炎涼本來一寸分：親，也自恁；疏，也自恁。」

《詞林摘艷》卷五劉庭信散套【夜行舡·新夢青樓一操琴】：「口兒中不許別圖箇甚？意兒中既有何須恁？非男兒黑心，怎當那冷撒唔，柳青睞，錯下書三婆恁！」

以上各例，恁，用法同任，隨便之意。

（四）

《賺蒯通》一【那吒令】：「他立下十大功，合請受萬鐘祿，恁將他百樣粧誣？」

上舉之例，恁，猶怎、怎麼。「恁將他」，怎將他也。《金瓶梅》第十六回：「你今日到那裏，恁對他說？」謂怎對他說也。

（五）

《樂府群珠》卷四關漢卿小令【普天樂・閉書染病】：「便有那扁鵲來，委實難醫恁。」

《詞林摘艷》卷八張小山散套【一枝花・薔薇滿院香】：「傾殘竹葉千樽酒，摘下枇杷一樹金，深喜嬌娥見咱恁。」

以上「恁」字，用爲語尾助詞，無義。與（三）同在語尾，但用意不同。

（六）

《牆頭馬上》四【上小樓】：「恁母親從來狠毒，恁父親偏生嫉妒。」

《漢宮秋》二【隔尾】白：「恁不去出力，怎生叫娘娘和番？」

《李逵負荊》四【攪箏琶】白：「哥哥，恁兄弟山澗直下砍了一束荊杖，告哥哥打幾下。」

《金錢記》二【滾繡毬】白：「恁兄弟愿隨鞭鐙。」

同劇四【沉醉東風】：「也不索頻頻的樓前動樂，誰和恁台上吹簫？」

以上各「恁」字，應作「您」，訛爲「恁」，用作第二人稱，指你或你們。《菉猗室曲話》卷二：「您、恁二字，傳奇每每互訛，亦由形與音皆相近也。」徐渭《南詞敘錄》：「你每二字，合呼爲恁」，亦您字之誤。

《七國春秋平話》卷下：「見恁爺袁達來否？」《長生殿》十二：「恁聰明，也堪壓倒陽花。」皆其例。

恁地（的）

您地　暗的

《董西廂》卷一【中呂調・尾】：「便是月殿裏姮娥，也沒恁地撐。」

《竇娥冤》四【喬牌兒】：「哎！你個竇天章直恁的威風大，且受我竇娥這一拜。」

《拜月亭》一【賺尾】：「樂意開懷雖您（恁）地，也省可裏不記東西。」

《玉鏡臺》二【隔尾】白：「小官暗想來只得如此，若不恁地呵，不濟事。」

《倩女離魂》四【刮地風】：「行了這沒撒和的長途有十數程，越恁的骨瘦蹄輕。」

《博望燒屯》二【四塊玉】白：「趙雲，你近前來，可是喑的。」

《酰江亭》二【尾聲】：「〔先生打耳喑科，云〕牛璘近前來，可是喑的。」

恁地（的），如此、這般之意。明·徐渭《南詞敘錄》：「恁的，猶言如此也。」清·翟灝《通俗編·語辭·恁地》：「恁地之恁，乃如此之義。」，地、的，輕讀，用作語助，無義，亦簡作恁，參見「恁」字條（二）。恁，一作您（nín），形近而訛；又作喑（yīn），音近借用，義並同。

宋·朱熹《朱子全書·學》：「義理儘無窮，前人恁地說，亦未必盡。」又《朱子語錄》：「鯀也是有才智，只是狠拗，所以弄得恁地。」《京本通俗小說·志誠張主管》：「小夫人問道：『怎恁地說？』」

《宣和遺事》亨集：「朕深居九重，反不如小民直恁地快活！」以上皆其例也。

在古典小說中，也當怎的、怎麼解釋，例如：《水滸》第二回：「卻恁地教甚麼人在間壁吱吱的哭，攪俺兄弟們吃酒。」又第三十九回：「便發落戴宗：『你們不揀恁地，只與我拿得來。』」《金瓶梅》第十二回：「婦人道：『請問先生，這四椿兒是恁的說？』」

恁麼（rèn·mo）

恁末

恁麼，有恁般、怎麼等義。

（一）

《董西廂》卷二【中呂調·尾】：「賊軍覷了頻相度：打脊的髡徒怎恁麼，措手不及早攛過我？」

《西廂記》二本三折【離亭宴帶歇指煞】:「從今後玉容寂寞梨花朵，胭脂淺淡櫻桃顆，這相思何時是可？昏鄧鄧黑海來深，白芒芒陸地來厚，碧悠悠青天來闊；太行山般高仰望，東洋海般深思渴。毒害的恁麼。」

《紫雲庭》三【上小樓】:「既不阿，便恁末。」

同劇三【鮑老兒】:「從來撒欠颺風愛恁末，敲才兀自不改動些兒個。」

《城南柳》二【滾繡毬】:「乾柴般瘦身軀宜恁麼龍鐘？」

《樂府群珠》卷四曾瑞卿小令【紅繡鞋・風情】:「若成合了倒敢風流，不恁麼呵也道是有。」

恁麼，猶恁般，即如此、這般之意。麼，一作末，同音通用。宋・道原《景德傳燈錄》卷四「鳥窠道林禪師」:「三歲孩兒，也解恁麼道。」辛棄疾【鷓鴣天・三山道中】詞:「此身已覺渾無事，且教兒童莫恁麼。」話本《簡帖和尚》:「打死也只恁麼招供。」是知此語兩宋已然。

(二)

《氣英布》一【油葫蘆】:「那廝把三歲孩童小覷我，便這等敢恁麼，難道他不尋思到此怎收羅？」

上舉「恁麼」，意謂怎麼。全句是說：那家伙（隨何）把我當三歲小孩來藐視，便是這樣他敢怎麼，難道他就不想想到這兒以後的下場？《水滸》第十四回:「武松喫他看不過，只低了頭不恁麼理會。」「不恁麼理會」，謂不怎麼理睬也。清・翟灝《通俗編・語辭・恁麼》:「按今云恁麼之恁，乃疑之之義。」所說「疑之之義」，意即「怎麼」也。

日月

《竇娥冤》楔、白:「不幸夫主亡逝已過，止有一箇孩兒，年長八歲，俺娘兒兩箇，過其日月。」

《牆頭馬上》三、白:「自從跟了舍人來此呵，早又七年光景，得了一雙兒女，過日月好疾也呵！」

《合汗衫》三:「〔旦兒上云〕自家李玉娥。過日月好疾也，自從這賊漢將俺員外推在河裏，今經十八年光景。」

《貨郎旦》三、白：「自從我在那洛河邊買的這春郎孩兒，過日月好疾也，今經可早十三年光景。」

日月，在元曲中，猶言日子、生活；也指時間。屈原《離騷》：「日月忽其不淹兮」，用日月代替時間、光陰，是戰國時已有此語。

日逐

逐日　逐朝　逐朝每日　每日逐朝

《盆兒鬼》三【小桃紅】白：「老的也，你如今多大年紀？日逐柴米，是那個供給你？」

《謝天番》一【混江龍】：「我逐日家把您相識，乞求的教您做人時。」

《救風塵》二【後庭花】：「逐朝家如暴囚，怕不將性命丟？」

《望江亭》一白：「此處有一女人，乃是譚記兒，……逐朝每日到俺這觀裏來。」

《裴度還帶》二【採茶歌】白：「小生日逐定害，何以克當？」

《西遊記》三本九齣【青哥兒】：「每日逐朝，記在心苗。」

《梨園樂府》上侯克中散套【醉花陰】：「逐朝盼望，逐日候等。」

日逐，即逐日的倒文，意為每日、天天。逐朝，意同逐日。清·劉淇《助字辨略》卷五：「逐，追逐也；追逐有相隨之意，故逐得為隨也。自宋以後，多用逐字為辭，如逐人、逐事、逐件、逐年、逐月、逐日、逐時之類，皆謂隨其事物以為區處，無所脫漏，故云逐也。」故凡前後相連而能歷數之者，皆可曰「逐」。宋話本《簡帖和尚》：「我日逐在這裏伺候」，即其一例。

日逐，也作日著。清·胡文英《吳下方言考》曰：「賈誼《新書》，日著以請之。案日著，每日如此也。吳中謂論日計事曰『日著』。」

日逐，重言之，則曰逐朝每日或每日逐朝。

日轉千階

日轉邐階　日轉千街

《薦福碑》二【中呂粉蝶兒】：「哥也，不爭你日轉千階，我便是第三番又劫著個空寨。」

《合汗衫》三【普天樂】:「婆婆也,嗏去來波,可則索與他日轉千街。」

《王粲登樓》二【呆骨朵】:「我是白衣人,怎敢望日轉千墤?」

《㑳梅香》四【折桂令】:「當日個趕的他羞臉兒離門,如今個氣昂昂日轉千墤。」

《漁樵記》二【二煞】:「但有日官居八座,位列三台,日轉千墤,頭直上打一輪皁蓋,那其間誰敢道我負薪來?」

《詞林摘艷》卷六丘汝成散套【端正好·享富貴受皇恩】:「文修武備,日轉遷階,穩拍拍的輔佐邊庭把這風塵靜掃。」

日轉千階,比喻官吏陞遷很快之詞。階,指官階、品級;遷,指陞遷。千,一作遷,同音借用。「遷」、「墤」為「遷」、「階」之異體字。《合汗衫》劇例,意謂乞丐沿街(借「階」諧「街」的音)叫化,是打諢取笑的話。

容情

《陳摶高臥》一【醉中天】白:「這是區區的八字先生,仔細看一看,莫要容情。」

《昊天塔》四【喜江南】:「呀!則我這殺人和尚滅門僧,便鐵金剛也勸不的肯容情。」

《鎖魔鏡》二【梁州】:「今日箇須當定罪名,怎敢道容情?」

容情,謂以私情而寬容別人也。晉·干寶《搜神記》二:「弟父殺我生孫,食我兄弟,累有狀,主張容情,不為區斷。」《宋史·選舉志》:「考官容情任意,許臺諫風聞彈奏。」

肉弔(吊)窗(兒)

《救風塵》三【幺篇】白:「我今家去,把媳婦休了呵,妳妳你把肉弔窗兒放下來可不嫁我,做的個尖擔兩頭脱?」

《曲江池》一【金盞兒】:「他見兔兒颼鷹鷂,咽羊骨不嫌羶,常則是肉吊窗放下遮他面,動不動便抓錢。」

肉弔(吊)窗(兒),指眼皮;放下肉弔窗,就是閉著眼睛不理人,比喻翻臉,板起面孔;為元、明以來習用語。今北京話仍有此說法。

《誠齋樂府・煙花夢》一【金盞兒】：「你只待見兔兒放鷹鸇，咽羊骨不嫌羶，將那肉吊窗放下遮了他面。」亦其例。

肉屏風（兒）

《金線池》四【雙調新水令】白：「哥哥，你與我做個肉屏風兒，等我偷覷咱。」

《太平樂府》卷七王仲元散套【鬬鵪鶉・詠雪】：「樂韻雜，歌調雅，肉屏風羅列女嬌娃。」

肉屏風，意即以別人的身體來做掩護物，其作用有如屏風一樣，故云。語出五代・王仁裕《開元天寶遺事》：「楊國忠多月設酒，令妓女圍之，名肉屏風，亦日肉陣。」《書言故事・豪奢類》：「唐楊國忠家富，凡有客設酒，令妓女各執其事，號肉臺盤。多月令妓女圍之，號肉屏風。又選妾肥大者，於前遮風，謂之肉障，又謂肉陣。」

如法

《董西廂》卷一【中呂調・牆頭花】：「淡淨的衣服兒，扮得如法。」

《剪髮待賓》三【鬬鵪鶉】：「這頓飯如法要整齊，著他每放心的喫。」

《太平樂府》卷八曾瑞散套【一枝花・買笑】：「憑溫柔舉止特如法，論恩愛疎薄卻有差。」

《詞林摘艷》卷三無名氏散套【哨遍・鷹犬從來無價】：「遲疾緊慢皆如法。」

如法，謂依規定辦理。「扮得如法」，謂做得合於規定。「這頓飯如法要整齊」，謂這頓飯要按規定作好了。戲文《張協狀元》二十五【神仗兒】：「采樓如法價結束。」《金瓶梅》第二回：「他家如法做得好炊餅。」皆其例。此語今仍用之，如云「如法炮製」，等。

乳

《玉壺春》三【四煞】：「穿一對連底兒重十斤壯乳的麻鞋。」

《魔合羅》一【天下樂】：「百忙裏鞋兒斷了乳，好著我難行也！」

上舉「乳」字，是指草鞋上穿繩子的兩耳，與一般解作「乳哺」者意別。「乳」、「耳」，古音雙聲，借用。唐・張鷟《朝野僉載》卷一：「景隆中謠曰：『黃柏犢兒挽鞦斷，兩腳踏地鞋𪗴斷，六月平王誅，逆韋欲作亂。』鞋𪗴斷者，事不成，阿韋是黃犢之後也。」按「𪗴」字不見字書，從麻從需，其音應與乳同，蓋鞋諧音孩，鞋須𪗴，猶孩須乳也。宋・吳曾《能改齋漫錄》卷十八「周貫尸解」條：「八十西山作酒仙，麻鞋乳斷布衣穿。」是知「乳」字這種用法，其前身是「𪗴」字，至宋才易以「乳」字。

入定

《猿聽經》二【隔尾】白：「貧僧方才在後山中禪堂入定，猛聽得佛殿內不知是何人在此游玩，我試向佛殿門前，看是甚的。呵、呵、呵，原來是個玄猿。」

佛教說法：閉目打坐，精神集中在一點，止息了身、心、口三業，就可以做到不生雜念，和鬼神相通，悟徹世間一切過去、未來的事情，謂之入定。《觀無量壽經》云：「出定入定，恒聞妙法。」《智度論》云：「入定，水火不能害，亦不命終。」敦煌變文「降魔變文」：「舍利弗收心入定，歛念須臾。」唐・方干《題雪竇禪師壁》詩云：「獵者聞疏磬，知師入定回。」《清平山堂話本・陳巡檢梅嶺失妻記》：「長老教行者焚香入定去了，一晌入定回來。」

入馬

《玉壺春》一【賺煞】：「料的來入馬東西應不免，我著他揀口兒食，換套兒穿。」

脈望館鈔校本《曲江池》二【滾繡毬】白：「錢財是倘來之物，不打緊，你將這一百兩銀，一對金釵做入馬錢。」

《羅李郎》一【醉扶歸】白：「我湯哥今日有一個新下城的色旦，喚做甚麼宜時秀，好個姐姐！感承我眾兄弟作成我入馬。」

馬，指「瘦馬」，即妓女。白居易《有感》詩：「莫養瘦駒，莫教小妓女。」後來揚州風俗稱妓女作瘦馬，見明・張岱《陶庵夢憶》卷五「揚州瘦馬」條。《桃花扇・選優》中亦有「新揚州初教瘦馬」句。入馬，謂宿妓也。明・徐渭《南詞敘錄》云：「入馬，進步也，倡家語。」又云：「入跋，

入門也。倡家入門曰跋限。」故「入跋」亦曰「入馬」。「入馬」一語用於戲劇小說者頗多，除上列例證，它如：宋元戲文殘本《鄭孔目風雪酷寒亭》：「記前回入馬歡娛，效鶺鴒諧比目。」明・朱有燉《神仙會》二、白：「好生與珍奴相敬相愛，只是不肯入馬使錢。」明・無名氏《蘇九淫奔》四、白：「聞知今夕是入馬之期。」《水滸》第二十六回：「只得從實招說，將那日放簾子因打著西門慶起，並做衣裳入馬通姦，一一地說。」《今古奇觀・蔡小姐忍辱報仇》：「也曾見過瑞虹是箇絕色麗人，心內著迷，幾遍要來入馬。」皆其例。

辱抹（rù mò）

辱末　辱麼　辱沒　辱莫

《劉知遠諸宮調》十二【仙呂調・整花冠】：「俺兄和弟忍不過，著言詞相戲，廝辱廝抹，是他家驕窮性氣便生嗔惡。」

《謝天香》四【幺篇】白：「若使他仍前迎送舊，賢弟可不辱抹了高才大名！」

《哭存孝》二【南呂一枝花】：「今日個嫌俺辱末你家門，當初你將俺真心廝認。」

《陳母教子》一【天下樂】：「您可也不辱末你爺，您可也不辱末你娘。」

《東牆記》三【尾煞】白：「與這等不才醜生私約，兀的不辱麼殺人也。」

《魔合羅》二【節節高】：「更做道錢心重，情分少，枉辱沒殺分金管鮑。」

《風雲會》四【水仙子】：「笑蜀王孟昶呆癡，他也合思先主三分業，想武侯八陣機，辱莫殺關羽、張飛。」

《鴛鴦被》二【滾繡毬】白：「小姐，我也不辱抹你，我若得了官呵，你便是夫人縣君也。」

《貨郎旦》三【幺篇】白：「我是有名的財主，誰不知道李二和名兒？你如今唱貨郎兒，可不辱沒殺我也！」

辱抹，謂玷辱、屈辱。又作辱末、辱麼、辱沒、辱莫。《清平山堂話本·錯認屍》作「辱滅」：「高氏知覺，恐丈夫回，辱滅了門風。」《殺狗記》十一作「辱模」：「卻不辱模了我哥哥的面皮。」元本《琵琶記》三十六作「辱邈」：「似你這般富貴，假如有糟糠之妻，藍縷醜惡，可不辱邈了你？」按：抹、末、麼、沒、莫、滅、模、邈，皆一聲之轉。「辱沒」一詞，現在口語中仍沿用。

挼（ruán）就

挼

《董西廂》卷五【中呂調·千秋節】：「窄弓弓羅襪兒翻，紅馥馥地花心，我可曾慣？百般挼就十分閃。」

《西廂記》四本二折【小桃紅】：「俺家裏陪酒陪茶到挼就，你休愁；何須約定通媒媾？」

同劇同本同折【聖藥王】白：「乞望夫人台鑒：莫若恕其小過，成就大事，挼之以去其污，豈不為長便乎？」

《太平樂府》卷八朱庭玉散套【梁州第七·妓門庭】：「挼就的姨夫每廝和會。」

《陽春白雪》後集二石子章散套【八聲甘州·六么遍】：「為他迤逗，咱挼就。」

挼就，簡作挼，有溫存、遷就、撮合等意。明·閔遇五注《西廂記》云：「挼就，搓那成就之意。」近人姚華《菉猗室曲話》卷一：「挼，如專切，挨也。」宋·陳同甫《與辛幼安書》曰：「四海所係望者，東序惟元晦，西序惟公與子師耳，又覺戛戛然若不相入，甚思無個伯恭在中間挼就也。」又如宋·張端義《貴耳集》卷下云：「三年兩載，千挼百就。」趙長卿《簇水》詞有「拭挼就」、「百挼百就」。秦少游【滿園花】詞：「當初不合苦挼就。」等等。至明代仍沿用，如孟稱舜《眼兒媚》劇二折：「三年兩載，千挼百就」，是也。

阮（ruǎn）

《董西廂》卷一【仙呂調·賞花時】：「選甚嘲風詠月，擘阮分茶。」

《金線池》三【醉高歌】白：「折（拆）白道字，頂針續麻，搊箏撥阮，你們都不省得，是不如韓輔臣。」

《西遊記》四本十六齣【金蕉葉】：「正待要搊箏擘阮。」

　　阮，是一種很像現在月琴樣子的樂器。據說爲晉阮咸所創製，故名「阮咸」。唐・劉餗《隋唐嘉話》下：「元行沖賓客爲太常太卿，有人於古墓中得銅物，似琵琶而身正圓，莫有識者。元視之日：『此阮咸所造樂具。』乃令匠人改以木，爲聲甚清雅，今呼爲阮咸是也。」《宋史・樂志一》：「命待詔朱文濟、蔡裔賣琴、阮，詣中書，彈新聲。」《宣和遺事》元集：「又命宮娥撫琴擘阮，群臣終宴盡醉。」擘阮、撥阮、搊阮的擘、撥、搊，都是撥動、彈奏之意。

軟款

《梧桐雨》三【太平令】：「教幾箇鹵莽的宮娥監押，休將那軟款的娘娘驚諕。」

《風光好》二【菩薩梁州】：「一團兒軟款那安詳，半星兒不顧威儀相，引逗的人春心蕩。」

《張生煮海》三【倘秀才】：「秀才家能軟款，會安詳，怎做這般熱忽喇的勾當。」

《盛世新聲》【雙調新水令・枕痕一線界胭脂】：「可喜死髮似烏絲，色勝西施，更軟款溫慈。」

　　軟款，腼腆、溫柔、柔緩貌。

軟揣

軟揣揣

《牆頭馬上》三【梅花酒】：「他毒腸狠切，丈夫又軟揣些些。」

《瀟湘雨》三【古水仙子】：「你、你、你，惡狠狠公隸監束，我、我、我，軟揣揣罪人的苦楚。」

《灰闌記》三、白：「薄怯怯衣裳藍縷，沉點點鐵鎖銅枷，軟揣揣婆娘婦女，哎！你個惡狠狠解子怎知？」

　　軟揣，一作軟揣揣，謂軟弱無能。與「囊揣」可互參。今豫北鄉人把笨拙儒弱叫軟揣。

軟兀剌

軟答剌　軟剌答

　　《玉鏡臺》四【折桂令】：「軟兀剌走向前來，惡支煞倒退回去。」

　　《蝴蝶夢》一【油葫蘆】：「血模糊污了一身，軟答剌冷了四肢。」

　　《梧桐雨》四【倘秀才】：「悶打頦和衣臥倒，軟兀剌方纔睡著。」

　　《西廂記》二本三折【鴈兒落】：「軟兀剌難存坐！」

　　《鴛鴦被》二【小梁州】：「早諕的來手兒腳兒軟剌答，怎擡踏，好著我便心似熱油煤。」

　　《硃砂擔》四【雙調新水令】：「正黃昏庭院景淒淒，哎喲，天那！走的我軟兀剌一絲兩氣。」

　　《村樂堂》三【幺篇】：「則被這金晃的我這眼睛花臘搭，諕的我這手腳兒軟剌答。」

　　軟兀剌，軟癱無力貌。或作軟答剌、軟剌答。明劇又作軟塌塌、軟剌八，例如：王錂《彩樓記》一：「雨打儒巾軟塌塌。」許時泉《寫風情》【元和令】：「我這里軟剌八，戰兢兢無地。」按：兀剌、答剌、剌答、塌塌、剌八，皆一音之轉，用作語尾助詞，無義。與「軟廝禁」條可互參。

　　軟兀剌，有時亦轉義爲無能、不能幹事，如明鈔本《四園春》二【梁州】：「則爲那軟兀剌誤事的那禽獸，天那！天那！閃的我嘴磣都似跌了彈的斑鳩。」「軟兀剌誤事的那禽獸」，是罵梅香的話，謂其無能、不能幹事也。

軟廝禁

軟廝金

　　《西廂記》三本四折【鬼三臺】：「得了箇紙條兒恁般綿裏鍼，若見玉天仙怎生軟廝禁？」

　　《太平樂府》卷九楊立齋【哨遍·皮匠說謊】：「好一場惡一場，哭不得笑不得，軟廝禁硬廝併，都不濟。」

《雍熙樂府》卷十六散套【錦庭樂】：「軟廝禁苦告饒。」

《詞林摘艷》卷五劉庭信散套【夜行船·新夢青樓一操琴】：「狠姨夫計深，刀斧般恩情甚，臘（蠟）打鎗頭軟廝禁。」

《盛世新聲》午集【雙調夜行船·新夢青樓一操琴】：「臘打鎗頭軟廝金。」

軟廝禁，一作軟廝金，軟癱貌。或作「軟絲觔」，如明·楊愼《洞天玄記》一折：「打點下軟絲觔巧言詞去惹魔頭。」明·陳自得《太平仙記》一折作「軟絲筋」，均爲同音假借。明·王伯良注《西廂記》曰：「軟廝禁，不硬掙也。」張相《詩詞曲語辭匯釋》曰：「軟廝禁，言用軟工夫相擺佈，相牽纏。」俱近是。本此，則「軟廝禁，硬廝併」，即軟磨硬泡之意也。

參見「軟兀剌」條。

蕤賓節（ruí bīn jié）

《麗春堂》一、白：「時遇蕤賓節屆，奉聖人的命，但是文武官員，都到御園中赴射柳會。」

《射柳搥丸》四、白：「眾官慶賀蕤賓節令，都要打毬射柳。」

《詞林摘艷》卷二【一封書·人皆畏夏日】：「轉眼蕤賓節屆。」

蕤賓，指陰歷五月；蕤賓節，即端陽節。我國古代樂律上有十二管，即現代的十二聲，古人以十二管之數與十二月之數相配合，而蕤賓正是十二管之一。《禮記·月令》：「仲夏之月，其音徵，律中蕤賓。」註：「蕤賓者，應鍾之所生，……仲夏氣至，則蕤賓之律應。」《漢書·律曆志》解釋說：「蕤，繼也；賓，導也。言陽始導陰氣，使繼養物也。」陶潛《和胡西曹示顧賊曹》詩云：「蕤賓五月中，清朝起南颸」。

蕊（ruǐ）珠宮

蕋珠宮　蘂珠宮

《麗春堂》一【油葫蘆】：「則他這雲間一派簫韶動，不弱似天上蕊珠宮。」

《金安壽》一【寄生草】：「你昨宵個夜沉沉醉臥蕊珠宮，今日暖融融誤入桃源洞。」

《張天師》一【醉扶歸】：「俺和他一去蕊珠宮，同戲百花叢。」

《張生煮海》一【賺煞】：「一周圍紅遮翠擁，盡都是金扉銀棟，不弱似九天碧落蕊珠宮。」

《太平樂府》卷一徐甜齋小令【蟾宮曲·紅梅】：「蘂珠宮内瓊姬，醉倚東風，誰與更衣？」

蕊珠宮，道教所說天界上清境中的宮闕名。道藏《西昇經》：「遂遍九天，上昇上清白闕丹城蕊珠宮。」又《洞天靈寶眞靈位業圖》：「有太和殿、寥陽殿、蕊珠宮。」李白《訪道安陵，遇蓋寰爲予造眞籙，臨別留贈》詩：「學道北海仙，傳書蕊珠宮。」清·俞樾《茶香室叢鈔》云：「按道家之書，四人天之外，曰三清境：玉清、太清、上清。」蕊珠宮即在上清境，元劇中泛指仙境。

若（ruò）

若：一用作人稱代詞；二猶怎；二同偌。

（一）

《鐵拐李》二【滾繡毬】：「新官若請得意虔，舊官若來得自然。」

《剪髮待賓》三【迎仙客】：「這的是人頭上錢，若還容易得。」

《替殺妻》一【尾聲】：「我雖是無歹心胡作，若這句我這句，話合該一千。」

《後庭花》一、詩云：「夫主爲官在汴京，祿享千鍾爵上卿。一生不得閨中力，若個相扶立此名？」

《竹塢聽琴》一、詩云：「少小文便有名，如今挾策上西京。不知若個豪門女，親把絲鞭遞小生？」

《㑇梅香》四【雙調新水令】白：「不知結采樓中女，若個爭先擲繡毬？」

《抱粧盒》三【收江南】詩云：「人生在世總無常，若箇留名史冊香？大鵬飛上梧桐樹，自有傍人說短長。」

上例均爲人稱代詞，前三例屬於第二人稱代詞，同「你」，後四例屬於疑問人稱代詞，同「誰」、「那個」。用作「你」的來源很早，如《列子·杞人憂天》：「若屈伸呼吸，終日在天中行止，奈何憂崩墜乎？」《漢書·項籍

傳》：「漢王曰：『吾與若俱北面而受命懷王，約爲兄弟，吾翁即汝翁，必欲亨乃翁，幸我一盃羹。』用作「誰」、「那個」例，如唐·李賀《南園》詩：「請君暫上凌煙閣，若個書生萬戶侯？」白居易《夢得所酬篇……》詩：「聲華寵命人皆得，若個如君歷七朝？」《長生殿》三十九：「追思上皇，澤遍梨園，若個能償！」皆是。

（二）

《調風月》一【勝葫蘆】：「覷了他兀的模樣，這般身分，若脫過這好郎君？」

《後庭花》一、詩云：「數日府門下，無緣得自通。承恩不在貌，教妾若爲容？」

《竹塢聽琴》二【上小樓】：「枉將你那機謀用煞，若知俺這碁中姦詐？」

以上三例，用如「怎」，屬疑問詞，「如何」的意思。柳宗元《與浩初上人同看山寄京華親故》詩：「若爲化得身千億，散上峰頭望故鄉。」「若爲」，怎能也。白居易《送人貶州判官》詩：「若於此郡爲卑吏？刺史廳前又折腰。」「若於」，怎於也。皆可證。

（三）

《盆兒鬼》三【小桃紅】白：「你這小弟子孩兒，許了俺一個盆兒，若多時纔與得俺，也該諫一個好的，怎生與我個破聲雌雌的？」

《陽春白雪》後集三劉時中散套【端正好·上高監司】：「去年時，正插秧，那里取若時雨降？」

若，同偌，這麼或那麼、這樣或那樣之意。屈原《九章·惜誦》：「故眾口其鑠金兮，初若是而逢殆。」「初若是」，謂以前就是這樣，不自今日始也。唐詩如奚賈《尋許山人亭子》詩：「桃園若遠近，漁子棹輕舟。」白居易《見敏中〈初到邠寧秋日登城樓詩〉，詩中頗多鄉思，因以寄和》詩：「望鄉心若苦，不用數登樓。」等等。皆是。

弱水（ruò shuǐ）

《張生煮海》三【小梁州】白：「小生曾聞這仙境有弱水三千丈，可怎生去的？」

《金安壽》四【也不囉】：「紅塵不到黃金界，去弱水三千外。」

《來生債》四【折桂令】：「今日個乘綵鳳十州蘭苑，跨蒼鸞弱水三千。」

古籍所言弱水甚多。《山海經・西山經》：「白勞山，多茝草，弱水出焉。」又舊題東方朔《十洲記》所載古代神話，謂鳳麟洲在西海中央，四面有弱水環繞，一根羽毛丟上去也會沉底，人無法渡過，只有飛仙能渡。杜甫《白帝城最高樓》：「扶桑西枝對斷石，弱水東影隨長流。」宋・楊大年《漢武》詩：「蓬萊銀闕浪漫漫，弱水迴風欲到難。」《西遊記》第二十二回：「八里流沙河，三千弱水深。鵝毛飄不起，蘆花定底沉。」皆其例。

偌（ruò）

惹

《楚昭公》三【紅繡鞋】白：「你看偌遠的江面，幾時擺得到那岸邊，纔放心也。」

《曲江池》一【天下樂】：「行行裏翫一會景致，行行裏聽一會管絃，早離了酒席兒偌近遠。」

《薛仁貴》楔、白：「俺兩口兒偌大年紀，倘若有些好歹，可著誰人侍養也？」

《東窗事犯》四、白：「自太師差自家東南第一山勾呆行者葉守一去，不想去惹多時節。」

《謝金吾》一【混江龍】：「這樓呵起初修蓋，也不知費他府藏偌多財。」

《陳州糶米》三【黃鍾煞尾】：「你只問王家的那潑賤，也不該著我籠驢兒步行了偌地遠。」

《雙赴夢》三【紅繡鞋】：「九尺軀陰雲里惹大，三縷髯把玉帶垂過，正是俺荊州裏的二哥哥。」

《裴度還帶》三【呆骨朵】：「這薰薦下墊的來惹高。」

宋、元人語言中，稱偌遠、偌多、偌大之「偌」，並即「若」字，若此、若彼（即這麼、那麼）的意思。《元曲選》音釋：「偌，人夜切。」或作惹

（rě），音近借用。巾箱本《琵琶記》十一：「我每須勝別媒婆，有動使惹（偌）多。」明・朱有燉《慶朔堂》四折：「腆著箇惹（偌）大小的腌老。」亦其例也。偌字若用爲嘆詞時，同喏，讀 nuò，如無名氏《馬陵道》一折：「〔卒子報科云：〕偌！報的公子得知，有龐元帥來了也！」其作用在於讓人注意自己說的話。

撒因

賽銀　塞艮

《哭存孝》一、白：「撒因答剌孫，見了搶著喫。」

《射柳捶丸》三、白：「我騎一匹撒因的抹鄰，眾小番都騎癩象。」

《存孝打虎》二【尾聲】白：「金盞子滿斟著賽銀打剌蘇。」

《破天陣》一、白：「若不是你這等的撒因答剌孫：米罕管待我呵，我怎肯替你擒拿楊六兒！」

明・火源潔《華夷譯語・通用門》：「好」曰「撒因」。「撒因答剌孫」，即好酒也。明・俞弁《山樵暇語》卷六：《元史正綱》云：元世祖賜楊漢英名似賽因不花，譯以華言：賽因，好也；不花，牛也。」又譯作賽因。明・黃元吉雜劇《流星馬》二【上小樓】白：「塞因者米食塞艮答剌蘇。」又譯作塞艮。按撒因、賽銀、賽因、賽艮（銀），俱音近，都是同一詞的異譯。朱居易《元劇俗語方言例釋》解爲「牛、牛肉」，非。

撒沁（sā qìn）

撒心　撒訫　撒嗄

《西廂記》三本四折【小桃紅】：「忌的是『知母』未寢，怕的是紅娘『撒沁』。」（桐華閣本作「撒心」）

《蕭淑蘭》三【雙調五供養】：「都是我忒輕浮，欠檢束，正好教他撒沁。」

《西遊記》本十三齣【混江龍】：「怕的是梅香撒訫，虧殺俺嬷姆包含。」

《雍熙樂府》卷一散套【醉花陰・賞翫】：「撒一會沁，打一會睃，要認得周郎是我？」

《詞林摘艷》卷七王元鼎散套【商調河西後庭花‧走將來涎涎鄧鄧冷眼兒瞅】：「走將來乜斜頭撒噷，不熨貼性兒希林。」

撒沁，尋開心、奚落之意；俗曰打俏皮。閔遇五注《西廂記》云：「撒沁，不用心，怠慢也。」又近人一般解作撒嬌、撒潑、撒賴、撒拗，均欠貼切。沁、心、噷（qìn）、訫（xìn），皆爲一聲之轉。

撒拗（sā yào）

《老生兒》二【幺篇】：「你從小裏也該把這孩兒教，怎生由他恁撒拗？道不的『家富小兒驕』。」

《劉行首》二【煞尾】：「我著你做神仙倒撒拗，空著我駕一片祥雲下蓬島。」

《神奴兒》三【石榴花】：「當日個爲孩兒撒拗便啼哭，他待要長街市上耍去。」

《鞭打單雄信》二【醉春風】：「又則怕來日交鋒，明朝逢戰，那會兒撒拗。」

《桃園結義》四【七弟兄】白：「呸！這槍百忙裏撒拗，比我哥的如何？」

撒拗，意謂撒嬌、耍賴。《元曲選》音釋：「拗音要。」

撒啍（sā tūn）

撒褪　撒侚

撒啍，亦作撒褪，撒侚：一是形容癡呆之詞；二爲奚落或鄙視之意。

（一）

《西廂記》三本四折【調笑令】：「似這般乾相思的好撒啍！」

《雍熙樂府》卷一散套【醉花陰‧元夜】：「寒林判扮的傻懶懶，喬三教撒啍妝呆。」

同書卷十散套【一枝花‧省悟】：「腆著臉百事妝憨，低著頭凡事兒撒啍。」

同書卷八散套【一枝花‧盼望】：「怎當老虔婆撒褪，小猱兒妝呆。」

同書卷十九【小桃紅·西廂百詠五十一】：「好著我自審，他敢又撒唔，無處問佳音。」

明·梅鼎祚《字彙》：唔，吞上聲，癡貌。」《西遊記》五十七齣【金盞兒】：焦則麼那村柳舍，叫則麼那唔顏郎。」按村、唔互文，並狀癡呆；可見撒唔，是痴呆的狀詞。舊註以爲扯淡或含忍，俱失之。唔，或作褪、侲，音義並同。

（二）

《詞林摘艷》五劉庭信散套【夜行船·新夢青樓一操琴】：「至如道燒銀蠟，便做道度繡衣，托賴著這些福蔭，三衝家則推道娘未寢，不隄防幾場兒撒唔。」（一作「撒侲」）

上舉之例，意爲奚落、鄙視。元明無名氏雜劇《徐伯株貧富興衰》二折：「您怎生只恁的把咱來撒唔，全無半星兒愛老憐貧」，句意亦同。

撒敦（sā dūn）

《調風月》四【雙調新水令】：「雙撒敦是部尚書，女壻是世襲千户，有二百匹金勒馬，五十輛畫輪車。」

《虎頭牌》二【大拜門】：「可便是大拜門撒敦家筵宴。」（亦見於《詞林摘艷》卷五）

《金安壽》四【早鄉詞】：「託生在大院深宅，儘豪奢衝氣概；忒聰明，更精彩，對著俺撒敦家顯耀些攛頏。」

撒敦，蒙古語，謂親戚，見明·火源潔《華夷譯語·人物門》。一說：王季思曰：「撒敦，女眞貴族的通稱。」（見《玉輪軒曲論》）

撒頑（sā wán）

《對玉梳》二【滾繡毬】白：「罵著他越撒頑，我著些話兒哄他。」

《太平樂府》卷六喬夢符散套【行香子·題情】：「紅粉香中慣撒頑，不似今番。軟玉溫香特希罕，只疑是夢間、夢間。」

《北宮詞紀》湯式散套【一枝花·送車文卿歸隱】：「安樂窩隨緣度昏旦，伴幾簡知交撒頑，尋一會漁樵調侃。」

《盛世新聲》亥集小令【醉太平】:「會席中攎八叉,且是手兒慳,老先生撒頑。」

撒頑,謂撒野使性。

撒潑

《竇娥冤》二、白:「也是我一時智短,將他賺到荒村,撞見兩箇不識姓名男子,一聲嚷道:『浪蕩乾坤,怎敢行兇撒潑,擅自勒死平民!』」

《昊天塔》一【青哥兒】:「只在軍中火德天蓬,自有神通,覓跡尋踪,撒潑行兇,把俺那骨匣兒早拔出虎狼叢,這便當的你香花供。」

《硃砂擔》四【收尾】詞云:「則爲這鐵旛竿撒潑行兇,將王文用趕入廟中。」

《陳州糶米》楔、白:「俺兩個全仗俺父親的虎威,拿粗挾細,揣歪捏怪,幫閒鑽懶,放刁撒潑。」

《謝金吾》二【哭皇天】:「他從來有些兒有些兒撒潑。」

撒潑,謂舉動粗率、蠻橫無理,猶云撒野、耍賴。或作撒撥,如《水滸》第十二:「楊志看那人時,原來是京師有名的破落戶潑皮,叫做『沒毛大蟲』牛二,專在街上撒撥、行兇、撞鬧。」撥、撥音近通假。

撒髏

撒嘍

《破天陣》一、白:「我是番將喚蕭虎,不慣廝殺會擂鼓,若被南朝捉了去,耍了撒髏一世苦。」

《鬧銅台》四【梁州】白:「虛搠一槍逃命走,留著撒髏戴紗帽。」

《岳飛精忠》三、白:「好兒有理有理又有理,截殺宋岳誰似你,大家又去弄虛頭,丟了撒嘍休後悔。」

蒙古語謂頭顱曰撒髏。髏,一作嘍,音義同。明·無名氏雜劇《五龍朝聖》三【尾聲】白:「今日我們造物低,思想起來最孤恓,他若恰纔焦懆了,

丟了撒婁變野雞。」明・朱有燉《慶朔堂》四、白：「啞了咽喉，瞎了眼睛，
禿了撒婁。」均其例。

撒滯殢（sā zhì tì）

撒殢滯　撒膩滯　撒蒂嬧　撒殢殢　撒娣呢　撒旖旎　撒地殢

《黑旋風》三【雁兒落】：「他煙支支的撒滯殢，涎鄧鄧相調戲。」

《牆頭馬上》二【隔尾】：「翠冠兒懶摘，畫屏兒緊挨，是他撒滯殢
把香羅帶兒解。」

《哭存孝》一【油葫蘆】：「我見他執擎盞臺忙跪膝，他那裏撒殢滯。」

《青衫淚》三【川撥棹】：「廝禁持，這是誰根前撒殢滯？」

《任風子》三【上小樓】：「你待要向這裏撒滯殢，尋個自縊。」

《莊周夢》二【罵玉郎】：「不帶酒，撒膩滯，佯推醉。」

《神奴兒》一【混江龍】：「見孩兒撒旖旎，放嬌痴，心鬧吵，眼也
嬉，打阿老，痛傷悲。」

《太平樂府》卷八宋方壺散套【一枝花・蚊蟲】：「逞輕狂，撒蒂嬧。」

《詞林摘艷》卷三蘭楚芳散套【中呂粉蝶兒・驕馬金鞭】：「他撒殢
殢腼腆，我索痛惜輕憐。」

《元人小令集》失名《失題》四之一：「情急也星眸緊閉，撒些兒娣
呢，則那會況味最美。」

《雍熙樂府》卷一湯式散套【醉花陰・離思】：「撒地殢百般人行要，
半撒嗔半撒囂。」

撒，放也；耍也。滯殢，糾纏也。朱駿聲《說文通訓定聲・泰部》：「《周
語》：『氣不沉滯。』注：『積也。』《魯語》：『敢告滯積以舒執事。』注：『久
也。』《淮南詩則》：『流而不滯。』注；『止也。』」殢，困擾、糾纏不清也。
總合解之，撒滯殢，猶言糾纏不放，亦即撒嬌、撒賴之意。又作撒殢滯、
撒膩滯、撒蒂嬧、撒殢殢、撒娣呢、撒旖旎、撒地殢，按：滯殢、殢滯、
膩滯、蒂嬧（dì tí）、殢殢（tì tì）、娣呢（tí ní）、旖旎（yǐ nǐ）、地殢，音近
義並同。

洒家

《薦福碑》二【呆骨朵】白：「洒家是個曳剌，接相公來，則被那塊子馬走的緊，洒家緊趕著、跟不上，接不著相公。」

《虎頭牌》三、白：「洒家是個關西曳剌。」

《昊天塔》四、白：「洒家醉了也。」

《村樂堂》二：「〔正末扮曳剌上，云：〕洒家是箇關西漢，岐州鳳翔府人氏。」

洒家，宋、元時秦晉隴一帶人自稱之詞，即我，猶「咱家」，為當時方言，多用於性情粗疏、豪爽的男子。章太炎《新方言・釋言》：「明時北方人自稱洒家，洒，即『余』；余從舍聲，古音如舒；舍，轉為書野切，故余亦轉為書野。」

「洒家」之「家」字為人稱語尾助詞，無義（見「家」字條〔一〕），故亦簡稱「洒」，如戲文《張協狀元》：「〔淨：〕關西老將譚節使來相見。〔末：〕武職各當街墀。〔丑：〕是吾親契，特免街墀。〔淨：〕洒伏事。」

撒和（să・he）

撒和撒和

《西廂記》一本一折【天下樂】白：「頭房裏下，先撒和那馬者！」

又童白：「安排下飯，撒和了馬，等哥哥回家。」

《㑇梅香》四【雙調新水令】：「〔山人云：〕先把新女壻撒和撒和，不認生。〔官媒云云：〕你正是精驢，休要胡說！」

《倩女離魂》四【刮地風】：「行了些這沒撒和的長途有十數程，越恁的骨瘦蹄輕。」

《竹葉舟》四【煞尾】：「青色騾兒便撒和，駕一片祥雲俺同坐。」

《凍蘇秦》二、白：「大的個孩兒，他撒和頭口兒去了。」

《來生債》一【幺篇】白：「洗了麩又要撒和頭口。」

騾馬等牲口飢困時，解下鞍子，讓它蹓蹝、打滾，然後餵點草料，叫做撒和，猶今俗稱溜馬、溜牲口。重言之則曰「撒和撒和」。元・楊瑀《山居新語》：「凡人有遠行者，至巳午時，以草料飼驢馬，謂之撒和，欲其致遠不乏

也。」又云：「成都豪民每遇假日，必以酒食招致省憲僚吏翹矯條出群者款之，亦名曰撒和。」黎錦熙先生謂「撒和：息馬也；今河馬尚謂使倦馬游息爲撒歡兒。」（按，和、歡陰陽對轉。）長途旅行，途中休息時，人進食曰「打尖」，頭口進食曰「撒和」。今河南省農民餵牲口時加草料曰「添和」或「打一和」。則「和」指牲口所食之草料而言，「撒和」，蓋言放草料供牲口吃食也，爲「撒和」二字之偏義。

引申其意，「撒和」又作「調停」解，如湯顯祖《牡丹亭・圓駕》：「便閻羅包老難彈破，除取旨前來撒和」，是也。有時也借指人散步舒懷，如《兒女英雄傳》第二十七回：「要把初一、十五吃花齋，和尚廟裏去掛袍，姑子廟裏去添斗，借著出善會，熱鬧熱鬧，撒和撒和，認作婦德，那就誤了大事了。」凡此皆前義的引申。

撒帳 （sǎ zhàng）

《裴度還帶》四【殿前歡】：「〔山人做撒帳科，融：〕狀元穩坐紫騂驦，褐羅傘下逞風流。新人繡球望著狀元打，永遠相守到白頭。」

撒帳，是一種鬧洞房的方式，爲宋、元時結婚儀式之一。元好問《戊辰雜鈔》云：「撒帳始於漢武帝。李夫人初至，帝迎入帳中，共坐飲合巹酒，預戒宮人遙撒五色同心花果，帝與夫人以衣裙盛之，得多，得子多也。」宋・孟元老《東京夢華錄》卷五「娶婦」條：「男女各爭先後對拜畢，就床，女向左，男向右坐，婦女以金錢綵菓散擲，謂之『撒帳』。」明・施君美《幽閨記》四十【戀芳春】：「〔淨贊禮拜撒帳科，生、小生同把酒科。〕」《清平山堂話本・快嘴李翠蓮記》：「先生念詩賦，請新人入房，坐床撒帳。」《牡丹亭・道觀》淨白：「合巹的『弦歌酒讌』，撒帳的『詩讚羔羊』。」皆其證。此種民俗，某些地區至今猶存。

撒袋 （sà dài）

《五侯宴》二【隔尾】白：「左右，與我拾將那枝箭來，插在我這撒袋中。」

《岳飛精忠》一、白：「弩門並速門，撒袋緊隨身。」

撒袋，謂裝箭的袋子。《清會典事例・兵部・軍器》：「十七年奏准，各直省綠營兵丁自備軍械內，弓箭撒袋腰刀。」《清會典圖・武備・撒袋》：「撒

袋，親王、郡王用青倭緞，紅氈裏，緣革緣，飾皆鏤金花文。百官撒袋，均用革，緣革緣，各綠鐶二，懸革帶，藍布裏，前繫以鉤，左右及後帶版各一。一、二品官用一等撒袋，緣加紅黃線三道。」知自元至清，箭袋皆名撒袋。

撒然

颯然　灑然

《董西廂》卷五【仙呂調・繡帶兒】：「撒然驚覺，衾枕俱空。」

《智勇定齊》一、白：「恰麗中天，忽被雲霧遮蔽，撒然驚覺，正當夜半子時。」

《伊尹耕莘》一、白：「撒然驚覺，可是南柯一夢。」

《盆兒鬼》一【金盞兒】白：「撒然覺來，可是南柯一夢。」

《倩女離魂》一【仙呂點絳唇】：「捱徹涼宵，颯然驚覺。」

《飛刀對箭》一、白：「天子灑然驚覺，可是南柯一夢。」

撒然，謂突然、猛然，驚醒貌；宋話本《簡貼和尚》：「撒然睡覺」，是也。又作颯然、灑然，音義並同。按：「然」用爲副詞語尾，起源很古，如：《論語・公冶長》：「斐然成章」；《孟子・梁惠王上》：「天油然作雲，沛然下雨，則苗勃然興之矣」，皆是。

《元曲選》音釋：「撒，音颯」。

撒達（sà・da）

《村樂堂》三【商調集賢賓】：「則俺那同知好將攔狀插，前廳上審問撒達。」

撒達，好的意思。「前廳上審問撒達」，就是說在公堂上已審問好了。按今河北省滄縣民諺猶云：「好吃不如餃子，撒達不如躺著」。此「撒達」即舒服、好的意思。

撒鏝（sǎ màn）

《冤家債主》一【寄生草】：「你道是使錢撒鏝令人愛，你怎知囊空鈔盡招人怪？」

《酷寒亭》一、白：「頭頂軍資庫，腳踏萬年倉，若將來撒鏝，不勾幾時光。」

《陳州糶米》三【梁州第七】白：「他兩個在俺家裏使錢，我要一奉十，好生撒鏝。」

鏝（màn）：錢。制錢的正面叫「字」，反面叫「鏝」（即「幕」，錢的反面）。撒鏝，謂揮霍。或作撒漫，例如：《警世通言・杜十娘怒沉百寶箱》：「那公子俊俏的龐兒，溫存的性兒，又是撒漫的手兒，幫襯的勤兒，與十娘一般兩好，情投意合。」明・徐元輝雜劇《有情癡》【四煞】：「後來子孫生出一箇撒漫的來，把祖宗苦積的東西，就如湯消雪的一般，弄得乾乾淨淨。」《紅樓夢》第六十二回：「襲人又本是手中撒漫的。」按漫、鏝同音通用，本作「幕」，《漢書・西域傳》：「罽賓國以金銀爲錢，文爲騎馬，幕爲人面。」如淳曰：「幕音漫。」

也有作蹧踏、拋棄講的，如《京本通俗小說・錯斬崔寧》：「這便是一句戲言，撒漫了一個美官。」也有作大膽、放手講的，如《警世通言・老門生三世報恩》：「進士官就是個銅打鐵鑄的，撒漫做去，沒人敢說他不字。」以上都是揮霍的引申義。

腮斗（兒）

《兩世姻緣》二【金菊香】：「腮斗上淚痕粉漬定，沒顏色鬢亂釵橫。」

《蕭淑蘭》一【後庭花】：「不索你話兒唗，你須惡厭，不由我腮斗兒上添笑靨。」

《蘇小卿月夜販茶船》【迎仙客】：「靈鵲兒噪綠槐，喜珠兒掛在垂簷，不由我腮斗兒上喜孜孜堆著笑臉。」

《太平樂府》卷二喬夢符小令【清江引・佳人病酒】：「腮斗兒珍珠汗，朦朧著對似開不開嬌睡眼。」

《盛世新聲》卯集于伯淵散套【點絳唇】：「腮斗兒上暈春紅。」

腮斗，即腮，指兩頰的下半部，一作「腮斗兒」，「兒」爲名詞語尾，無義。明・孟稱舜雜劇《桃源三訪》一折：「是這腮斗邊列焰兒還堪治，則那心坎上無明火最難醫。」腮，同顋。

䭉（sāi）

《陳母教子》一【尾聲】白：「我走將去拿起來，一口䭉了。」

《蔣神靈應》一【尾聲】白：「白米悶飯喫二十椀，硬麵燒餅䭉九十。」

《范張雞黍》一【金盞兒】白：「這些果子下飯，您兄弟將去，路上䭉他耍子。」

《桃花女》二、白：「我特來與你家姐姐說這門親事，你姐姐到他家時，用不了，使不了，穿不了，著不了，㕧不了，䭉不了，有得好哩！」

《小尉遲》二、白：「好酒好肉䭉一頓。」又：「將各樣好下飯，狼餐虎噬，則只一頓都䭉了。」

䭉，拚命吃；猶如現在北方市語「足吃」之意；意同「㕧（噇 chuáng）」及「搋（chuāi）」。今多作「噻」，在通俗文學中，又多簡化爲「塞」，如說「老不死的還眞能塞」（見黃楓《應該不應該》）、「都睡覺鑽被窩了，還胡吃海塞」（見王家駿、周連群《說儲蓄》），兩例「噻」均作「塞」，可爲證，屬貶義詞。

賽願

《獨角牛》一【鵲踏枝】：「有一日賽口願到神州。」

同劇四【雙調新水令】：「則今番賽了還了那口願。」

戲文《小孫屠》十二【四犯臘梅花】：「高山疊疊途路長，何時得到東嶽殿，賽還心願一爐香也？」

同劇同齣、白：「賽還心願早回家。」

《盛世新聲》【仙呂賞花時·休説功名皆是浪語】：「有競利的徒，他每都賽願與祈福。」

賽願，猶云祭神還願。賽，即迎神賽會之意。宋·永亨《搜采異聞錄》：「頃使金國時，辟景孫弟輔行，弟婦在家許齋醮，及還家賽願，予爲作青詞云。」又吳自牧《夢粱錄》卷二：「東嶽天齊仁聖帝聖誕之日，都城士庶，答賽心愿。」「答賽心愿」，即「賽願」之意。「賽」作爲「了」或作爲「畢」解釋的，除《夢粱錄》外，宋詞亦可舉出例子，如趙長卿【清平樂】詞：「何日利名俱賽，爲予笑下愁城」，是也。

賽盧醫

《董西廂》卷五【中呂調・木蘭花】白：「都來四十字，治病賽盧醫。」

《竇娥冤》一、白：「自家姓盧，人道我一手好醫，都叫做賽盧醫，在這山陽縣南門開著生藥局。」

《救孝子》楔【幺篇】：「〔淨扮賽盧醫領啞梅香上，詩云：〕我是賽盧醫，行止十分低，常拐人家婦，冷鋪裏做夫妻。」

盧醫，指戰國名醫秦越人（扁鵲），因他住在盧地（今山東省平陰、肥城、歷城三縣之間），故稱盧醫。元劇中常稱庸醫為賽盧醫，是用反語打諢，譏笑他醫術不高明。

賽龍圖

《望江亭》四【清江引】：「從此無別離，百事長如願，這多謝你個賽龍圖恩不淺。」

《救孝子》三【三煞】：「你休道俺潑婆婆無告處，也須有清耿耿的賽龍圖。」

宋代的包拯，曾做過龍圖閣直學士，因稱為包龍圖。《宋史・包拯傳》：「拯立朝剛毅，貴戚宦官為之斂手，聞者皆憚之。人以包拯笑比黃河清，童稚婦女，亦知其名，呼曰『包待制』。京師為之語曰：『關節不到，有閻羅包老。』舊制：凡訟訴不得徑造庭下。拯開正門，使得至前陳曲直，吏不敢欺。」正因包拯立朝剛毅，斷案嚴明，不循私情，有包青天之譽，後代就把廉能清正的好官稱作包龍圖。「賽龍圖」是說賽過包龍圖，和包一樣清正。

賽牛王社

賽牛王

《伍員吹簫》三、白：「我這丹陽縣中有個牛王廟兒，秋收之後，這一村疃人家輪流著祭賽這牛王社。」

《秋胡戲妻》二【呆骨朵】白：「妳妳，門首吹打響，敢是賽牛王社的？待你媳婦看一看咱。」

《誤入桃源》三【石榴花】：「賽牛王社日，擺列著尊罍。」

《詞林摘艷》卷六馬九臯散套【端正好‧訪知音習酬和】：「慶新春齊敲社鼓，賽牛王共擊銅鑼。」（亦見於《盛世新聲》）

牛王，神名。賽牛王社，即在春社時，農村中祭祀牛王，迎神賽會。也簡稱「賽牛王」。元‧俞琰《席上腐談》：「有自中原來者，云：『北方有牛王廟，畫百牛於壁，而牛王居其中。』問牛王爲何人，乃冉子伯牛。冉伯牛乃爲牛王？」

三冬

《後庭花》三、詩云：「埋頭聚雪窗，文史三冬足；今日一寒儒，明朝食天祿。」

《張天師》三、詩云：「三冬寒氣最嚴凝，曾伴如來大道成。」

《玉壺春》楔【仙呂端正好】：「憑著我三冬足用文章絕，揮翰墨，走龍蛇。」

《風光好》一【天下樂】詩云：「少年文史足三冬，下筆成章氣似虹；時人不識君王寵，禪草何因出袖中？」

《漁樵記》一【混江龍】：「俺也曾囊簡三冬依雪聚，怕不的鵬程萬里信風扶。」

三冬，有以下各說：一、泛指冬季，包括孟冬、仲冬、季冬。唐‧杜荀鶴《溪居叟》詩：「不說風霜苦，三冬一草衣。」唐‧孟簡《惜分陰》詩：「三冬勞聚學，馴景重兼金。」二、指冬季的第三個月，即陰曆十二月。杜甫《送十七舅下邵桂》詩：絕域三冬暮，浮生一病身。」明‧顧瑛《呈繆叔正》詩：「阿翁九月新成服，老父三冬未見歸。」三、指三個冬天，即三年。《漢書‧東方朔傳》：「上書曰：『臣朔少失父母，長養兄嫂。年十三學書，三冬，文史足用。十五學擊劍。十六學《詩》、《書》。』」如淳注曰：「貧子冬日乃得學書，言文史之事足可用也。」清‧俞樾《古書疑義舉例》：「三冬亦即三歲也。學書三歲而足用，故下云『十五學擊劍』也。註者不知其舉小名以代大名，乃泥冬字爲說，云『貧子冬日乃得學書』，失其旨矣。」王先謙則曰：「三冬謂三年，猶言三春、三秋耳。」

結合上列元曲諸例，《張天師》和《漁樵記》兩劇例屬第一義，其餘屬第三義。但把「三冬」肯定釋爲「三歲」，亦是過于拘泥，這不過是泛指。

三光

《破窰記》、一白：「僧起早，道起早，禮拜三光天未曉。」

《王粲登樓》二【呆骨朵】：「我又不曾驅六甲風雷，又不曾辨三光氣色。」

《馬陵道》三【得勝令】歌云：「豈無天地三光照，猶然枯槁深山中。」

三光：日、月、星的總稱。《莊子·說劍》：「上法圓天，以順三光。」漢·劉安《淮南子·原道訓》：「紘（hóng）宇宙而章三光。」註：「三光，日月星也。」漢·班固《白虎通·封公侯》：「天有三光日月星。」又班固《靈臺》詩：「三光宣精，五行布序。」白居易《與元九書》：「夫文尚矣，『三才』各有文，天之文，『三光』首之。」

又有以日、月、五星合稱三光者。《史記·天官書》：「衡，太微，三光之廷。」《索隱》：「三光，日、月、五星也。」

三門

山門

《破窰記》二、白：「呀！他在我三門下寫下兩句詩：『男兒未遇氣冲冲，懊惱闍黎齋後鐘。』」

同劇同折、白「行者，山門前覷著，看有甚麼人來？」

《度柳翠》一【混江龍】：「恰繾箇袖拂清風臨九陌，又早是杖挑明月可便扣三門。」

《羅李郎》四【胡十八】：「恰過了六市，來到三門。」

《竹葉舟》楔【仙呂賞花時】白：「我就趕出山門外請他去，只怕師父娘不肯留他哩。」

《留鞋記》二【煞尾】白：「小僧是這相國寺殿主，時遇元宵節令，大開山門，遊人翫賞。」

《昊天塔》二【二煞】：「那愁他四天王緊向山門把，我呵，顯出些扶碑的手段，舉鼎的村沙。」

三門，一作山門，指寺院的大門。佛家呼為「空門」，即無相門、無作門，三解脫之門也。宋·釋道誠《釋氏要覽》上：「凡寺院有開三門者，只

有一門，亦乎爲三門者何也？《佛地論》云：大宮殿，三解脫門，爲所入處，大宮殿，喻法空涅槃也，三解脫門，謂空無相、無作，今寺院，是持戒修道，求至涅槃，人居之，故曰三門入也。」白居易《寄韜光禪師》詩：「一山門作兩山門，兩寺原從一寺分」。宋・孟元老《東京夢華錄》卷三「相國寺內萬姓交易」條：「相國寺大三門上，皆是飛禽、貓犬之類。」又宋・邵伯溫《邵氏聞見錄》卷一：「玉泉寺無僧堂，長蘆寺無三門。」俗呼作「山門」者，蓋由「山」、「三」音近而訛。按，湖南湘潭方言，「山」「三」同音，均念 sān。

三科

　　《三戰呂布》二【雙調新水令】：「〔正末云：〕哥也，假使一日不得將令呵呢？〔劉末云：〕一日不得起來。〔正末云：〕假使二日不得將令呵呢？〔劉末云：〕二日不得起來。〔三科了。〕」

　　《酖江亭》二【隔尾】：「〔正旦云：〕員外請坐。〔牛員外云：〕你這等囉囉唣唣的。〔正旦云：〕員外請坐。〔牛員外云：〕不敢坐。〔三科了。〕」

　　《村樂堂》二【梧桐樹】：「〔六斤同搽旦罵科云：〕尔驢！尔弟子孩兒！尔畜生！〔三科了。〕」

　　《陳州糶米》二【滾繡毬】：「〔小懶古扯住末科，云：〕爺爺不與孩兒作主，誰做主咱？〔正末云：「我知道了也。〔三科了。〕」

　　科，戲劇術語，表示劇中人物的動作或表情。三科，在元雜劇中，是表示三次重複用一動作的省稱。

三害

　　《薦福碑》三【滿庭芳】：「把似你便逞頭角，欺負俺這秀才；把似你便有牙尔近取那澹台，周處也曾除三害。」

　　晉人周處少年時，膂力過人，行爲放肆，時人患之，因把他和南山上的虎、長橋下的蛟合稱爲「三害」。後來他殺虎斬蛟，自己也改正錯誤，人稱爲「除三害」。事見《晉書・周處傳》。

三婆

《緋衣夢》三：「〔竇鑑張千上：〕茶博士，你替我喚茶三婆來〔茶三婆上：〕來也！來也！」

同劇三【紫花兒序】：「〔三婆做見科，云：〕我道是誰？原來是司公哥哥，魔眼鬼哥哥，二位哥哥，喫個甚麼茶？」

《紅梨花》三：「〔正旦扮賣花三婆上，云：〕老身是賣花的三婆是也。今日去太守家裏花園中去採幾朵花兒，長街市上貨賣的些錢物，養贍老身。」

元、明時習稱賣茶、賣花為業的婦女為三婆。明・朱有燉雜劇《香囊怨》二折：「〔茶三婆上：〕自家是這鼓樓東賣茶的」，亦其例。或指奶婆、醫婆、穩婆為三婆，見明・蔣一葵《長安客話》，與上曲例不同。

三焦

《竹塢聽琴》四【折桂令】：「多應是欲火三焦，一時燄起，遍體焚燒。」

《魔合羅》二【寨兒令】：「我嚥下去，有似熱油澆，烘烘的燒五臟，火火的燎三焦。」

《小張屠》一【金盞兒】：「願母親三焦和肺腹，五臟潤肝腸。」

三焦，中醫術語：胃的上口叫上焦，胃的中脘（即胃腔）叫中焦，膀胱的上口叫下焦。《素問・靈蘭祕典論》：「三焦者，決瀆之官，水道出焉。」《史記・扁鵲傳》：「夫以陽入陰中，動胃繢緣，中經維絡，別下於三焦、膀胱。」戰國・扁鵲《難經・三十一難》：「三焦者，水穀之道路，氣之所終始也。上焦在胃上口，主內（納）而不出；中焦在胃中脘（wǎn），不上不下，主腐熱水穀；下焦當膀胱上口，主分別清濁，主出而不內（納）。」焦，一作「膲」，見《一切經音義》及《廣韻》。

三衙

三衙家

《趙禮讓肥》一【仙呂點絳唇】：「這些時囊篋消乏，又值著米糧增價，憂愁殺，一日三衙，幾度添白髮。」

《獨角牛》一【那吒令】:「說著他這種田呵,我三衙家抹丟;道著他這放牛呵,我十分的便抖擻;提著道是拽拳呵,美也!我精神兒便有。」

《貶夜郎》三【上小樓】:「嬌的不肯離懷,懶慵挪步,怕見獨立,三衙家遠定著親娘扒背。」

《來生債》一【油葫蘆】:「若有個舊賓棚一徑的將他來投逩,他可自三衙家不出那正堂門。」

《太平樂府》卷百喬夢符散套【新水令・閨麗】:「佇頭憑闌,一日三衙。」

《詞林摘艷》卷五劉庭信散套【夜行船・新夢青樓一操琴】:「三衙家則推道娘未寢,不提防幾場兒撒佫。」

三衙,本指舊時衙門早、午、晚三度參衙;後用以泛稱三次、三回,如一、五兩例「一日三衙」,是也。宋・張端義《貴耳集》中:「汪世顯詩云:六軍休動三衙鼓,夢在池塘春思中。」詩中「三衙」亦此意。引申之為一再的、再三的(如二、三、六各例)、慢騰騰(如例四)。家,語助詞,無義。

三餘

《九世同居》一【六幺序】:「為儒的早趁三餘,篤志詩書,休得閑遙遙墮卻身軀。」

《三國志・魏志・王肅傳》裴松之注:「(董)遇字季直,性質訥而好學……人有從學者,遇不肯教,而云『必當先讀百徧』,言『讀書百徧而義自見』。從學者云:『苦渴無日。』遇言『當以三餘』。」所謂「三餘」,即董遇所言「冬者歲之餘,夜者日之餘,陰雨者時之餘也。」後來便以「三餘」泛指空閑時間。陶淵明《感士不遇賦序》:「昔董仲舒作《士不遇賦》,司馬子長又為之;余嘗以三餘之日,講習之暇,讀其文,慨然惆悵。」明・王澹雜劇《櫻桃園》一折:「賴得遠公能下榻,琉璃分火助三餘。」皆其例。

三山骨

三山股

《看錢奴》一【賺煞】白：「我若做了財主呵，穿一架子好衣服，騎著一匹好馬，去那三山骨上贈上他一鞭，那馬不刺刺。」

《玉壺春》三【四煞】：「一弄兒打扮的實難賽，大信袋滴溜著三山骨，硬布衫，攔截斷十字街。」

《襄陽會》二【聖藥王】：「欠彪軀整頓了錦征袍，將玉帶兜，金鐙挑，三山股摔破了紫藤梢。」

《太平樂府》卷九馬致遠散套【般涉調耍孩兒·偕馬】：「三山骨休使鞭來打，磚瓦上休教穩著蹄。」

三山骨，即後腦骨；骨，一作「股」，同音假借。

三不知

《魯齋郎》四、題目正名：「三不知同會雲臺觀，包待制智斬魯齋郎。」

《兒女團圓》二【罵玉郎】：「三不知逢著貴客，我兩隻手忙加額。」

《陳州糶米》三【梁州第七】白：「三不知我騎上那驢子，忽然的叫了一聲，丟了箇撅子，把我直跌下來。」

三不知，是說對一件事的開端、中間和結尾，都不知道。語出《左傳·哀公二十七年》：「荀文子曰：君子爲謀也，始、衷、終皆舉之，而後入焉，今我三不知而入之，不亦難乎？」明·姚福《青溪暇筆》本此亦云：「俗謂忙遽曰三不知，即始、中、終三者皆不能知也。」引申義爲不料、突然、不知怎的。《金瓶梅》第七十五回：「月娘道：『我說他今日進來，往你房裏去，如何三不知又摸到他屋裏去了！』」《警世通言·趙春兒重旺曹家莊》：「三不知又說起」。皆其例也。現在魯、豫一帶方言中，仍有此語。

三不留

《李逵負荊》一【賞花時】：「〔正末云：〕你曉的世上有三不留麼？〔王林云：〕哥，是那三不留？〔正末云：〕蠶老不中留，人老不中留，〔唱〕呆老子，常言道，『女大不中留。』」

三不留，舊謂蠶老不中留，人老不中留，女大不中留。

三不歸

《拜月亭》二【一枝花】：「干戈動地來，橫禍事從天降：爺娘三不歸，家國一時亡。」

《玉鏡臺》四【駐馬聽】：「思當日沽酒當壚，拚了個三不歸青春卓氏女。」

《青衫淚》二【滾繡毬】：「我怕你兩尖擔脱了孤館思鄉客，三不歸翻了風帆下水船，枉受熬煎。」

《東坡夢》二【牧羊關】：「你受了青燈十年苦，可憐送得你黃州三不歸。」

元刊本《薛仁貴》三【二煞】：「您享著玉堂裏臣宰千鍾祿，卻覷著那草舍內爺娘三不歸。」

《百花亭》三【逍遙樂】：「方信道風月無功三不歸，剗的著俺不存不濟。」

三不歸，本意爲功不成不歸，名不立不歸，利不就不歸；引申爲無著落，沒辦法。戲文《錯立身》：「閃得我孤身三不歸」，亦其例。

三更棗

《西廂記》三本二折【耍孩兒】：「元來那詩句兒裏包籠著三更棗，簡帖兒裏埋伏著九里山。」（《雍熙樂府》作「三粳棗」）

三更棗，隱語，意謂三更天早來也。「棗」諧音「早」。佛教傳說：禪宗五祖弘忍傳法於六祖慧能時，交給慧能粳米三粒，棗子一個。六祖悟曰：「師令三更早來也。」明・凌濛初雜劇《虯髯翁》二【滾繡毬】：「一向的包藏啞謎，三更棗到今日斷送前程一局棋」，亦其一例。《雍熙樂府》錄《西廂》曲作「三粳棗」。按《西廂》的曲意，是把詩當作謎語以傳遞心事也。

三思臺

《看錢奴》二【賽鴻秋】：「他、他、他，則待搯破我三思臺……他、他、他，可便擷破我天靈蓋。」

《後庭花》二【黃鍾尾】：「我見他手搭著巨毒，把我這三思臺搯住，兀的不沒亂殺我這喉嚨，我其實叫不出這屈。」

－1121－

《衣襖車》三【醋葫蘆】白：「雕翎箭撞開樓領帶，三思臺吞滿畫桃皮。」

《爭報恩》三、白：「兄弟，徐寧也不是個善的，則我這點鋼鎗，可搭搠透他那三思臺。」

《小尉遲》二【紅繡鞋】：「這小廝今年有些血光災，我鞭打碎他天靈蓋，鎗搠透他三思臺，你更怕我敢慈善，生患害。」

《午時牌》二【烏夜啼】：「則我這點鋼槍搠透那廝三思臺，鐵飛撾打碎那廝天靈蓋。」

《破天陣》四【幺篇】：「我這裡弓開箭去，吉玎璫正中三思臺。」

《論語・公冶長》：「季文子三思而後行」。《孟子・告子》：「心之官則思」，故「三思臺」指心。劇中泛指人體胸膛部份。觀上列諸例，「三思臺」多與「天靈蓋」對舉，亦可證。朱居易《元劇俗語方言例釋》釋爲「腦袋」，誤。

三家店

《救孝子》一【醉中天】白：「便好道：『方寸地上生香草，三家店內有賢人。』」

《蕭淑蘭》一【寄生草】：「想你也夢不到翔龍飛鳳五雲樓，心則在鳴雞吠犬三家店。」

《盛世新聲》丑集曾瑞散套【醉花陰・懷離】：「見、見、見三家店忽的向南。」

三家店，指荒僻鄉村，猶云「三家村」。蘇軾《用舊韻送魯元翰知洛州》：「永謝十年舊，老死三家村。」陸游《村飲示鄰曲》詩：「偶失萬戶侯，遂老三家村。」《水滸》第五十一回：「白玉喬道：『便罵你這三家村使牛的，打甚麼緊？』」皆是。

三停刀

《單刀會》一【金盞兒】：「你便有千員將，閃不過明明偃月三停刀。」

《襄陽會》三【堯民歌】白：「撾鼓奪旗千般勇，三停刀上血光飛。」

《對玉梳》一【後庭花】：「三停刀砍腳跟，百鍊錘打腦門。」

《雲窗夢》二【叨叨令】：「三停刀砍不斷黃桑棍，九稍砲打不破迷魂陣。」

停，俗謂數之成數爲停，如十分之三曰三停。三停刀，武器名；刀身很長，佔整個刀柄及刀身全長的三分之一，俗呼大刀。

三簷傘

三簷繖　三檐傘

《陳母教子》三【普天樂】：「圪蹬蹬的馬兒騎，急颭颭的三簷傘底，我這裏忙呼左右，疾快收拾。」

《破窰記》四【收江南】白：「錦鞴駿馬三簷繖，正是男兒得志秋。」

《海神廟王魁負桂英》【七弟兄】：「怎禁那吵吵戚戚閑牙戲：卻不是五花官誥狀元妻，三簷傘下夫人位。」

《降桑椹》三【耍孩兒】：「三簷傘下氣昂昂，保忠臣護國安邦。」

《拜月亭》三【滾繡毬】：「搠起柄夫榮妻貴三檐傘，抵多少爺飯娘羹四馬車。」

具有三道簷的傘，叫做三簷傘；是封建社會大官員或有封號的貴婦人出行時，作爲儀仗或遮蔽陽光用的。元·馬端臨《文獻通考》卷一一九載：宋徽宗「政和時詔賜諸正三接青羅繖……皇太子用三簷青羅繖。」簷、檐，同字異體。繖，傘之本字。

三鬚鉤

揉鉤

《五侯宴》三【倘秀才】白：「官人不知，老身是趙太公家居住，俺太公嚴惡，使我來這井上打水飲牛來。不想將吊桶掉在井裏，不敢回家取三鬚鉤去，因此上尋箇自縊。」

又白：「左右，拏著那揉鉤槍，井中替他撈出那桶來。」

三鬚鉤，狀如三腳小錨，是用來撈取水中沉物的。「揉鉤」多爲二齒。兩物用處略同。

三十三天

《岳陽樓》三、詞云：「人身上明放著四百四病，我心頭暗藏著三十三天。」

《張天師》二、白：「便好道：三十三天，離恨天最高；四百四病，相思病最苦。」

《倩女離魂》一【那吒令】：「我一年一日過了，團圓日較少；三十三天覰了，離恨天最高；四百四病害了，相思病怎熬？」

佛家認爲：「天有三十三重，第三十三即忉利天，亦即離恨天。《佛地經論》五：「三十三天，謂此山頂（即須彌山頂）四面各有八大天王，帝釋居中，故有此數。」《智度論》九：「須彌山高八萬四千由旬，上有三十三天城。」一說：昔有佛滅度，一女人修塔，三十二人助之。此女後爲忉利天主，三十二人做了臣佐，故名忉利天爲「三十三天」。後極言其高稱爲三十三天。

三千世界

三千界

《牆頭馬上》二【梁州第七】：「月也，你本細如弓，一半兒蟾蜍，卻休明如鏡照三千世界，冷如冰浸十二瑤台。」

《東牆記》二【上小樓】白：「夢繞三千界，雲迷十二峰，仙郎休負卻，我意若春濃。」

《鎖魔鏡》三【紫花兒序】：「直趕遍三千世界，搜尋過四大神州。」

佛家把人所住的地方叫三千世界。合一千「小世界」爲「小千世界」，合一千「小千世界」爲「中千世界」，合一千「中千世界」爲「大千世界」，總稱「三千世界」。其上尚有「華嚴世界」等，蓋謂世界無量無邊，不可思議也。敦煌變文《溫室經講唱押座文》：「光照三千世界中」，亦其一例。「三千界」爲「三千世界」之省詞。

三梢末尾

末尾三梢

《救風塵》一【那吒令】：「端的是那裏是三梢末尾？」

《伍員吹簫》四【雙調新水令】：「投至得末尾三梢，不覺的頭上老來到。」

《灰闌記》二【商調集賢賓】：「我則道嫁良人十成九穩，今日個越不見末尾三稍。」

《王粲登樓》三【鬥鵪鶉】：「指望待末尾三稍，越閃的我前程萬里。」

《崔懷玉月夜聞箏》【鬼三臺】：「指望著萬里前程，倒閃得我三梢末尾。」

《詞林摘艷》卷一劉庭信小令【寨兒令・戒漂蕩】：「百媚千嬌，末尾三稍，眼挫裏喫單交。」

　　三梢末尾，一作末尾三稍，謂收場、結局、前程、著落；元人習用語。「梢」爲正字，「稍」因形近誤寫。《韻會》引《說文》鍇注云：「梢，樹枝末也。」三梢，指頭梢（頭髮）、手梢（手指）、腳梢（腳趾），凡在末尾者皆曰梢，是梢字本義的引申。

散誕（sǎn dàn）

散袒　散澹

《岳陽樓》二【哭皇天】：「我著你逍遙散誕，你自待偎慵惰懶。」

《竹葉舟》三【哭皇天】：「則不如準備著綸竿綸竿釣舟，向富春渚側，渭水河邊，伴煙波漁父，風月閒人，倒落得個散誕逍遙百不憂。」

《陳母教子》二【賀新郎】：「弟兄裏則爲你年幼，你身上我偏心兒索是有，我幾曾道是散袒悠悠。」

《劉行首》四【鴈兒落】詩云：「散袒逍遙躲是非，壺中日月有誰知？仙家不識春和夏，石爛松枯一局棋。」

《博望燒屯》四、白：「講罷黃庭心散澹，綸巾羽扇細論文。」

《賺蒯通》一【賺煞尾】：「只待要修仙辟穀，倒是俺散袒逍遙一願足。」

同劇二【醉春風】白：「今日被他疑忌，則不如納下朝章，趁一帶青山，逍遙散誕，可不好也？」

《翫江亭》二【堯民歌】：「我則待要引著狗，騎著貓，逍遙散澹，乘興歌曲過南臺。」

　　散誕，無拘無束，自由自在之謂。《法苑珠林》卷八十二：「或枷禁桎梏，散誕形軀。」宋・羅大經《鶴林玉露》卷十六：「官稅早輸，逍遙散誕，似此之人，直錢千萬。」均取舒散放誕之意。或作散袒、散澹，音義同。又作

散旦、散彈、散淡，例如《清平山堂話本・快嘴李翠蓮記》：「散旦又逍遙。」《金瓶梅》第五十六回：「可知道他才學荒疏，人品散彈哩！」《紅樓夢》：「叫你散淡散淡。」按：誕、袒、澹、旦、彈、淡，音並同。

散樂

戲文《錯立身》一【鷓鴣天】：「因迷散樂王金榜，致使爹爹捍離門。」

同劇二【粉蝶兒】白：「前日有東平散樂王金榜，來這里做場。」

同劇四【紫蘇丸】白：「老身幼習伶倫，生居散樂，曲按宮商知格調，詞通大道入禪機。」

《太平樂府》卷九無名氏散套【耍孩兒・拘刷行院】：「沒一盞茶時候，道有教坊散樂，拘刷煙月班頭。」

《雍熙樂府》卷八散套【一枝花・從良】：「怎發落，少不得留與青樓做散樂。」

　　散樂萌芽很早。漢武帝時，樂舞方面，就已有正樂（雅樂）與散樂（俗樂）的區別。南宋・趙彥衛《雲麓漫鈔》卷十二：「今人呼路歧樂人為散樂，按《周禮》：『掌教散樂。』釋云：『散樂，野人為樂之善者。』以其不在官之員內，謂之散樂」《唐會要》卷三十三「散樂」：「散樂歷代有之，其名不一，非部伍之聲，俳優歌舞雜奏，總謂之百戲。跳鈴、擲劍、透梯、戲繩、緣竿……自漢武帝（時）幻伎始入中國，其後或有或亡。至國初通西域，復有之。」《新唐書・禮樂十二》：「玄宗為平王，有散樂一部。……置內教坊於蓬萊宮側，居新聲、散樂、倡優之伎。」散樂，古稱百戲，包括各種技藝，即今之雜技。元代，在各地「衝州撞府」之雜劇演出，亦稱「××散樂」。如現存山西趙城縣廣勝寺明應王殿元泰定壁畫，上題「大行散樂忠都秀在此作場」。壁畫為元雜劇演出場面。

糝（săn）

糝，一指米粒；二猶「撒」，散播之謂。

（一）

《董西廂》卷二【仙呂調・剔銀燈】：「裹一頂紅巾，珍珠如糝飯。

同書卷七【中呂調‧牧羊關】:「鬢邊蟣蝨渾如糝,你尋思大小大腌臢!」

《西廂記》二本楔子【叨叨令】:「浮沙羹,寬片粉,添些雜糝。」

糝,用作名詞,指米粒。糝飯,即米飯。雜糝,當是二米飯。《說文》段注:「今南人俗語曰米糝,飯糝,謂熟者也。」引申為散粒,周邦彦【大酺】詞:「紅糝鋪地,門外荊桃如菽。」有時,「糝」字亦用作動詞,謂以米和羹也,如《莊子‧讓王》:「七日不火食,藜羹不糝。」漢‧應劭《風俗通義》:「孔子困於陳蔡之間,七日不嘗粒,藜羹不糝。」

（二）

《燕青博魚》一【大石調六國朝】:「則聽的淅零零糝瓊沙。」

《神奴兒》三【迎仙客】:「你道是水沙兒,誰人糝上土?」

《太平樂府》卷二元好問小令【雙調‧驟雨打新荷】:「驟雨過,珍珠亂糝。」

《詞林摘艷》卷三無名氏散套【粉蝶兒‧心下疑猜】:「瓊花亂糝在空中。」

同書同卷無名氏散套【粉蝶兒‧裹帽穿衫】:「有龍眠寒雪圖,孟浩然霸陵橋,驢背如銀糝。」

上舉各「糝」字,猶「撒」,散播、散佈之謂。

糝交

輯佚《神龍殿樂巴噀酒》【南呂一枝花】:「我將這火葫蘆背上拴,火騾子跳賜彎犇,火猢猻糝交上竿。」

糝（sǎn）交,元時俗語,《雍熙樂府》、《詞林摘艷》錄此語作「攛梭」,狀迅速之辭。

繖蓋（sǎn gài）

《裴度還帶》四【雙調新水令】白:「媒婆,兀的不頭答繖蓋,狀元來了也。」

《破窰記》一【尾聲】白:「雲飛般繖蓋高張,鴈翎般公人齊擺。」

繖，「傘」之本字。《晉書・王雅傳》：「遇雨，請以繖入。」蓋，亦障雨之具，即「傘」。《孔子家語・觀思》：「孔子將行，雨而無蓋。」合言之爲繖蓋，古時官員出行時用以遮雨蔽日的用具。《新唐書・百官志三》：「左尙署：令一人，從七品下；丞五人，從八品下。掌供翟扇、蓋繖、五路、五副、七輦、十二車……」。

饊子（sǎn・zi）

《盆兒鬼》三【麻郎兒】：「俺大年日將你帖起，供養了饊子茶食。」

一種油炸的麵食品，叫做饊子。明・周祈《名義考》云：「以麵繩而食者曰環餅，又曰寒具，即今饊子。」饊子，一作柵子。・李時珍《本草》謂以糯粉和麵，扭成環釵等形，而用油煎的食物；並以捻頭、環餅、寒具、粻粰爲一物。明・方以智《通雅・飲食》則以寒具、柵子爲粔籹、膏環、安乾、饘饠、餦餭、環餅、粻粰、粻糧等之總稱。宋・桂萬榮《棠陰比事》：「漢孫寶爲京兆尹，有賣環散者，今之環餅也。」「散」即「饊子」。今南北各地謂油炸之麵食，股極細極多而酥脆者，叫做饊子，僅三股而粗者，叫做麻花兒。

桑蓋

《千里獨行》楔、白：「桑蓋層層徹碧霞，織蓆編履作生涯，有人來問宗和祖，四百年前王氣家。」

謂桑樹枝葉如傘曰桑蓋，事本《三國志・蜀書・先主傳》，云：「舍東南角籬上有桑樹生，高五丈餘，遙望，見童童如小車蓋。……先主少時，與宗中諸小兒於樹下戲，言：『吾必當乘此羽葆蓋車。』」唐・羅隱《題潤州妙善寺石羊》詩：「紫髯桑蓋此沈吟，狠石猶存事可尋。」

桑新婦

《蝴蝶夢》二【牧羊關】：「我若學嫉妬的桑新婦，不羞見那賢達的魯義姑！」

同劇三【上小樓】：「教人道桑新婦不分良善。」

《金鳳釵》一【後庭花】：「我且不問嫌夫窨桑新婦，我則打這恨爹窮忤逆賊。」

《鐵拐李》二【煞尾】:「你學那守三貞趙貞女,羅裙包土將那墳塋建,休學那犯十惡桑新婦,綵扇題詩則將那墓頂搧。」

《灰闌記》一【寄生草】:「便是那狠毒的桑新婦,也不似你這個七世的娘。」

《追韓信》一【柳葉兒】:「見桑新婦亂下風雹。」

桑新婦,指莊子試妻故事中的搧墓婦女。傳說莊子在路上遇見一個婦女,以扇搧墳,問其故,答曰:丈夫死時,要她等墳乾了再改嫁,故搧墳使之快乾(話本《警世通言‧莊子休鼓盆成大道》、清‧石龐《蝴蝶夢》均記此事,搧墳故事,元代當已有傳說)。元劇中稱此種婦人爲桑新婦,並作爲惡毒、不賢達婦女的代稱。

嗓喀

嗓磕　搡磕

《忍字記》一【油葫蘆】:「他腰圍有簸來麤,肚皮有三尺高,便有那駱駝、白象、青獅豹,敢可也被你壓折腰。〔布袋云:〕他嗓喀貧僧哩!」

《曲江池》三【尾煞】:「我比那謝天香名字眞。〔卜兒云:〕他可做的柳耆卿麼?〔正旦云:〕你嗓磕他怎的?〔唱:〕他比那柳耆卿也不劬兩輕。」

《㲼江亭》一【醉中天】:「你則是箇上八洞的齊孫臏。〔先生云:〕他嗓喀我這條腿哩!」

《王粲登樓》一【賺煞】:「我略別你個放魚的子產。〔蔡相云:〕放魚的子產,搡磕老夫不識賢哩!」

嗓磕,謂譏笑、譏刺、以話噎人。或作嗓磕,搡磕,音近義並同。《元曲選》音釋:「搡,桑上聲;磕,音可。」倒作磕嗓、磕生。近人吳梅《顧曲麈談》:「凡六畜勞傷,則鼻中常流膿水,謂之瘝嗓。又愛訐(jié)人之短者,亦謂之磕嗓,即譏讁也。」

喪門

《魯齋郎》楔、詩云：「花花太歲我第一，浪子喪門再無雙，街市小民聞吾怕，則我是權豪勢要魯齋郎。」

《調風月》四【掛玉鉤】：「今年見吊客臨，喪門聚，返吟復吟，半載其餘。」

《曲江池》二【梁州第七】：「俺娘呵則是個吃人腦的風流太歲，剝人皮的娘子喪門。」

《玉壺春》三【迎仙客】：「問甚麼撞著喪門，管甚麼逢著吊客，怕甚麼月值年災，拼死在鶯花寨。」

喪門，叢辰名。古代迷信說法：謂喪門是凶煞之一，碰著他就會發生死亡凶泣事。《紀歲歷》：「喪門者，歲之凶神，主死喪哭泣之事，常居歲前二辰。」《蓬瀛書》：「子年在寅，順行十二辰。」清乾隆敕撰《協紀辨方書·義例一·喪門》：「紀歲歷目：喪門者，歲之凶神也，主死喪哭泣事，常居歲前二辰。所理之地，不可興舉，犯之者主盜賊遺亡死喪之事。」

色旦

旦色

《陳摶高臥》四：「〔鄭恩扮汝南王引色旦上。〕」

同劇四【雙調新水令】：「〔色旦上，侍直云：〕妾等官裏送來，與先生作傳奉，願侍枕席之懽。」

《羅李郎》一【醉扶歸】白：「我湯哥今日有一個新下城的旦色，喚做什麼宜時秀，好個姐姐。」

《東堂老》一【那吒令】：「你見一個新旦色下城呵，……連忙的緊邀。」

《太平樂府》卷九無名氏散套【耍孩兒·拘刷行院】：「請箇有聲名旦色，迭標垜嬌羞。」

元劇中女角稱「色旦」或「旦色」。女角稱「旦」的由來，據來《夢梁錄》記傀儡有「細旦戴花朵」云云；《武林舊事》中「諸色技藝人」「雜扮」項下，有魚得水、王壽香、自來俏三人名下注有「旦」字，可見在宋代「旦」已成為角色專稱。唐代雖無「旦」稱，卻早有其實。唐·段安節《樂府雜錄》「俳優」條：「武宗朝，有曹叔度、劉泉水鹹淡最妙；咸通以來，即有范傳

康、上官唐卿、呂敬遷三人，弄假婦人。」「弄假婦人」，就是以男性扮「旦」的證明。王國維根據上文，進而推論云：「如此二句相承，則鹹淡為假婦人之始。旦之音當由鹹淡之淡出」（見《古劇角色考》）。明・朱權《太和正音譜》則謂：「狚，當場之妓曰狚，猿之雌也，名曰猵狚，其性好淫。俗呼旦，非也。」徐渭《南詞敘錄》云：「宋伎上場，皆以樂器之類置籃中，擔之以出，號曰花擔，今陝西猶然。後省文為旦。」後兩說恐均不確，附記於此備參。

色長 （sè zhǎng）

《金線池》四【收江南】白：「張千，近前來，聽俺分付：你取我俸銀二十兩，付與教坊司色長。」

《太平樂府》卷四張小山小令【朝天子・席上有贈】：「教坊、色長，曾侍宴丹墀上。」

同書卷七趙明道散套【鬥鵪鶉・名姬】：「上殿伶倫，前輩色長。」

宋、元時把教坊司管理官妓的人，依照技藝的名色分類，故稱樂工之長為色長。宋制：教坊司本隸屬宣徽院，設有「使、副使、判官、都色長、色長」（見《宋史・樂志》），負責各部門之事。元、明因之。明・湛然雜劇《魚兒佛》三【油葫蘆】：「閻羅殿下只做個謄舊本的秀才，打死板的色長，顯見得陰司沒了權柄也。」

澀道 （sè dào）

澁道　址道

《裴度還帶》三【倘秀才】：「出廟門送下澀道，近行徑轉過牆角。」

《襄陽會》二【越調鬥鵪鶉】：「入的這館驛儀門，遠著這虛簷澀道，又則怕遇著從人，撞著後槽。」

《勘頭巾》二【南呂一枝花】：「出司房，忙進步，登澀道，下堦址。」

《魔合羅》二【刮地風】：「我與你恰下澁道，立在簾稍，覺昏沉剛挣揣把門倚靠。」

《硃砂擔》三【倘秀才】：「我與你登澁道，七林林通曲欄。」

《紫雲庭》四【梅花酒】：「將蛾眉址道登。」

不滑曰澀。澀道，即指有波紋的階踏（台階），行之不易滑倒。又作澁道、址道，義並同。明・楊慎《升庵詩話「澀浪」條：「蔡衡仲一日舉溫庭筠《過華清宮》詩：『澁浪浮瓊砌，晴陽上彩遊』之句，問予曰：『澁浪何謂也？』予曰：『子不觀《營造法式》乎？宮牆基自地上一丈餘，疊石凹入爲嵯險狀，謂之疊澁，石多作水文，謂之澁浪。』」據此，知「澀道」亦作「澁浪」，其語源可上溯到唐代。

僧伽（sēng qié）

《西廂記》一本二折【迎仙客】：「貌堂堂，聲朗朗，頭直上只少箇圓光，卻便似捏塑來的僧伽像。」

僧伽，梵語，僧伽邪之略；又作僧佉（qū）。其意是眾比丘，簡稱爲僧。明・陳汝元雜劇《紅蓮債》一【絡絲娘】：「把僧伽斷送成衰病，向地底把各兒指定。」或爲諧韻倒作「伽僧」，如僧湛然雜劇《魚兒佛》一【十二月】白：「你子待效沽酒遠村戒行，似燒豬佛印的這伽僧。」皆其例。或曰：僧伽，高僧名，唐西域人。龍朔（唐高宗年號）中於泗州臨淮縣建寺，世稱爲觀音大士化身，詳見宋・李昉《太平廣記》卷九十六。

沙

沙：通常多用爲語尾助詞；有時也用作感嘆詞；有時借用爲「霎」。

（一）

《拜月亭》四【雙調新水令】白：「妹子阿，你好不知福！猶古自不滿意沙？」

《梧桐雨》三【撥不斷】：「六軍不進屯戈甲，把箇馬嵬坡簇合沙。」

《曲江池》一【寄生草】白：「你是仁兄沙！」

同劇同折【醉中天】：「不因你個小名兒沙，他怎肯誤入桃源？」

《周公攝政》楔、白：「宣喚某沙，不知有甚公事？」

沙，放在句尾，用作語助詞，無義；同「啞（yā）」，相當一代漢語中的「呀」、「啊」等字。或又作「吵」，如《董西廂》卷一【中呂調・香風合纏令】；「喚別人不見吵！不見吵！」

（二）

《貶夜郎》一【鵲踏枝】白：「陛下道微臣在長安市上，酒肆人家，
土炕上便睡；沙！那的是學士每好處。」

《樂府群珠》卷二張小山小令【金字經‧青霞洞】：「酒後詩情放，
水邊歸路差，何處青霞仙子家？沙！翠苔橫古槎，竹陰下，小魚爭
柳花。」

上舉二例，「沙」放在句首，用作感嘆詞，表示驚訝。

（三）

《衝漠子》二、白：「貧道自離了塵世，五百餘年矣。俺天上無多幾
沙，這人間光景，又早改換的這般的別了也呵！」

這裏的「沙」，是「霎」字的借用，極言時間之短。明‧朱有燉《十長生》
二【梁州】：「洞天中一霎兒行來到。」明‧康海《王蘭卿》二【滾繡毬】：「逐
日家世不曾半霎兒寧貼。」這兩個「霎」字的用意，正與上例「沙」字相同，
並可證。

沙三

《劉知遠諸宮調》三【高平調‧賀新郎】：「知遠出營門來覷來者，
非是二舅，乃李四叔沙三。」

同書三【雙調‧喬牌兒】：「劉郎因問何來，沙三道：『您妻子交來
打聽消息。』」

《五侯宴》三、白：「引著沙三去蹅橇，伴著王留去調鬼。」

《伍員吹簫》三、白：「我是喚當村後生咱！無路子、沙三、伴哥、
牛表、牛勃，你每一齊的都來！」

《竹葉舟》四【滾繡毬】：「看王留撒會科，聽沙三嘲會歌。」

《誤入桃源》三【幺篇】：「真乃是重色不重賢，度人不度己，使的
這牛表、沙三、伴哥、王留，唱叫揚疾。」

《詞林摘艷》卷三白仁甫散套【粉蝶兒‧賽社處人齊】：「牛表嘲歌，
沙三爭氣，舞的是一張掀喬樣勢。」

《雍熙樂府》卷七散套【要孩兒‧偷情】：「沙三燒肉牛心兒炙。」

　　沙三，與王留、伴哥同意，都是指農村中好事或有勢力的青年。《雍熙樂府》中的「沙三」，乃是「儍廝」的音轉。

沙堤

　　《薦福碑》一、白：「龍樓鳳閣九重城，新築沙堤宰相行，我貴我榮君莫羨，十年前是一書生」

　　《破窰記》四、白：「龍樓鳳閣九重城，新築沙堤宰相行，我貴我榮君莫羨，十年前是一書生。」

　　《劉弘嫁婢》四【水仙子】：「龍樓鳳閣九重城，新築沙堤宰相行，白身裏八位中除參政，將皇家俸祿請。」

　　唐代習俗，新任宰相上任，先為他鋪築沙面大路，叫做沙堤。唐·李肇《唐國史補》卷下：「凡拜相，禮絕班行，府縣載沙填路，自私第至子城東街，名曰沙堤。」白居易《新樂府·官牛》：「一石沙，幾斤重，朝載暮載將安用？載向五門官道西，綠槐陰下鋪沙隄，昨日新拜右丞相，恐怕泥塗污馬蹄。」「沙隄」即「沙堤」。

沙彌

　　《西廂記》一本四折【碧玉簫】：「行者又嚎，沙彌又哨，恁須不奪人之好。」

　　《西遊記》一本三齣【逍遙樂】：「見一箇小沙彌來往趓開門。」

　　同劇三本十二齣【紫花兒序】：「黃顏老子，禿髮沙彌，直恁蹺蹊！」

　　《女姑姑》四：「〔闍黎云：〕點上燭，焚上香，動著法器，請長老陞堂。〔淨沙彌云：〕知道知道，點上燭，焚上香。」

　　沙彌，古梵語 śrāmaneraka 音譯的訛略。意譯為「息惡行慈」，即息世染之情，以濟慈眾生之謂。後專指初出家沒有正式受戒的小和尚為沙彌或沙彌子。清·翟灝《通俗編·釋道·沙彌》：「《善覺要覽》：落髮後為沙彌，華言為息慈，謂得安息於慈悲之地也。或云：初入佛法，多存俗情，故須息惡行慈也。」宋·釋道誠《釋氏要覽》云：「此始落髮後之稱謂也。又曰最下七歲至十三者，皆名驅烏沙彌。」一說：謂男子初出家受過十誡者之稱，如《魏書·釋老傳》云：「其為沙門者，初修十誡曰沙彌」，是也。

沙板錢

《延安府》二、白：「七箇沙板錢買一隻，重一百二十斤，大尾子綿
　　羊至賤。」

銅中含沙，片薄質劣之小錢，俗謂沙皮子。《宋史・孟皇后傳》：「時虔州府
庫皆空，犒軍所給，惟得沙錢。」按所謂「沙皮子」或「沙錢」，即沙板錢也。

沙門島

《瀟湘雨》二【烏夜啼】白：「左右，便差箇能行快走的解子，將這
　　逃奴解到沙門島。」

《張生煮海》二【採茶歌】白：「向前數十里，便是沙門島海岸了也。」

《合汗衫》一【天下樂】白：「多虧了那六案孔目救了我的性命，改
　　做悮傷人命，脊杖了六十，迭配沙門島去。」

《舊五代史・漢隱帝紀下》：「尚食奉御王紹隱除名，流沙門島。」宋・
周輝《清波雜誌》卷二：「舊制，沙門島，黥卒溢額，取一人投於海，殊失朝
廷寬待之意。」宋・樂史《太平寰宇記》：「蓬萊縣沙門島，在縣北海中五十
里。宋建隆三年，索內外軍不律者，配沙門島。」元・于欽《齊乘》：「沙門
島有五島相聯屬，海市現滅，多在其上。」《明一統志》：「沙門島在登州府城
西北六十里海中，凡海舟渡遼者，必泊此以避風，宋時嘗流放罪人於此。」
據以上記載，知「沙門島」即今山東蓬萊縣西北海中的小島，在宋時極爲荒
涼偏僻。當時政府規定：必須死罪獲貸的犯人，纔流放到這裏。人數超過限
額時，就取一人拋入海中。

沙塞子

沙寨子

《昊天塔》四【得勝令】詩云：「我做將軍快敵鬬，不喫乾糧則喫肉；
　　你道是敢戰官軍沙塞子，怎知我是畏刀避箭韓延壽。」

《射柳捶丸》三、白：「都是那能征敢戰的北番軍，捨死忘生沙寨子。」

沙塞子，謂勇士。沙塞者，塞外沙漠之地也。《三國志演義》第八十九回：
「如何沙塞客，擐甲復長征？」可爲證。塞，一作「寨」，音近義同。王季思
等《元雜劇選注》云：「沙塞子，指生長在沙漠裏的人。」備參。

殺威棒（shā wēi bàng）

《救風塵》二、白：「不信好人言，必有恓惶事。當初趙家姐姐勸我不聽，果然進的門來，打了我五十殺威棒。」

《蝴蝶夢》三、白：「別過枷梢來，打三下殺威棒。」

舊時官吏，對新到的犯人，先拷打一頓，意在挫其凶燄，叫做「殺威棒」。《水滸》第九回：「若得了人情，入門便不打你一百殺威棒，只說有病，把來寄下」，亦其例。殺，讀陰平，有消減、折挫等意。

殺風景（shā fēng jǐng）

《看錢奴》一【混江龍】：「這等人動則是忘人恩，背人義，昧人心，管甚麼敗風俗，殺風景，傷風化。」

《百花亭》一【賺煞】白：「只怕有那殺風景的哨廝每排揑呵！」

殺風景，謂有損景物，俗而傷雅，敗人興致。唐·李商隱《雜纂》中列舉「清泉濯足」、「花上曬裩」、「背山起樓」、「燒琴煮鶴」、「對花啜茶」、「松下喝道」、「看花淚下」等九事為「殺風景」。宋·邵伯溫《聞見錄》：「王荊公步月山中，蔣穎叔傳過之，有『怪見傳呼殺風景』句。」蘇軾《次韻林子中春日新堤書事》詩：「為報年來殺風景，連江夢雨不知春。」皆是。現在仍有此說法。按「殺」，讀陰平，有折損、敗壞等對。

儍角

儍（傻）廝　呆廝

《西廂記》一本三折、白：「姐姐，我不知他想甚麼哩，世上有這等儍角！」

同劇二本三折【離亭宴帶歇指煞】白：「街上好賤柴，燒你個儍角，你休慌，妾當與君謀之。」

同劇三本三折【攪箏琶】白：「偌早晚，儍角卻不來，赫赫赤赤，來。」

《老生兒》三【收尾】白：「你個儍廝，這是開茅廝門的。」

《玉壺春》一【幺篇】白：「也是個儍廝，誰管你娶妻也不曾？」

《東堂老》三、白:「柴又不貴,米又不貴,兩個傻廝,正是一對。」

《竹葉舟》二、白:「兀那呆廝陳季卿,這蚤晚好待來也。」

《對玉梳》二【塞鴻秋】:「呆廝你收拾買花錢,休習閑牙磕,常言道『井口上瓦礶終須破』。」

《射柳搥丸》三、白:「傻廝也!七頂頭盔可怎麼戴?」

傻角,譏辭,謂傻傢伙,意同「傻廝」。明・無名氏雜劇《桃符記》一折六兒白:「門外好賤柴,燒的這個傻廝」,正與《西廂》句同。徐渭《南詞敘錄》云:「傻角,上濕假切,下急了切,癡人也,吳謂獃子。」「獃」即「呆」字,獃子,猶呆廝。故傻角、傻廝、呆廝,其義一也。今人呼愚者為傻瓜;傻瓜即傻角的音轉。傻,一讀「耍」。

煞(shà)

瞇 殺 杀 傻

煞,或作瞇、殺、杀、傻;多用為甚辭,有極、甚、很等意;用作設辭,猶「雖」;用為終竟之詞,猶「死」、猶「滅」;用為語助詞,猶「呵」,猶「哦」;以及其它。

(一)

《漢宮秋》一【醉扶歸】:「〔旦云:〕陛下,妾父母在成都,見隸民籍,望陛下恩典寬免,量與些恩榮咱。〔駕云:〕這個煞容易。」

《西廂記》五本二折【滿庭芳】:「想當初做時,用煞那小心兒。」

《劉知遠諸宮調》一【商調・廻戈樂引子】:「五代饑饉瞇艱難。」

同書一【商調・尾】:「老漢在莊中田土甚廣,客戶瞇少。」

同書十一【般涉調・尾】:「呼哨一聲,洪信和兩個婦人以聖至諕殺三娘。」

《誤入桃源》一【那吒令】:「朝廷內怨煞薦賢的叔牙,林泉下傲煞操琴的伯牙,磻溪上老煞釣魚的子牙。」

《倩女離魂》二【絡絲娘】:「比及見咱,我不瘦殺,多應害殺。」

《射柳搥丸》三、白:「八九層甲傻重的,可怎麼披?」

《詞林摘艷》卷五王伯成散套【新水令・十年無夢（夢）到京師】：「則被你紫雲娘僗落殺白衣士。」

煞，《元曲選》音釋：「煞音晒。」瞭、殺、杀（殺之省寫），均音「晒」，讀去聲，同「煞」；另又作「傻」，用作甚辭，有極、甚、很等意，極狀其程度之深。「煞」、「瞭」都是後起字，最早用「殺」，如漢樂府《古歌》：「秋風蕭蕭愁殺人。」南朝樂府民歌《紫馬歌》：「童男娶寡婦，壯士笑殺人。」南朝樂府《讀曲歌》：「打殺長鳴雞，彈去烏臼鳥。」皆是。在隋唐詩文中，普遍也仍用「殺」，如隋煬帝《幸江都作》：「鳥聲爭勸酒，梅花笑殺人。」唐・張說《鄴都行》：「惟有秋風愁殺人。」李白《陪侍郎叔遊洞庭醉後》三首：「巴陵無限酒，醉殺洞庭秋。」杜甫《清明》：「白蘋愁殺白頭翁。」又《冬至》：「忽忽窮愁泥殺人。」白居易《玩半開花》：「西日憑輕照，東風莫殺吹。」其下自注「殺」讀去聲。等等，不勝備舉。但從唐代起，「煞」和「瞭」字也開始通用，如唐・羅鄴《嘉陵江》詩云：「江似秋嵐不煞流」，「不煞流」，不甚流也。敦煌變文《維摩詰經菩薩變文甲》：「舍利佛林間晏坐，瞭被輕呵。」又云：「初出塞，絕離染，習種性根瞭浮淺。」兩「瞭」字，也是「甚」意。據明・張自烈《正字通》云：「煞，俗殺字。」又云：「殺，今謂太甚曰煞，程朱語錄、容齋隨筆皆用之。」自此以後，諸字並行不廢，至元、明猶然，只是「煞」字較佔勢力，不過又新增了「傻」字，如上舉《射柳捶丸》例即是。但「傻」字並未取得正統地位，故明・楊愼《俗言》：「俗書作傻。」認爲是俗字。近人章太炎《新方言・釋詞》云：「今遼東謂富有曰有得肆，蘇州謂甚好曰好得肆，甚熱曰熱得肆。肆、殺去入相轉。《夏小正》：『貍子肇肆。』傳：『肆，殺也。』古以肆爲殺，今以殺爲肆。宋人言甚好曰殺好，猶肆好也。」陳望道《作文法講義・選詞》引《新潮》卷一之一所載上海方言，也有「今天冷得很，火爐熱得肆」。據此，知「肆」字又是「殺」字之祖，至近代，仍在口語中運用。

（二）

《董西廂》卷一【般涉調・哨遍纏令】：「相國夫人煞年老，虔心豈避辭勞！」

同書卷三【雙調・御街行】：「這書房裏往日瞭曾來，不曾見這般物事。」

《漁樵記》四【雙調新水令】：「往常我破紬衫麄布襖煞曾穿，今日個紫羅襴恕咱生面。」

《樂府新聲》上無名氏散套【新水令・聽樓頭畫鼓打三更】：「山遙水遠煞勞程，雁兒！天色兒未明，休等閑尋伴宿沙行。」

上舉各例，「煞」字用於開合呼應句，作「雖」字解，各與其下之「豈」字（例一）、「不曾」（例二）、「恕」字（例三）、「休」字（例四）相呼應。宋・朱熹《朱子語類》四十七：「如本朝趙韓王，若論他自身，煞有不是處，只輔佐太祖，區處天下，收許多藩鎮之權，立國二百年之安，豈不是仁者之功！」「煞」與「只」相呼應，亦當「雖」字用，是知至晚在南宋已有此用法。曒，意同煞。

（三）

《哭存孝》一【尾聲】白：「阿媽好喫酒，醉了似燒豬，害殺安敬思，稱俺平生願。」

《合汗衫》一【天下樂】白：「被我搋過那年紀小的來，則打的一拳，不恓就打殺了。」

《魔合羅》二【尾】白：「兀那婦人，你怎生藥殺丈夫？從實招來！」

《盆兒鬼》一【賺煞】：「〔淨做吹火科，云：〕燒化了也，俺將水來，殺了火。」

《太平樂府》卷二盧疏齋小令【沉醉東風・對酒】：「煉成腹內丹，潑煞心頭火，葫蘆提醉中閑過。」

《雍熙樂府》卷十二蘇彥文散套【越調鬭鵪鶉・冬景】：「天那！幾時捱得雞兒叫，更兒盡，點兒煞。」

以上各「殺」字，猶「死」（如前三例），猶「滅」（如四、五兩例）猶「盡」、猶「止」（如例六），均為收束、斷絕意，因為不管人、物、事都結束了他（它）們的生命或歷程，故云。殺一作煞。晉・葛洪《抱朴子・內篇・至理》：「所打煞者，乃有萬計。」同書《微旨》篇云：「水火煞人，而又生人。」又云：「郭巨煞子為親，而獲鐵券之重賜。」皆死、滅之義，與上舉前五例同。《抱朴子・內篇・論仙》：「變太若審有道者，安可得煞乎？」義同元劇例六。可見煞字這個用法比用作甚辭者還要早。

（四）

《調風月》一【上馬嬌】：「我煞！待嗔，我便惡相聞。」

《漢宮秋》三【鴛鴦煞】：「我煞！大臣行説一個推辭謊，又則怕筆尖兒那火編修講。」

《三奪槊》四【滾繡毬】：「我煞！不待言，不近前。」

以上「煞」字，用爲語助詞，猶現代漢語中之「呵」、「哦」等字。

除上列舉各義外，還有，例如：《董西廂》卷七：「誰知道倒爲冤家贏得段相思債，相思債！是前生負償他，還著後暶。」此「暶」字，猶「了」、猶「畢」。「還著後暶」，是説相思債，還了他呵，才了結。《㑳梅香》二折：「我且不問你別的，這香囊上繡著兩個交頸鴛鴦兒，煞主何意思那？」此「煞」字，猶「是」。「煞主何意思」，意謂：是安的什麼心那？《西遊記》五本十九齣：「我在選宮裏居，離宮裏過，我直滾沙石撼動娑婆。天長地久誰煞得我？把世界都參破。」此「煞」字，猶「比」。「誰煞得我」，謂誰能比得我呵！關漢卿散套【一枝花·不伏老】：「浪子風流，憑著我折柳攀花手，直煞得花殘柳敗休。」此「煞」字，一作「熬」，「直煞得」，直熬得也。《樂府群玉》卷二喬吉小令【折桂令·勸求妓者】：「溺盆兒刷煞終臊。」「刷煞」，謂洗刷幹淨也。等等。總之，義隨文轉，必須聯繫前後文意，於玩索中得之。惟這些用法不多見，故匯總附之於後以備參。

色數（shǎi shù）（兒）

色兒　色子

《謝天香》三【滾繡毬】白：「姐姐，咱擲這色數兒，掩輸了也。姐姐，可該你擲。〔正旦拿色子科，唱：〕」

同劇三【倘秀才】：「一面打簡色兒，也當得幺、二、三是鼠尾。」

又同劇三【醉太平】：「〔正旦云：〕請題目。〔錢大尹云：〕就把這色盤中色子爲題。」

《麗春堂》二【滿庭芳】：「這都是托賴著大人的虎勢，贏的他急難措手，打的他馬不停蹄，做色數喚點兒皆隨意。」

《度柳翠》三【乾荷葉】白：「師父，這個不喚做骨頭，這個喚做色數兒。」

《太平樂府》卷七周德清散套【斗鵪鶉·雙陸】：「明皇當日，力士跟隨，曾拈色數，殢殺楊妃。」

色數，又作色數兒、色兒、色子：骨製賭具，正方形小立體骰子，六面分一、二、三、四、五、六各點，一、四塗紅色，其餘塗黑色，擲之，視所見點數多少或顏色以分別勝負。

山人

《秋胡戲妻》一【柳葉兒】：「莫不我儘今生寡鳳孤鸞運，你也可曾量忖，問山人，怎生的不揀擇箇吉日良辰！」

《羅李郎》三【商調集賢賓】：「也不索喚師婆擂鼓邀神，請山人占卦揲著，則我這眉尖悶鎖無鑰匙，空教我抹淚揉眵。」

《裴度還帶》四、白：「諸山人，這早晚不見來！」

《㑳梅香》四、白：「左右，你再叫一個山人，那裏去下親，老夫隨後便來了也。」

舊時把從事卜卦、算命等迷信活動（如例二、三）或於婚娶中充當贊禮的人（如例一、四），叫做「山人」。

山人，本指隱居之人。如：六朝·孔稚圭《北山移文》：「蕙帳空兮夜鶴怨，山人去兮曉猿驚。」《新唐書·則天順聖武皇后紀》：「延載元年……七月癸末，嵩嶽山人武什方爲正諫大夫同鳳閣鸞臺平章事。」《新唐書·李泌傳》：「肅宗即位靈武，物色求訪，會泌亦自至。已謁見，陳天下所以成敗事，帝悅，欲授以官，固辭，願以客從。入議國事，出陪輿輦，眾指曰：『著黃者聖人，著白者山人。』」王勃《贈李十四》詩：「野客思茅宇，山人愛竹林。」元·元好問《元遺山先生文集》卷三十三《市隱齋記》：「自山人索高價之後，欺松佳而誘雲壑者多矣！況市朝乎？」皆其例。

山呼

嵩呼

《玉鏡臺》四【得勝令】：「山呼共謝得當今主，嬌姝早則不嫌我老丈夫。」

《漢宮秋》二【哭皇天】:「您只會文武班頭，山呼萬歲，舞蹈揚塵，道那聲誠惶頓首。」

《金錢記》四【得勝令】詩云:「嵩呼萬歲齊天喜，拜舞丹墀謝聖皇。」

山呼，是封建時代臣下對皇帝舉行頌祝儀式，叩頭高呼萬歲時的用詞。《元史・禮樂志一》謂元正受朝儀:「曰跪左膝，三叩頭，曰山呼，曰山呼，曰再山呼。」注云:「凡傳山呼，控鶴（近侍）呼譟應和曰『萬歲』，傳再山呼，應曰『萬萬歲』。」「山呼」又作「嵩呼」。《漢書・武帝紀》:「翌日親登嵩高，御史乘屬，在廟傍吏卒咸聞呼萬歲者三。」此為「嵩呼」的由來。《宋史・樂志十六》:「都人歡樂嵩呼震，聖壽總天齊。」

山妻

《冤家債主》楔【仙呂憶王孫】:「但得箇稚子山妻，我一世兒快活到老。」

《鐵拐李》二【倘秀才】:「你是必打聽著山妻，照顧著豚犬。」

《合同文字》一【混江龍】:「現如今山妻染病，更被他幼子牽纏。」

輯佚《陶朱公范蠡歸湖》四【駐馬聽】:「經常我強兵富國霸諸侯，到如今稚子山妻都三口，任去留，趁著這五湖煙浪長相守。」

舊時隱士自稱為山人，稱其妻為山妻。宋・羅大經《鶴林玉露》卷四:「余家深山之中，坐弄流泉，漱齒濯足。既歸竹窗下，則山妻稚子作筍蕨，供麥飯，欣然一飽。」也用為自稱其妻的謙辭。李白《贈范金卿》詩:「祇應自索漠，留舌示山妻。」

山崦（yǎn）
崦

《黃粱夢》三【淨瓶兒】白:「君子，你過的山崦兒，你望見草團標，你問那先生路去。」

同劇同折【玉翼蟬煞】白:「兀那山崦裏有一家人家。」

《單鞭奪槊》四【四門子】:「剛崦裏藏，休浪裏潛。」

山崦，謂山間窪地，俗稱山坳（ào）。唐・段公路《北戶錄》卷三「山花燕支」條：「山花叢生，端州山崦間多有之。」唐・張讀《宣室志》卷七：「今日晚，誤入山崦中。」所用「崦」字，義均同此。

山棚

《黑旋風》一【一煞】：「有那等打擂臺使會能，擺山棚，博個贏，占場兒沒一個敢和他爭施逞。」

同劇一【耍孩兒】白：「那泰安山神州廟，有一等打擂臺賭本事的，要與人廝打。你見他山棚上擺著許多利物，只怕你忍不過，就要廝打起來。」

山棚，謂燈節所紮的綵山。宋・孟元老《東京夢華錄》卷六「元宵」條：「正月十五日元宵……開封府絞（結）縛山棚立木正對宣德樓。游人已集御街，兩廊下奇術異能，歌舞百戲，鱗鱗相切，樂聲嘈雜十餘里。」《宋史・樂志》：「悉起山棚，張樂陳燈。」宋・趙彥衛《雲麓漫鈔》卷三：「唐之東都連虢州，多猛獸，人習射獵，而不畎畮，遷徙無常，俗呼為山棚。今人謂錫宴所結綵山曰山棚。」《資治通鑑》唐紀、元和十年：「東都西南接鄧、虢，皆高山深林，民不耕種，專以射獵為生，人皆勇趫，謂之山棚。」此「山棚」，與劇中例，名同而實異。

山障

山獐

《西廂記》三本三折【離亭宴帶歇指煞】：「山障了隔牆花影動，綠慘了待月西廂下。」

古名家本《金線池》四【沽美酒】：「使不著撒腼腆，山獐了不是行院，我這裏忍恥耽辱行靠前。韓輔臣，你與我搜尋些巧言，去俺那官人行勸一勸。」

《元人小令集》張可久小令【寨兒令・妓怨】：「崔夫人嫌殺張生，馮員外買斷蘇卿，他山障他短命，您窨變您薄情。」

山障，謂隔絕、作梗，義同「板障。」可互參。障，或誤作獐。

山聲

《紫雲庭》一【混江龍】：「聽不的你那裏野調山聲。」

《勘金環》一【後庭花】：「你箇花木瓜，一對腳似拍扒，山聲爪猶自差。」

《樂府群珠》卷一誠齋小令【山坡羊・省悟】：「飲金波，且高歌，山聲野調誰能和？」

《梨園樂府》上王伯成散套【般涉調哨遍・贈長春宮雪庵學士】：「漁樵伴，山聲野調，閱論高談。」

同書中無名氏小令【十棒鼓】：「松林下飲酒，飲得沉醉倒，山聲野調，衲被蒙頭直到曉，有甚煩惱？」

山聲，指民歌、民謠，各例多與「野調」連文，可證。

跚（shān）馬（兒）

躧馬兒

《五侯宴》二：「〔外扮李嗣源跚馬兒領番卒子上，云：〕「靴尖踢鐙快，袖窄拽弓疾，能騎乖劣馬，善著四時衣，某乃沙陀李克用之子李嗣源是也。」

《三戰呂布》楔【仙呂賞花時】：「〔劉末躧馬兒上，云：〕三兄弟放心看，某與呂布交戰咱！」

《伊尹耕莘》楔：「〔淨趑入巢躧馬兒領喬卒上，云：〕戴上椀子盔，穿上匙頭甲，他每爭閑氣，著我去廝殺，某乃副帥老趄是也。」

《智勇定齊》三【調笑令】：「〔淨合眼虎跚馬兒上，云：〕秦將出馬，我這遭必然贏了。」

《昇仙夢》三：「〔正末同正旦跚馬上，云：〕小官柳景陽，奉聖人的命，往江西南昌府爲通判。」

《博望燒屯》三：「〔趙雲領卒子跚馬兒上，云：〕某乃趙雲是也，奉軍師將令，著我與夏侯惇相持廝殺。」

《射柳捶丸》三：「〔阻孛、黨項躧馬兒領番兵上〕〔阻孛云：〕某乃阻孛是也，這個是我姪兒黨項。」

跚馬（兒），或作躧（xǐ）馬兒。元、明時代，舞臺上使用竹馬，演員扮兵將騎竹馬走陣勢。後改用手持馬鞭，表示騎馬，今劇語謂之「馬趟子」或「趟馬」。

跚，舊讀采（cǎi），同今「踩」字。躧，一作跹，以形近混用。

可參看「竹馬（兒）」條（一）。

跚歪揑怪

揣歪揑怪　揑恠排科

《陳州糶米》楔、白：「俺兩個全仗俺父親的虎威，拿粗挾細，揣歪揑怪，幫閑鑽懶，放刁撒撥，那一個不知我名兒！」

《百花亭》一【賺煞】：「〔旦云〕只怕有那殺風景的哨廝每排揑呵！〔正末唱：〕著那等乾眼熱滑張杓佽，任從些打草驚蛇，儘教他揑恠排科廝間諜。」

《詞林摘艷》卷一劉庭信小令【折桂令·憶別】：「出的門跚歪揑怪，入的門說謊調白。」

跚，蹣跚（pán shān），行不進貌；跚歪，就是不循正路。揑，假造。跚歪揑怪，即造謠中傷、惹事生非的意思。揣，借爲踹（chuài），踏也，意與跚近。科，指動作。故揣歪揑怪、揑恠排科，義並同。恠，怪的異體字。

閃下

閃下，有以下二義。

（一）

《拜月亭》一【醉扶歸】：「〔夫人云了，閃下。〕」

《調風月》三【紫花兒序】：「〔旦閃下。〕」

《後庭花》四【鴛鴦煞】：「〔劉取花，旦閃下。〕」

閃下，元劇術語，謂從前臺上急下。

（二）

《蝴蝶夢》二【普薩梁州】：「乾閃下我這老業身軀。」

《趙氏孤兒》二【紅芍藥】：「我精神比往日難同，閃下這小孩童怎見功。」

此「閃下」，猶言撇下。

苫眉（shàn méi）

眉苫　鋪眉

《舉案齊眉》一【勝葫蘆】：「睜眼苫眉撚髭鬚」。

《凍蘇秦》二【煞尾】詞云：「可甚的叫做父慈子孝？俺一家兒努眼苫眉。」

《蕭淑蘭》一【賺煞】：「我看你瘦懨懨眼札眉苫，多敢是家菜不甜野菜甜。」

《裴度還帶》一【天下樂】：「一箇箇鋪眉苫眼，粧些像態。」

《風光好》二【隔尾】：「苫眼鋪眉，盡都是謊。」

苫、鋪意近，北人把佯不瞅人，叫做鋪苫著眼兒。元·陶宗儀《輟耕錄》卷二十八：「張明（鳴）善作北樂府【水仙子·譏時】云：「鋪眉苫眼早三公。」元·楊瑀《山居新語》：「鋪眉塌眼董參政。」語意並同。

訕筋（shàn jīn）

訕觔

《對玉梳》一【天下樂】：「俺娘自做師婆自跳神，一會家難禁，努目訕筋。」

《西廂記》五本三本【幺篇】：「訕觔，發村，使狠，甚的是軟款溫存。」

訕筋，面紅耳赤。人惱羞成怒時，頭部血管（筋）突出、暴露之狀。今北人譏人爭執怒發，猶有粗脖子紅臉之語。明·閔遇五注《西廂》，以爲「中原諺語，毀謗也」，非。訕筋，一作「訕觔」，「筋」爲正寫，「觔」爲借用，音義同。

扇

《蔣神靈應》一【尾聲】白：「饅頭喫上五、六扇。」

《羅李郎》三【幺篇】：「我買了恰下甑的饅頭三扇子。」

扇，猶今云「扉（ti）」；「五，六扇」，即五、六扉。北語呼扉、門、窗、槅、磨，皆用「扇」作量詞，可參看「磨扇墜著手」條。

扇搖

《鐵拐李》一【油葫蘆】：「你欺負俺孩兒小，出家人廝扇搖。」

《藍采和》二【賀新郎】：「你端的扇搖百姓。」

扇搖，本義即搖扇。晉·葛洪《抱朴子內篇·雜應》：「師言鳶飛轉高，則但直支抒兩翅，了不復扇搖之而自進者，漸乘罡炁故也。」唐·姚合《謝秦校書與無可上人見訪》詩：「窗谿山侵坐，扇搖風下松。」唐·司空圖《偶書》詩：「自有池荷作扇搖，不關風動愛芭蕉。」引申之為慫恿、鼓動，猶扇惑、扇動。如蘇軾《再上皇帝書》：「更相扇搖。」《三國志平話》卷下：「扇搖軍心。」皆其例。上列元曲二例，即引申意。「廝扇搖」，謂相互挑撥、推波助瀾。「扇搖百姓」，謂造謠生事、蠱惑人心。

善根

《西遊記》六本二十一齣【煞尾】：「渾金塔接著青雲，七寶殿生紅暈，盡都是金祇園的善根。」

《猿聽經》三【尾聲】白：「我觀此猿善根將熟。」

善根，佛家語。善根指身、口、意三業之善法而言。善能生妙果，故謂之根，亦云善本。《維摩經·菩薩行品》：「不惜軀命，種諸善根。」注：「謂堅固善心，深不可拔，故名根也。」《金剛經》：「種諸善根。」南朝梁·徐陵《上智者禪師書》：「既善根微弱，冀願力莊嚴。」《舊唐書·高祖紀》：「弘宣善業，修植善根。」柳宗元《送文暢上人登五臺遂游河朔序》：「道源生知，善根宿植。」皆其例。

善知識

《任風子》三【鬪鵪鶉】：「常言道：『今世饒人不算遲，咱兩箇元是善知識。』」

《昊天塔》三【倘秀才】：「只我個善知識沒貪圖，待布施與你一千枝蠟燭。」

《西遊記》三本十二齣【紫花兒序】：「你認得鬼子母娘娘，休猜做善知識姨姨。」

同劇六本二十一齣【金盞兒】白：「敢問善知識，曾見諸佛聖賢否？」

同劇同本二十三齣【金蕉葉】白：「我來時孫悟空、豬八戒如此神通，尤（猶）兀自吃了許多磨障，今日四箇善知識，如何送我回去？」

《來生債》楔、白：「俺四口兒都好參禮這佛、法、僧三寶，俺多曾遇著幾個善知識來？」

善知識，佛家語，謂修行得道、了悟一切、知識高出一般和尚的高僧。故《華嚴經》云：「善知識者，是我師傅。」又《法華文句》云：「聞名爲知，見形爲識。是人益我菩提之道，名善知識。」據此，則「善知識」者，乃知其心，識其形之意，蓋指朋友而言，猶云善友。又佛祖亦通稱善知識，如《華嚴經》云：「善財（佛弟子名）童子歷參五十三員善知識，末後到彌勒閣。」

贍（shàn）

苫　占　苦

《曲江池》二【商調尚京馬】：「也則俺一時間錯被鬼魂迷，是贍表子平生落得的。」

《百花亭》二【醉春風】白：「我苫著個科子，喚做白捉鬼。」

《羅李郎》三【商調金菊香】：「往常時秦樓謝館飲金卮，柳陌花街占表子。」

《百花亭》二【醉春風】白：「賠了多少工夫，占的這個表子。」

同劇三【商調集賢賓】：「若論粧孤苦表，俺端的奪了第一。」

贍，供給人財物之謂。「贍表子」，即供養婊子，亦即嫖妓。贍，或作苫、占、苦。苫、贍同音，占、贍音近，義並同。「苦」當爲「苫」之訛字。

商和

《勘頭巾》一【賺煞】：「你伏低呵自商和，我尋罪責官司問。」

同劇二【牧羊關】：「這的是相鬮爭商和狀。」

《殺狗勸夫》二【滾繡毬】白：「小叔叔，你與哥哥商和了也，這誰勸你來？」

《百花亭》二【迎仙客】白：「二公休爭壞了儒家體面，我請你吃杯茶，商和了罷。」

《盛世新聲》亥集小令【醉太平】：「被那火桃皮每一謎哩胡商和。」

商和，謂和解。

商霖

《西遊記》二本五齣白：「未能奏上《甘棠賦》，先獻商霖第一功。」

商霖，謂甘霖，即久旱之後所下之雨。《尚書・說命・上》商王武丁謂傅說曰：「若歲大旱，用汝作霖雨。」後因用「商霖」爲頌贊大臣之詞。宋・虞儔《尊白堂集》卷三《生簿示喜雨之作》詩：「佳名德雨聞前代，尺出商霖證昔年。」《宋史・張商英傳》：「（蔡）京久盜國柄，中外怨疾，見商英能立同異，更稱爲賢。徽宗因人望相之。時久旱，彗星中天，是夕，彗不見。明日雨。徽宗喜，大書『商霖』二字賜之。」

商謎

《詞林摘艷》卷四誠齋散套【點絳唇・嬌艷名娃】：「能商謎，慣緒麻，知音兩意難拋下。」（此曲亦見於《盛世新聲》【仙呂點絳唇・嬌艷名娃】）

商謎，爲宋元時百戲之一種。即今之打燈謎，宋・孟元老《東京夢華錄》卷五「京瓦伎藝」：「霍伯醜，商謎。」吳自牧《夢粱錄》卷二十「小說講經史」條「商謎者，先用鼓兒賀之，然後聚人猜詩謎、字謎、戾謎、社謎，本是隱語。」其用燈者，則曰商燈。明・劉侗、于奕正《帝京景物略》卷二：「燈市，有以詩影物，幌於寺觀之壁，名之曰商燈。」按今於燈謎，則曰「打」，謎子則曰「猜」，不復用「商」字。

商颮 （shāng biāo）

《梧桐葉》二【呆骨朵】：「休入桃源洞，休過章臺路，遞一葉起商颮梧葉兒，恰便似寄青鸞腸斷書。」

《詞林摘艷》卷二散套【越調繡停針・蕩起商飈】：「蕩起商飈，金井梧桐葉漸凋。」

商飈，秋風。舊以宮、商、角、徵、羽五音中的商代表秋，故云。陸機《演連珠》：「商飈漂山，不興盈尺之雲。」南齊武帝建有商飈館，亦謂之九日臺。梁簡文帝《開霽》詩：「景落商飈靖。」庾信《周大將軍崔說神道碑》：「商飈獵草，電火驅霜。」李白《登單父半月臺》：「置酒望白雲，商飈起寒梧。」皆是。

晌（shǎng）

晌午　嚮午

《救風塵》一【元和令】白：「夏天我好的一覺晌睡。」

《西廂記》三本二折【煞尾】白：「呀！纔晌午也！再等一等。」

同劇一本一折【天下樂】白：「琴童料持下嚮午飯！那裏走一遭便回來也。」（今「外編」本，「嚮」已改爲「晌」。）

《桃花女》楔、白：「到今蚤日將晌午，方才著我開鋪面。」

晌，午時；或作晌午。北語謂午曰晌。上午曰頭晌、上半晌或前半晌。下午曰過晌、過半晌或後半晌。晚曰晚晌。午飯曰晌飯。吃午飯曰喝晌。午休曰歇晌、晌睡。嚮，讀向（xiāng），爲晌字之誤。

上下

下上

上下：一指尊卑、長幼，猶「禮貌」；二用爲動詞「往來」之意；三用爲方位詞。

（一）

《鐵拐李》四【迎仙客】：「孫福咱相識二十年，張千你隨我六七載，哎，沒上下村材，怎不把岳孔目哥哥拜？」

《博望燒屯》一【金盞兒】白：「若不是俺兩箇哥哥在此，我則一槍搠殺你箇村夫，你無道理，無廉恥，無上下，失尊卑也。」

《謝金吾》三【鬼三台】：「王樞密這姦賊，敢和咱鬬嘴，直恁般無上下、失尊卑。」

上下，舊指尊卑、長幼。《周禮・夏官・訓方氏》:「掌道四方之政事與其上下之志。」鄭玄注:「上下，君臣也。」《呂氏春秋・論威》:「君臣上下。」高誘注:「上，長；下，幼。」上列元曲各例，「沒上下」云云，即沒尊卑、沒長幼、沒禮貌之意也。

（二）

《氣英布》四【黃鍾醉花陰】白:「九重圍裏往來，直似擲梭；萬隊營中上下，渾如走馬。」

《存孝打虎》四【喜遷鶯】白:「五花營中來往，有如擲梭；六隊軍中上下，有如蛟龍」。

《黃鶴樓》一、白:「第二計著大將于樊，把住樓門，一切人等，不放上下。」

上舉各例，用爲動詞，一、二例爲往來之意；「上下」與「往來」互文，其意益明。三例，則爲上樓下樓之意。

（三）

《兒女團圓》二、白:「他有一箇兄弟，在這四村上下，看著幾箇頭口兒，人口順都喚他做王獸醫。」

同劇四【收江南】白:「我十三年前在那四村上下二十里巡鋪，抱得李春梅的兒子，換了姐姐的女兒回去。」

《貧富興衰》四【得勝令】李老念科:「哈哈蓮花落，打牆板兒翻上下。」

同劇三【尾聲】:「富貴的無有糧，貧窮的無有殃，敢則怕打牆板兒下上，這的是自古遺言不是謊。」

以上各例，用爲方位詞:前二例，猶云「左右」，謂附近。後二例，上面和下面之意；按築土爲牆，夾之以板，下面既夯實，就移木板於其上，故曲文如此云云。晉・郭璞《三倉解詁》云:「板牆，上下板築，杵頭鐵沓也。」上下、下上，意同。

另外，在元、明小說中，又習慣於尊稱公人（即衙役）爲「上下」，例如，《古今小說・宋四公大鬧禁魂張》:「眾上下少坐，宋四公教我買粥，吃了便來。」《水滸》第八回:「這般炎熱，上下只得擔一步。」《金瓶梅》第九回:「原來知縣、縣丞、主簿，吏典上下，多是與西門慶有首尾的。」皆是。

上元

《生金閣》三、白：「時遇上元節令，紛紛揚揚，下著國家祥瑞。」

《留鞋記》二、白：「今夜上元佳節，那郭秀才在寺中等候久了，我被社火遊人攔當，兀的不有三更時分，梅香，敢怕誤了期約也！」

舊俗以陰曆正月十五日為上元節，其夜為上元夜，也叫元宵。據清・趙翼《陔餘叢考・天地水三官》稱：「其以正月、七月、十月之望（十五日）為三元（上元、中元、下元）日，則自元魏始」。五代・王仁裕《開元天寶遺事・百枝燈樹》：「韓國夫人置百枝燈樹，高八十尺，豎之高山，上元夜點之，百里皆見，光明奪月色也。」宋・陳元靚《歲時廣記》十引呂原明《歲時雜記》曰：「道家以正月十五日為上元」。明・劉侗、于奕正《帝京景物略》卷二「燈市」條云：「上元三夜燈之始，盛唐也，元宗正月十五前後兩夜，金吾弛禁，門市燃燈，永為式。上元五夜燈之始，北宋也，乾德五年太祖詔曰：『朝廷無事，年穀屢登，上元可增十七、十八兩夜。』上元六夜燈之始，南宋也，理宗淳祐三年請預放元宵，自十三日起，巷陌橋道，皆編竹張燈。而上元十夜燈，則始我朝（明）；太祖初建南都，盛為綵樓，招揂天下富商，放燈十日。今北部燈市起初八，至十三日而盛，迄十七乃罷也。燈市者：朝逮夕，市；而夕逮朝，燈也。」

上足

《西遊記》一本一齣、白：「西天我佛如來座下上足徒弟，得真如正徧知覺，自佛入涅槃後，我等皆成正果。」

同劇四本十四齣【堯民歌】白：「我非神，我乃是大唐三藏國師上足徒弟孫悟空是也。」

同劇六本二十一齣【鵲踏枝】：「我則道唐僧怎生一箇上足徒弟，元來是箇打駝垛受苦的天尊。」

上足，佛門高足弟子之稱，《佛本行集經》云：「彼眾中有一上足弟子名雲」，是也。或作「上首」，如《水滸》第五十三回：「清道人他是羅真人上首徒弟。」或作「上色」，如明・陳汝元雜劇《紅蓮債》一折：「不想禪師道我精通佛法，留做上色徒弟。」

一般把品學兼優的弟子，稱高足，也稱上足，例如：南朝宋・劉義慶《世說新語》：「鄭玄在馬融門下，三年不得相見，高足弟子傳授而已。」元稹《琵琶歌》：「段師子弟數十人，李家管家稱上足。」宋・張君房《雲笈七籤》：「弟子數十人，唯王遠知、陸逸沖稱上足焉。」宋・張世南《游宦紀聞》卷七：「包遜，字敏道，象山先生之上足也。」

上氣

《降桑椹》一【醉中天】白：「哥不要上氣，你若上氣，顯的就不是舊油嘴了。」

《單戰呂布》二、白：「早間與眾諸侯飲酒，有孫堅與某上氣，和他打了賭賽，明日單戰呂布去。」

上氣，猶云賭氣。明・康海雜劇《王蘭卿》二折：「爭奈與人上氣，便是於世難合。」《金瓶梅》第六十九回：「此已定是西門官府和三官兒上氣。」皆其例。或作尚氣，如《金瓶梅》第十八回：「且說潘金蓮自西門慶與月娘尚氣之後，見漢子偏聽，於是以爲得志。」尚、上通用。

上梢

上稍

《董西廂》卷七【南呂宮・轉青山】：「上梢裏只喚做百年偕老，誰指望是他沒下梢。」

《燕青博魚》四【離亭宴歇指煞】：「一齊的去那皖子城中送老，上稍裏不眠花，下場頭少不得落一會草。」

《兩世姻緣》二【浪裏來】：「我把他漢相如廝敬重，不多爭；我比那卓文君有上稍，沒了四星。」

上梢，比喻事之開端、起頭，對「下梢」而言。梢，一作「稍」，音義同。

上蓋

《老生兒》一【混江龍】白：「婆婆道：『老的，你索與我換上蓋咱！』」

《鴛鴦被》二【黃鍾尾】白：「可要與貧姑換上蓋，換道服。」

《神奴兒》一【混江龍】白：「大嫂，揀箇有顏色的段子，與孩兒做領上蓋穿。」

《陳州糶米》三【梁州第七】白：「我打扮你起來，與你做一領硬掙掙的上蓋。」

上蓋，上身的外衣。較體統、較華美的服裝。《水滸》第十回：「把上蓋白布衫脫將下來。」《金瓶梅》第八十六回：「往人家相去，拿甚麼做上蓋？」皆其例。

上緊

《金鳳釵》二【鬥鵪鶉】：「〔正末云：〕你爲甚麼這般上緊也？〔孤云：〕我遇著惡人魔。」

《智勇定齊》二【紅繡鞋】白：「若是您不上緊走，俺老子撞見打您娘。」

《謝金吾》一【油葫蘆】白：「上緊的拆！」

明鈔本《四春園》四、白：「孩兒，你上緊救我咱！」

《雍熙樂府》卷十九【小桃紅・西廂百詠十五】：「俺先上緊，恁休失信，看筆陣掃千軍。」

上緊，謂緊急、加緊、趕快。猶如現在口語說：抓緊。《水滸》第六十四回：「他丈人蔡太師必然上緊遣兵。」清・黃宗羲《明儒學案・河東學案・文簡呂涇野先生楠》：「這裏工夫卻要上緊做。」皆其例。

上廳行首

《謝天香》楔、白：「不想游學到此處，與上廳行首作伴。」

《金線池》一、白：「老身濟南府人氏，自家姓李，夫主姓杜，所生一個女兒，是上廳行首杜蕊娘。」

《曲江池》一【寄生草】白：「那一個生得好些的，是上廳行首李亞仙。」

《對玉梳》一、白：「妾身姓顧，小字玉香，在此做著個上廳行首。」

《貨郎旦》一、白：「妾身長安京兆府人氏，喚做張玉娥，是箇上廳行首。」

上廳，即官廳；行首，指承應歌舞時站在最前列的妓女，即爲首的；行，讀如「杭」。按：宋代臨安府檢點所所管的酒庫，開沽時，排列社隊鼓樂，往教場點呈。官私妓女，分爲三等，都須參加。上等的穿紅大衣，帶皀時髻，謂之「行首」。後來就作爲名妓的泛稱。或作「上停行首」，如《宣和遺事》亨集：「這個佳人，是兩京酒客煙花帳子頭京師上停行首，姓李名做師師」。按「停」爲「廳」字的借用。

尚

> 《兩世姻緣》三、白：「蒙聖恩見我人材器識，尚以太平公主，官拜虞部尚書。」

封建時代，娶公主爲妻曰尚主，蓋尊重帝王之女，不敢直言娶，故謂之「尚」。《漢書・外戚傳》：「漢家故事，常以列侯尚主。」同書《衛青傳》：「平陽侯曹壽尚武帝姊陽信長公主。」唐・劉餗《隋唐嘉話》中：「薛萬徹尚丹公主。」皆是也。又，凡仰攀而爲匹配者，亦曰「尚」；女嫁男亦然。如《漢書・司馬相如傳下》：「（卓王孫）自以得使女尚司馬長卿晚」，是也。明・王圻《續文獻通考・職官八》：「元制：非勛臣世族及封國之君，莫得尚主。」

尚食局

上膳局

> 《麗春堂》一【混江龍】：「光祿寺醞江釀海，尚食局炮鳳烹龍。」

> 《太平樂府》卷九睢玄明散套【耍孩兒・詠西湖】：「列兵廚比光祿寺更佳，論珍羞尚食局造不及。」

> 《詞林摘艷》卷三白仁甫散套【粉蝶兒・天淡雲閑】：「囑咐那仙音院莫要怠慢，上膳局快疊辦。」

《漢書・惠帝紀》：「宦官尚食比郎中。」如淳注云：「主天子物曰尚」，如尚食、尚衣、尚醫、尚書等是。尚食局，就是主管皇帝膳食的官署。《舊唐書・職官志三》：「尚食局：奉御二人，從五品上。」《元史・百官志三》：「尚食局，掌供御膳，及出納油麵酥蜜諸物。」《本草・黃鼠》：「集解：時珍曰：遼、金、元時，以羊乳飼之，用供上膳，以爲珍饌。」宋・無名氏

《李師師外傳》：「因問之，知出自尚食房厨夫手。」「尚食房」義同「尚食局」，「房」和「局」都是機關之稱。尚，一作上，同音通用。食，一作膳，義同。

梢房

梢間　稍房

《金鳳釵》三【賀新郎】：「覷著這梢房門一似嚇魂臺。」

同劇三、白：「少了我房錢，不要你頭房裏住，你梢間裏住去。」

《爭報恩》楔【仙呂賞花時】白：「咱這裏說話，也不是自在處，咱去稍房裏說話去來。」

同劇三、白：「白日在那街上討飯吃，到晚來在那店家稍房裏安下。」

梢房，距主房兩側較遠之房，為附建築，條件較次。《韻會》引《說文》鍇注云：「梢，樹枝末也。」引申其義，凡在末尾者皆曰梢，這裏釋「梢」為「遠」，即取義於此。宋·孟元老《東京夢華錄》卷三「馬行街鋪席」條：「尋常四梢遠靜之處，夜市亦有燋酸豏……香糖果子之類」等句，亦指明「梢」和「遠」的聯繫，可為證。梢，或作稍，用音假借；間，謂房間。

稍公

梢公　梢子　稍

《倩女離魂》二【幺篇】：「把稍公快喚咱，恐家中廝捉拿。」

《貨郎旦》一【賺煞】白：「俺同他躲到洛河邊，你便假做稍公，載俺上船。」

《楚昭公》三：「〔丑扮梢公上，嘲歌云：〕月落烏啼霜滿天，江楓漁火對愁眠。也弗只是我裏梢公梢婆兩箇，倒有五男二女團圓。」

《西遊記》一本一齣【天下樂】：「〔王安引劉洪見科〕〔王云：〕這梢公是洪州人，至本分，俺僱他船去。〔陳云：〕好箇梢子！」

《馮玉蘭》二【滾繡毬】白：「梢子，把把相並看，請屠爺過來者！」

《望江亭》二、白：「張千，你分付李稍，駕起小舟，直到潭州，取白士中首級，走一遭去來。」

稍公，即梢公。船尾曰梢，俗稱舟中掌舵者曰梢公，後成爲船夫的泛稱。或作「梢子」，或簡作「稍」，義並同。明·李翊《俗呼小錄》：「船家，稍子也，又爲『稍』公，今皆稱家長或船家長。杜詩中稱長年三老，蜀方言也。」按：稱「梢子」或「稍公」，雖同指船家，但稱呼態度有別，用「公」字要比「子」字爲尊敬，猶如稱家僕爲「院子」成「院公」者然。

由於同音字混用或一義多字的原故，梢公的稱呼，表現在文字寫法上有多種多樣，例如：「梢公、稍公，或作梢工，蘇軾《杭州召還乞郡狀》：「追捕當時梢工、篙手等，考掠取證」，是也。或作「稍工」，《清平山堂話本·錯認屍》：「乃閒訪於稍工」，是也。或作「艄公」，《今古奇觀·逞錢多白丁橫帶》：「一同艄公，到破板艙中遍尋東西」。

梢子，或作「稍子」，《殺狗記》十七：「移時見一稍子，駕一葉扁舟來至」。或作「梢人」，明·瞿佑《剪燈新話·綠衣人傳》：「有梢人，泊舟蘇隄」。或作「稍水」，《荊釵記》二十六：「夜來有一婦人投江，稍水救得在船上」；或作「梢水」，《雙鶩傳》一折：「來得恰好，就此同喚江船去，梢水那里」。按子、人、水，均指人。

稍，也寫作艄，《殺狗記》十七：「船艄奏啓告我王，請一位疎者落水。」

燒埋

　　《蝴蝶夢》四、白：「聽的説石和孩兒盆吊死了，他兩個哥哥擡屍首去了，我叫化了些紙錢，將著柴火燒埋孩兒去呵！」

　　《金線池》一【油葫蘆】：「炕頭上主燒埋的顯道神，沒事哏，亂麻頭斜皮臉老魔君。」

　　《酷寒亭》四【收江南】：「則被這潑煙花送了你犯由牌，狠公人又待活燒埋。」

元代行火葬，人死了即行燒化和埋葬，因稱「燒埋」，或簡稱「燒」。《元典章·刑部五·燒埋》：「凡殺人者雖償命訖，仍出燒埋銀五十兩。」《元史·刑法志四》屢稱「並徵燒埋銀」、「仍徵燒埋銀」、「招證明白者，仍徵燒埋銀」，並可證。

燒刀子

《救孝子》二【煞尾】白：「外郎，這場事多虧了你。叫張千去買一
　　壺燒刀子與你吃咱！」

　　燒刀子，即燒酒。用高粱製成者曰高粱燒，用麥米糟製者曰麥米糟燒，
皆性烈味香。唐代已有此酒名，白居易《荔枝樓對酒》詩云：「燒酒初開琥
珀香。」明・湯顯祖《牡丹亭・蕭苑》：「狠燒刀，險把我嫩盤腸生灌殺。」
《初刻拍案驚奇・酒謀財於郊肆惡，鬼對案楊化借屍》：「楊化是個北邊窮軍，
好的是燒刀子，這尹三店中是有名最狠的黃燒酒，正中其意。」《長生殿・
彈詞》：「大姐，咱和你喝燒刀子，吃蒜包兒去。」在古典小說《負曝閑談》
第三十回、《鄰女語》第六回中，都記有「燒刀」的話，可見此酒沿用很多，
也很普遍。

杓俫 (sháo lái)

捎俫　杓俫俫

《玉壺春》二【梁州第七】：「著那等嫩鴿鶵眼腦著忙，訕杓俫手腳
　　慌張。」

同劇三【煞尾】：「小杓俫死限該。」

《對玉梳》二【黃鍾煞】：「不曉事的顆人認些回和，沒見識的杓俫
　　知甚死活？」

《百花亭》一【賺煞】：「著那等乾眼熱滑張杓俫，任從些打草驚蛇，
　　儘教他捏怪排科廝間諜。」

脈望館鈔校本《曲江池》一【後庭花煞】：「〔二淨上上，唱【青哥
　　兒】：〕昨日踏青青，踏青青歡笑，將箇杓俫俫，杓俫俫伴著。」

《太平樂府》卷八喬夢符散套【一枝花・私情】：「有等乾嚥唾的杓
　　俫死嘴嘶，委實難軌。」

同書卷九高安道散套【哨遍・嗓淡行院】：「捎俫是淡破頭，喤俫是
　　餓破口。」

　　明・田汝成《四平市語》云：「龍蠢人曰杓子，樸實人曰艮頭。」王伯良
《曲律》云：「小廝曰俫。」據此可知，杓俫就是形容輕重不分、利害不明的

蠢人，猶今云混小子、半彪子、二百五。近人朱居易解作「冤大頭」（見《元劇俗語方言例釋》），近是。徐嘉瑞釋爲「游客、後生」（見《金元戲曲方言考》），非。杓，一作捎，音近借用。杓俫俫，是杓俫的長讀，義同。《元曲選》音釋：「杓，繩沼切；俫，郎爹切。」按：今湖北方言稱呆傻之人爲「杓（sháo）」或「杓貨」，與元劇中的「杓俫」義同。

杓穨

《詞林摘艷》卷一蘭楚芳小令【折桂令·相思】：「殢亞仙元和麨脾，趕蘇卿雙漸杓穨。」

同書同卷張鳴蔭小令【水仙子·富樂】：「靠前來，說與你杓穨：出落著金銀珠翠，拽塌了花紅酒禮，見交兒雨約雲期。」

穨，男性生殖器，用爲詈辭。杓穨連文，猶云傻屄，元代罵人的話。

少甚麼

少甚末　少是末

《魯齋郎》二【感皇恩】：「他少甚麼溫香軟玉、舞女歌姬！」

《玉鏡臺》四【水仙子】：「那裏是白頭把你青春誤？就嫌的我無地縫鑽入去？少甚麼年少兒夫！」

《調風月》三【小桃紅】：「少甚末能言快語官媒證，燕燕怎敢假名託姓？」

元刊本《汗衫記》【油葫蘆】：「讀書萬卷多才俊，少是末一世不如人？」

上舉二、四兩例，意爲盡多著；一、三兩例，意爲不希罕。兩意雖相近但不盡同。如：例四是說讀萬卷的人，盡多一生貧困也。例一是說魯齋郎霸佔了張珪的妻就不希罕和舞女歌姬廝混了。兩例的解釋如互換一下，就不吻合。有時二解皆可通，如巾箱本《琵琶記》十五：「滿皇都少甚麼公侯子，何須去嫁狀元！」是末、甚末、甚麼，音義同。（據張相《詩詞曲語辭匯釋》說）

哨子

哨廝

《黑旋風》一、白：「泰安神州謊子極多，哨子極廣，怎生得一個護臂跟隨將我去方可。」

《合同文字》三【迎仙客】白：「甚麼劉安住？這裏哨子每極多，見咱有些家私，假做劉安住來認俺。」

《百花亭》一【賺煞】白：「只怕有那殺風景的哨廝每排掯呵。」

哨子，指流氓、地痞、騙子。子，一作廝，音近義同。

哨腿

《千里獨行》四、白：「丞相差某領五百哨腿關西漢，直至古城，與雲長交戰鬪刀，走一遭去。」

哨腿，本是衣不蔽體之意，金人王予可的諢名。元‧元好問《中州集》：「王予可，字南雲，吉州人，衣長不能掩脛，故時人有『哨腿王』之目。」上舉元劇例，「哨腿」，指行軍作戰時的前哨部隊。

舌剌剌

舌枝剌　舌支剌

《氣英布》三【剔銀燈】：「嗒則道舌剌剌言十妄九，村棒棒呼幺喝六。」

《桃花女》一【後庭花】：「你則管裏絮叨叨說事頭，舌剌剌不住口。」

《貨郎旦》四【四轉】：「那婆娘舌剌剌挑茶斡剌。」

《詞林摘艷》卷六無名氏散套【九轉貨郎兒‧韓元帥偷營刧寨】：「那婆娘舌剌剌的挑茶斡剌。」

《雍熙樂府》卷三散套【端正好‧晒了些舊瓜仁】：「舌枝剌的信口詞。」

同書卷十散套【一枝花‧春思】：「芳樹裡舌支剌的黃鶯弄巧。」

舌剌剌，狀調舌之詞。應作「舌剌剌」，訛為「舌剌剌」。宋‧王楙《野客叢書》卷十六：「杜子美詩：『跳魚撥剌鳴』，不曉者讀為撥次。」因知剌、

刺之誤，由來已久。此語如無《雍熙樂府》「舌枝刺」爲證，則「舌刺刺」或
「舌剌剌」，已無法辨其正訛矣。

揲蓍（shé shī）

揲蓍草

> 《羅李郎》三【商調集賢賓】：「也不索喚師婆擂鼓邀神，請山人占
> 卦揲蓍，則我這眉尖悶鎖無鑰匙，空教我抹淚揉眵。」

> 《倩女離魂》一【賺煞】：「從今後只合題恨寫芭蕉，不索占夢揲蓍草。」

　　揲，謂持而數（shǔ）之。蓍，草名，高二三尺，葉細長分裂，花白或淡
紅，略似菊花，莖多者一株五十余，古人取其莖以爲占卜之用。其法用五十
根蓍草卜卦，先拿出一根，然後把其餘的四十九根分做兩部份，四根一數，
以定陰爻和陽爻。這種動作，謂之「揲蓍」。《易・繫辭》：「揲之以四，以象
四時。」《正義》云：「此第八章，明占筮之法，揲蓍之體，顯天地之數，定
乾坤之策。」

闍黎（shè lí）

闍梨

> 《董西廂》卷一【越調・尾】：「作法的闍黎神魂蕩颺。」

> 《東坡夢》一【賺煞】：「你教那首座闍黎怎主婚？」

> 《破窰記》二、白：「男兒未遇氣冲冲，懊惱闍黎齋後鐘。」

> 《東窗事犯》二【十二月】：「笑你個朝中宰職，只管裏懊惱闍梨。」

> 《太平樂府》卷八大都行院王氏散套【粉蝶兒・寄情人】：「待道是
> 小闍梨，卻原來是老院主。」

　　闍黎，佛家語，阿闍黎之略；亦作闍梨。義譯爲軌範。高僧可爲僧眾軌
範者之稱，亦稱軌範師，是對高僧的敬稱。軌範師有五種：一、出家阿闍梨，
即比丘之剃度師，律云所依得出家者是也；二、受戒阿闍梨，即比丘受戒師，
律云於受戒時得作羯磨（作法）者是也；三、教授阿闍梨，即教授師，律云
從教授得威儀者是也。四、受經阿闍梨，即受經師，律云從所受經，得讀修
妬路（契經）若說義乃至一四句偈等是也；五、依止阿闍梨，即依止師，謂
比丘度夏，當依師住，或依止作宿，律云乃至依住一宿者是也。《大藏法數》：

「梵語，阿闍梨，華言軌範，謂其能爲人軌範，故云阿闍梨也。」《華嚴經·淨行品》云：「受闍黎教。」有時亦爲普通和尚的別稱，如上舉《太平樂府》例中的「小闍梨」是也。

舍（shè）人

舍

《牆頭馬上》一【幺篇】白：「俺小姐上覆舍人，看這首詩咱。」

同劇一【賺煞】：「〔裴舍云：〕慚愧這一場喜事，非同小可。」

同劇二【採茶歌】白：「舍人則休負心。」

同劇三、白：「自從跟了舍人來此呵，早又七年光景。」

《西廂記》五本三折【絡絲娘】：「你須是鄭相國嫡親的舍人，須不是孫飛虎家生的莽軍。」

《智勇定齊》楔、白：「報復去，道有三舍來了也。」

《劉弘嫁婢》四、白：「老員外喜也，大舍得了嬰童解元也。」

《救風塵》一、白：「自家鄭州人氏，周同知的孩兒周舍是也。」

舍人，本是官名，歷代皆有設置，爲近侍之職。戰國和漢初稱王公貴官的門客爲舍人，如藺相如爲趙宦者令繆賢的舍人，李斯爲呂不韋的舍人等是。故《漢書·高帝紀》顏師古注云：「舍人，親近左右之通稱也。」其後歷代以「舍人」名官者甚多，如起居舍人、中書舍人等。宋、元時俗稱貴人之子爲舍人，或簡稱舍；猶云公子、少爺。大舍，猶大少爺；三舍，猶三少爺；以此類推。元曲中多屬此類。明代軍衞應襲子弟，亦稱舍人。

舍利塔

《董西廂》卷一【仙呂調·尾】白：「舍利塔，金相輪，直侵碧漢。」

《西廂記》一本一折【天下樂】白：「琉璃殿相近青霄，舍利塔直侵雲漢。」

《昊天塔》二【煞尾】：「我搖一搖撼兩撼廝琅琅震動琉璃瓦，兀良，我與你直推倒了這一座玲瓏舍利塔。」

《百花亭》三【梧葉兒】:「俺只見舍利塔侵雲漢,羅漢堂煞整齊。」

舍利,梵語音譯,意譯爲身骨,故和尚火葬後埋骨灰之塔,謂之舍利塔。據佛教傳說:釋迦牟尼死後,弟子阿難等焚其身,有身骨如五色珠,光瑩堅固,名曰舍利子。各國國王把舍利子分去,建塔以供養之(見宋·釋道誠《釋氏要覽》注)。後世認爲修行得道的和尚火化後,身上也會結成舍利,因謂埋骨灰的佛塔爲舍利塔(或譯作設利羅)。

社火

《生金閣》三:「〔社火鼓樂擺開科〕」

《留鞋記》二、白:「那郭秀才在寺中等候久了;我被社火遊人攔當,兀的不有三更時分?梅香,敢怕誤了期約也。」

《西遊記》二本六齣、白:「老人家趕他不上,回來了,說道好社火,等他們來家,教他敷演與我聽。」

《雍熙樂府》卷一散套【醉花陰·燈詞】:「則聽的社火鐃鐸,街衢上迓鼓偏聒噪。」

同書卷八散套【一枝花·燈詞】:「撞金錢才子行,閑遊翫仕女隨,看社火佳人立。呀!鼓樂如雷,絃管聲齊。一壁廂躍著高橇,一壁廂踏著迓鼓,一壁廂舞著白旗,更有八仙過海,更有那四聖朝西。」

社火,是舊時里社在節日迎春賽會時所持的燈火和扮演的雜戲、雜耍的總稱。清·李斗《揚州畫舫錄》卷九:「立春前一日,太守迎春於城東蕃釐觀,令官妓扮社火:春夢婆一,春姐二,春吏一,皂隸二,春官一。」宋·范成大《上元紀吳中節物俳諧體三十二韻》:「輕薄行歌過,顛狂社舞呈。」自注:「民間鼓樂謂之社火,不可悉記,大抵以滑稽取笑。」社火,亦作社會,例如無名氏《東平府》三折:「節遇上元,在城內鼓樓下作一箇元宵社會。數日前出了花招告示,俺這社會,端的有馳名的散樂,善舞的歌工」。

又社火,亦以指表演者,如《雍熙樂府》卷一散套【醉花陰·燈詞】:「社火每衣冠新製,燈影人喬軀老人未識」。

又指同業、同行的行會組織,猶言同伙,如《水滸》第五十八回:「但是來尋山寨頭領,必然是社火中人故舊交友」,是也。

社長

《岳陽樓》三、白：「可早來到社長門首，我試喚他一聲，社長在家麼？」

《兒女團圓》楔、白：「理會的，出的門來，社長在家麼？」

《合同文字》楔、白：「這等你與我請將李社長來者！」

社長，是元代鄉區一種基層組織的負責人。按「社」為古代地區單位之一，一社戶數因時代而不同。《管子‧乘馬》：「方六里，名之曰社。」《左傳‧昭公二十五年》：「請致千社。」杜預注：「二十五家為社。」以上是春秋時代的規定。元代則以五十戶為一社，社長就是負責社務的人。王冕《江南婦》詩：「社長呼名散戶由，下季官糧添兩戶」。社長的生活比一般人要高，李商隱《雜纂‧不相稱》所謂「社長乘涼轎」，是也。

社家

《西廂記》三本二折【滿庭芳】白：「俺是箇猜詩謎的社家，風流隋何，浪子陸賈，我那裏有差的勾當。」

社家，或作杜家。明‧凌濛初校注本說：「社家猶言作家，徐引《輟耕錄》有杜大伯猜詩謎，證為杜，非古本，不敢從。」近人王季思注本說：「以作家為社家，元劇中無可取證。杜家既有所本，下文連舉之隋何、陸賈，又俱人名，此句不應例外，自以作杜家為是，因據改。」按：「杜家」，或是「大家」的音訛，猶吳人呼大米為杜米。「大」本在泰韻，今北人除「大王」、「大夫」之「大」猶作「代」音外，餘均轉入禡韻。「大」之音「杜」，亦猶「馬」之音「母」，「下」之音「虎」，「野」之音「墅」。姑備一說，存參。

射貼 （shè tiē）

《鎖魔鏡》五【雙調新水令】：「則為這逞雄射貼顯英豪，不思那二魔神頓開鎖鑰。」

同劇同折【喬牌兒】白：「二郎神正射著紅心射貼。」

射貼，猶射的。貼，射箭時所取的目標之稱。今云「靶貼」或「環靶」。唐‧孫伏伽《諫馬射表》：「聞陛下猶是走馬射帖，娛樂近臣。」帖與貼，音義同。

射柳

躤（jiè）柳

《董西廂》卷八【般涉調·急曲子】：「也不愛打桃射柳，也不愛放馬走狗。」

《麗春堂》一【天下樂】白：「今奉聖人的命，教俺文武官員，今日赴射柳會。」

《射柳捶丸》四【喬牌兒】白：「這功勞本是我的，著我和他射柳，有何罕哉？……眾大人們，看在下射柳。」

同劇同折【喜江南】白：「葛監軍射柳打毬，都在完顏將軍之下。」

《慶賞端陽》一【醉扶歸】白：「你敢和我捶丸射柳，比試比試武藝麼？」

同劇同折【金盞兒】白：「就在演武場中捶丸射柳，比試武藝。」

同劇四【沉醉東風】白：「射不中柳，打不過毬門者，面塗粉墨。」

射柳，馬射名，和「捶丸」一樣，同是演習武藝、遊戲方式之一。《明史·佞倖紀綱傳》記有「端午節射柳」事云：「端午，帝射柳，綱囑鎮撫龐瑛曰：『我故射不中，若柳折鼓譟，以覘眾意。』瑛如其言，無敢糾者。」明·沈德符《野獲編》卷二：「京師及邊鎮最重午節，至今各邊，是日俱射柳較勝……內廷自龍舟之外，則修射柳故事。」明·陳繼儒《偃曝談餘》卷下：「胡人以鵓鴿貯葫蘆中，懸之柳上，彎弓射之，矢中葫蘆，鴿輒飛出，以飛之高下為勝負，往往會於清明端午日，名曰射柳。」《金史·禮志八》：「行射柳、擊毬之戲，亦遼俗也。凡重五日拜天禮畢，插柳毬場為兩行，當射者以尊卑序，各以帕識其枝，去地約數寸，削其皮而白之。先以一人馳馬前導，後馳馬以無羽橫鏃箭射之，既斷柳，又以手接而馳去者，為上。斷而不能接去者，次之。或斷其青處，及中而不能斷、與不能中者，為負。每射伐鼓以助其氣。」宋·龐元英《文昌雜錄》：「軍中以端午走馬，謂之躤柳。」宋·宇文懋昭《金國志》「初興風土」條：「其節序，元旦則拜日相慶。重午則射柳祭天。」宋·程大昌《演繁露》：「壬辰二月三日，在金陵預閱李顯忠兵司馬，最後折柳環插毬場，軍士馳馬射之，其矢鏃闊於常鏃略可寸餘，中之輒斷，名曰躤（jiè）柳。其呼躤若乍聲。樞帥洪公謂予曰：何始？予曰：殆蹛林故事耶？《漢書·匈奴傳》：『秋高馬肥，大會蹛林。』服虔曰：蹛音

帶。師古曰：蹛者，繞林而祭也。鮮卑之俗，自古相傳，秋之祭天，無林木者，嘗植柳枝，眾騎馳繞三周乃出。此其遺法。按此，即予言有證也。其相馳蹛之外加弓矢焉，則又益文矣。」據上各書所言，知射柳習武之戲，約始於漢代北方民族，而保存傳播於宋、金各代，故金、元、明、清戲劇中尚有所反映。清・張照《昇平寶筏十六【青哥兒】白：「那年五月五日，蕤賓節屆，借那南御園改作御科園，他弟兄三人做一個蹛柳會。」

射糧軍

《遇上皇》二【尾聲】：「趙光普你執掌權樞，怎知俺冒風雪射糧軍乾受苦。」

《後庭花》一【混江龍】：「欺負俺這面雕金印射糧軍。」

同劇二【哭皇天】：「待要你十拷九棒，萬死千生，打殺這個射糧軍；哥也，你可甚麼那得甚福？」

《羅李郎》四【收江南】：「哥哥是心直口快射糧軍，哥哥是好人。」

射糧軍，吃糧當兵之意，指士兵。《遼史國語解・天祚帝紀》「射糧軍」注：「射，請（qíng）也」，即請受糧餉之意。《金史・兵志》：「諸路所射糧軍，五年一籍，三十以下、十七以上強壯者，皆刺其□（疑為「面」或「頰」字），所以兼充雜役者也。」或簡作「射糧」，如《劉知遠諸宮調》二【高平調・賀新郎】：「文面做射糧，欲待去，卻徊徨」。

設口

《燕青博魚》二【醉扶歸】：「把我這一個設口樣圑圞的淺盆，可早是打一條通長壘。」

北語把陶器之敞口者叫「裂設」，緊口者叫「咋咋」。「裂設」即「設口」，「咋」音如「昨」。

設設

奢奢　溼溼　煞煞　殺殺

設設，或作奢奢、溼溼、煞煞、殺殺，皆一聲之轉，主要用作語助詞，強調被形容的事物。

（一）

《金鳳釵》三【南呂一枝花】：「住著破設設壞屋三間。」

《殺狗勸夫》三【南呂一枝花】：「破殺殺磚窰靜。」

《陽春白雪》後集二楊西庵散套【賞花時】：「破設設柴門上張著破網。」

《雍熙樂府》卷二散套【端正好・樂道】：「問甚麼破奢奢歇著皮肉？」

上舉各例，設設、殺殺、奢奢，均用爲「破」的語助詞，極狀其破。

（二）

《舉案齊眉》一【混江龍】：「懶設設梳雲掠月，意遲遲傅粉施朱。」

《太平樂府》卷九馬致遠散套【耍孩兒・借馬】：「懶設設牽下槽，意遲遲背後隨。」

《詞林摘艷》卷一劉庭信小令【水仙子・相思】：「懶梳粧，梳粧懶，懶設設，懶藝黃金獸。」

上舉各例，設設，均爲「懶」的語助詞，極言其懶。

（三）

《拜月亭》二【笑和尚】：「薄設設衾共枕空舒設。」

《破窰記》三【十二月】：「都是些薄溼溼的衣服。」

上例設設、溼溼，都是「薄」的語助詞，極狀其薄。

（四）

《楚昭公》三【二煞】：「兩下裏欲去也頻回覷，好教我痛煞煞提著膽向刀尖過。」

《梧桐雨》三【殿前歡】：「他那裏一身受死，我痛煞煞獨力難加。」

《合汗衫》二【紫花兒序】：「痛煞煞間隔了海角天涯。」

《范張雞黍》三【掛金索】：「痛殺殺難禁受，恨子恨這個月之間，少個人來問候。」

《謝金吾》三【紫花兒序】：「諕的我急煎煎心如刀攪，痛殺殺腹若錐剜，撲簌簌淚似扒推。」

宋元戲文輯佚《趙普進梅諫》【撲燈蛾】：「痛設設分釵剖鸞鳳。」

以上各例，設設、煞煞、殺殺，都是「痛」的語助詞，極言其痛苦之深。《長生殿·冥追》：「痛察察一條白練香喉鎖。」察察，與「設設」等，音近用法同。

（五）

《誶范叔》三【伴讀書】：「覺的軟設設身上如綿囤。」

此「設設」為「軟」的語助詞，極狀其軟。

（六）

《生金閣》三【烏夜啼】白：「三更半夜，只是要青一箇自去，怕人設設的，怎好？」

此「設設」，是形容害怕的樣子。

（七）

《揚州夢》一【混江龍】：「棄萬兩赤資資黃金買笑，挵百段大設設紅錦纏頭。」

此「設設」，是極言其大。

又，《牡丹亭·診祟》：「惺惺的怎著迷？設設的渾如魅。」此設設，為狀癡迷之詞，與惺惺反襯見意。惺惺，謂機靈、聰明也。此例與上七條用法不同，不能視為語助。

設答

《太平樂府》卷八鍾繼先散套【一枝花·自序醜齋】：「折末顏如灌口，貌賽神仙，洞賓出世，宋玉重生，設答了鏝的，夢撒了寮丁，他采你也不見得。」

「設答鏝的」與「夢撒寮丁」互文，意同。按鏝、寮丁均指錢（見「鏝」、「寮丁」條），「夢撒」是「沒有」之意（見「夢撒」條），則「設答」似亦為「無」義。待考。

身

《救風塵》一、白：「老身汴梁人氏，自身姓李，夫主姓宋，早年亡化已過。」

《牆頭馬上》一、白：「妾身李千金是也。今日是三月上巳，良辰佳節。是好春景也呵！」

《漢宮秋》三【鴛鴦煞】白：「漢朝皇帝，妾身今生巳矣，尚待來生也。」

《倩女離魂》楔、白：「妾身姓張，小字倩女，年長一十七歲。」

《金錢記》一、白：「妾身是王府尹的女兒，小字柳眉。」

　　身，自稱（我）之詞。《爾雅・釋詁》疏：「身，自謂也。」《禮記・檀弓・下》：「身喪父親，不得與於哭泣之哀。」《漢書・項籍傳》：「然身被堅執銳首事，暴露於野三年，滅秦定天下考，皆將相諸君與籍力也。」《三國志・蜀志・張飛傳》：「飛據水斷橋，瞋目橫矛曰：『身是張翼德也，可來共決死！』」在元曲中則多用爲婦女自稱之詞，上舉之例皆是。

身己

身起　身奇　身肌

《董西廂》卷一【雙調・攪箏琶】：「一箇少年身己，多因爲那薄倖種，折倒得不戲。」

《劉知遠諸宮調》二【般涉調・沁園春】：「撲翻身起，權時歇待。」

《調風月》二【江兒水】：「老阿者使將來伏侍你。展污了咱身起。」

《紫雲庭》三【快活三】：「不覺我這身起是多來大。」

輯佚《海神廟王魁負桂英》【折桂令】：「我一捻兒年紀，躭閣了我身奇。」

《桃花女》三【醉高歌】：「坐車兒倒背我這身奇，手帕兒遮㦬了我面皮。」

《博望燒屯》一【醉中天】：「我見他挪身起，他忙挪步上堦基。」

《樂府群珠》卷三劉庭信小令【折桂令・憶別】：「急煎煎盼不見雕鞍，呆答孩軟了身己。」

《雍熙樂府》卷六散套【粉蝶兒・題促織】：「我可便猛轉過身奇。」

同書同卷【題酒席遇佳人套】：「他生的不長不短俏身肌。」

《詞林摘艷》卷三孫季昌散套【粉蝶・錦帳羅幃】：「打熬出悶憂中日月，憔悴了花朵兒身肌。」

金、元人稱身體爲「身己」；又作身起、身奇（呼如記）、身肌，音近義並同。李贄、陳繼儒《琵琶記》評本徑改作「身體」。按唐·寒山詩中有一首云：「變化計無窮，生死竟不止。三途鳥雀身，五嶽龍魚已。世濁作羗獳，時清爲騄駬。前迴是富兒，今度成貧士。」（見《全唐詩》第八〇六卷）其中「身」、「巳（己）」互文爲義，後來同義連文才寫作「身己」，是知金、元戲曲中的「身己」，實承唐語。起、奇、肌皆己之異寫，音近借用。或作「身命」，可互參。

身分

《劉知遠諸宮調》二【歇指調·耍三臺】：「打扮身分別樣，生得歙（臉）道鄒搜。」

同書十一【仙呂調·戀香衾】：「叫喊語言喬身分，但舉動萬般村桑。」

《董西廂》卷七【越調·青山口】：「行一似挾老，坐一似猢猻，甚娘身分！駝腰與龜胸，包牙缺上邊脣。」

同書卷七【雙調·文如錦】：「身分即村，衣服兒忒捻。」

《調風月》一【勝葫蘆】：「覷了他兀的模樣，這般身分，若脫過這好郎君？」

《諕范叔》三【笑和尚】：「來、來、來謝綈袍，粧點了我腌身分。」

《西廂記》五本三折【絡絲娘】：「喬嘴臉，腌軀老，死身分，少不得有家難奔。」

輯佚《韓彩雲絲竹芙蓉亭》【村裏迓古】：「你這般假古懶，喬身分，粧些台孩。」

《趙禮讓肥》一【後庭花】：「你覷他泥污的腌身分，風梢的黑鼻凹。」

《詞林摘艷》卷三劉庭信散套【粉蝶兒·笑臉含春】：「翡翠屏，錦繡茵，包藏春信，培養出嬌滴滴殢人身分。」

身分，猶云模樣、體態。這與現在所謂的社會地位、法律資格之意不同。《儒林外史》第三十一回：「你這餚饌是精極的了，只是這酒是市上買來的，身分有限。」此「身分」，意指質量，亦與上舉曲例異。

身役

《范張雞黍》四【幺篇】白：「因爲王韜賴了我萬言長策，所以不能爲官，您兄弟該當馬前虞候的身役，哥哥，您請穩便。」

《舉案齊眉》四【慶宣和】：「〔梁鴻云：〕您是甚麼身役？〔張云：〕俺兩個是儒戶，縣裏揀選來接待新官的。」

《村樂堂》二、白：「洒家是箇關西漢，歧州鳳翔府人氏，在這薊州當身役。」

《石榴園》一、白：「近來我當了廚子身役，今有大人呼喚，須索走一遭去。」

身役，猶今云差事。

身命

《後庭花》二【牧羊關】：「與孩兒做一箇單絹褲遮了身命，做一箇布上衣蓋了皮膚。」

《七里灘》三【倘秀才】：「他往常穿一領麄布袍被我常扯的扁襟旦領，他如今穿著領柘黃袍，我若是輕抹著該多大來罪名，我則似那草店上相逢時那個身命，便和您，敍交情，做咱那伴等。」

《西遊記》四本十三齣【油葫蘆】：「則俺那俊多才，怕不道思量俺，爭奈他身命兒太跋藍。」

以上「身命」，例一指身體，猶身起，「遮了身命」，即謂遮蓋了身體；例二、三指命運，「身命太跋藍」，是說命運太壞。此語漢、唐已見，例如：《漢書・鄭崇傳》：「臣願以身命當國咎。東漢・崔駰《安封侯傳》：「戎馬鳴兮金鼓震，壯士激兮忘身命。」此兩例，均謂「一身」，與曲意雖不切合，但可窺見其淵流演變的痕迹。韓愈《贈徐州族姪》：「歲時易遷次，身命多厄窮。」此例與上舉二、三兩例的意思，就完全一樣了。

參（shēn）辰卯酉

參辰　參商　卯酉

《救風塵》二【逍遙樂】：「和爺娘結下不廝見的冤讐，恰便似日月參辰和卯酉，正中那男兒機彀。」

《陳母教子》二【南呂一枝花】：「俺可便錢財上不枉求，我覷著那珠翠金銀，我可便渾如似參辰卯酉。」

《西廂記》四本二折【絡絲娘】：「不爭和張解元參辰卯酉，便是與崔相國出乖弄醜。」

《氣英布》三【倘秀才】：「喈與你做參辰卯酉，誰待喫這閒茶浪酒。」

《殺狗勸夫》一【混江龍】：「他、他、他不思忖一爺娘骨肉，卻和我做日月參辰。」

同劇三、白：「大嫂，我與兄弟似參辰日月。」

《西遊記》五本十七齣【幺】：「他父母非良，兄弟參商。」

《漁樵記》四【鴛鴦煞尾】白：「懷舊恨夫婦兩參商。」

輯佚《楚金仙月夜杜鵑啼》【後庭花】：「本待共秀才成秦晉，爭敢共梅香先卯酉？」

　　參辰，即「參商」二星，參星居西方，商星在東方，出沒兩不相見，因以喻人之不相遇。《左傳·昭公元年》：「子產曰：昔高辛氏有二子，伯曰閼伯，季曰實沈，居於曠林，不相能也。日尋干戈，以相征討。后帝不臧，遷閼伯於商邱，主辰。商人是因，故辰為商星。遷實沈於大夏，主參。唐人是因，以服事夏、商。其季氏曰唐叔虞……故參為晉星。」漢·揚雄《法言·學行》：「吾不見參辰之相比也。」三國·徐幹《雜詩》云：「故如比目魚，今隔如參辰。」《文選》曹植《與吳季重書》：「面有過景（影）之速，別有參商之闊。」注：「良曰：參、商，二星名，常不相見也，言相見恐過度光景之速，別離則如參商之隔闊也。」杜甫《贈衛八處士》詩：「人生不相見，動如參與商。」白居易《太行路》：「與君結髮未五載，豈期牛女為參商？」明·周祈《名義考》：「參商者，錯舉以見也，亦有言參辰者。」卯酉，是十二地支中的兩個；星相家迷信說法，謂卯、酉對立，互相衝剋。因此人們以「參辰卯酉」這四個字，比喻衝突、對立。有時也單用「參辰」、「參商」或「卯酉」，如上舉元曲各例是也。

神福

《馮玉蘭》二、白：「只等那船頭上燒了利市紙馬，分些神福，吃得醉飽了，便撐動篙來，開起船來。」

舊時迷信風俗：船家在開船前，把祭告水神、請求保佑的祭品，叫做神福。《警世通言・蘇知縣羅衫再合》：「今晚若下船時，明早祭了神福，等一陣順風，不幾日就吹到了。」亦其倒。

神羊（兒）

《望江亭》二【煞尾】：「恰便似神羊兒忙跪膝。」

《小張屠》一【青哥兒】：「仰告眾人，許下明香，做神羊兒。」

《詞林摘艷》卷六無名氏散套【汲沙尾南・金殿鎖夗央】：「捧瑤觴，賽神羊，將往事苦都撇漾。」

古時祭神的死羊曰神羊。神羊的兩條前腿在殺死後弄得向後彎曲，似屈膝作跪狀。一作神羊兒，義同。兒為名詞語尾。

滲人（shèn rén）

《柳毅傳書》二、詩云：「滿目霞光籠宇宙，潑天波浪滲人魂。」

《老君堂》三【喜遷鶯】白：「六般兒滲人兵器，似那六天兵降下天關。」

《博望燒屯》一【金盞兒】：「這將軍內藏著君子氣，外顯出滲人威。」

《盆兒鬼》二【中呂粉蝶兒】：「來、來、來先著這冷颼颼滲人風過。」

北語以威勢可畏或陰森可怕皆曰「滲人」。宋・釋延一《廣清涼傳》卷上：「神龍宮宅之所在，為人暫視之，瘮然神駭。」「瘮（shěn）」，駭恐貌，義同「滲」。王季烈校《孤本元明雜劇・博望燒屯》注：「滲人，疑殺人之誤。」非。

升遐

昇遐　昇霞

《梧桐雨》三【鴛鴦煞】：「唱道感嘆情多，恓惶淚灑，早得升遐，休休卻是今生罷。」

《風光好》一、白：「見今中原周世宗升遐，趙點檢即位，國號大宋。」

《介子推》三【迎仙客】：「東宮元來自刎昇遐，晉天子呵全不怕萬歲人民罵。」

輯佚《持漢節蘇武還鄉》三【朝天子】：「則俺昇霞去的武帝，撇下禁苑，漢社稷誰請佃？」

《詞林摘艷》卷三無名氏散套【粉蝶兒・羊角風歰地歰天】：「則俺那升遐去了的武帝，撇下禁苑，漢社稷誰情旬？」

遐，遠也。升遐，猶升天，古代帝王死了叫做「升遐」（或「登遐」）。又作昇遐、昇霞、升假。按「昇」通「升」，「霞」、「假」均借用字。《三國志・蜀志・劉備傳》：「奄忽升遐。」晉・潘岳《西征賦》：「武皇忽其升遐，浮蠛蠓（miè měng）而上征。」宋・司馬光《資治通鑑・梁紀四》：武帝，天監十四年，「先帝升遐。」注：「《記・曲禮》曰：『告喪曰天王登假。』注云：登，上也；遐，已也；上已者，若仙去云耳。登，即升也。假，讀與遐同。」《淮南子・齊俗》：「其不能乘雲升假亦明矣。」古時「遐」、「假」二字常通用。

生

「生」的含義很多，主要有以下各項。

（一）

《竇娥冤》二【鬭蝦蟆】：「不是竇娥忤逆，生怕傍人論議。」

《漢宮秋》四【滿庭芳】：「我只見山長水遠天如鏡，又生怕誤了你途程。」

《西遊記》二本六齣、白：「老張祖在長安城外住，生是箇老實的傍城莊家。」

生，甚辭，有極、甚、很、最等義。此用法唐、宋已有。盧照鄰《長安古意》詩：「生憎帳額繡孤鸞，好取門簾貼雙燕。」杜甫《送路六侍御入朝》詩：「生憎柳絮白於緜。」「生憎」，謂甚憎也。宋・盧祖皋【南鄉子・題南劍州妓館】詞：「生怕倚闌干，閣下溪聲閣外山；惟有舊時山共水，依然暮雨朝雲去不還。」辛棄疾【漢宮春・立春】詞：「生怕見花開花落，朝朝塞外先還。」生怕，謂最怕也。此用法清代仍通行，如《長生殿・覓魂》：「生憐他意中人緣未全。」現代口語仍沿用，如云「生怕」如何如何。

（二）

《漢宮秋》三【雙調新水令】：「錦貂裘生改盡漢宮妝，我則索看昭君畫圖模樣。」

《三奪槊》一【金盞兒】：「全憑著竹節鞭，生併了些草頭王。」

《曲江池》四【梅花酒】：「爲巴錢毒計多，被天公生折磨。」

《金錢記》四【水仙子】：「他待生拆開碧桃花下鳳鸞交。」

《金安壽》二【採茶歌】：「怎肯生拆散碧桃花下鳳鸞交？」

《合同文字》二【滾繡毬】白：「俺雖無三年養育之苦，卻也有十五年擡舉之恩，你則休生忘了俺兩口兒也。」

上舉各例，生，謂強而致之也，猶今俗語硬、愣、強（qiǎng）、偏。放在動詞前，用作副詞。韓愈《李花》詩：「東風來吹不解顏，蒼茫夜氣生相遮。」「生相遮」，猶云偏相遮也。

（三）

《玉鏡臺》四【喬牌兒】：「如今便面上筆落處，也則是浮抹不生住。」

《西廂記》三本楔子、白：「張生，你好生病重，則俺姐姐也不弱。」

《三戰呂布》三【尾聲】：「則我這丈八矛咭叮生扛折那廝方天畫桿戟。」

《救孝子》三【中呂粉蝶兒】：「不知那天道何如，怎生個善人家有這場玷污？」

《陽春白雪》前集三李壽卿小令【壽陽曲】：「金刀利，錦鯉肥，更那堪玉蔥纖細，若得醋來風韻美，試嘗道甚生滋味？」

生，用作語助詞，無義。唐・虞世南《應詔嘲司花女》詩：「學畫鴉黃半未成，垂肩嚲袖太憨生。」明・胡震亨《唐音癸籤》卷二十四：「李白戲杜甫云：『借問別來太瘦生，只爲從來作詩苦。』太瘦生，唐人語也。至今猶以生爲語助，所謂可憐生、作麼生之類。」清・翟灝《通俗編》謂《禪林語錄》凡問辭均助以「生」字。

（四）

《西廂記》二本二折【朝天子】：「休道這生，年紀兒後生，恰學害相思病。」

《太平樂府》卷八喬夢符散套【一枝花·合箏】：「風流這生，喫戲可憎。」

生，這裏用法，猶般，猶樣。「這生」，謂這般、這樣也。

（五）

《伊尹耕莘》三【小梁州】：「陣列八門生最奇，爲將須知。」

生，古代陣法八門之一。術數家以休、生、傷、杜、死、景、驚、開爲八門，以配九宮。太乙遁甲等術均用之。以開、休、生三門爲吉，餘門爲凶。

（六）

《竇娥冤》四【梅花酒】白：「改日做個水陸道場，超度你生天便了。」

《老生兒》三【紫花兒序】：「太公太婆，早生天界。」

《生金閣》一【天下樂】白：「我兒，你也有福，我一腳蹺過你家來，你家裏九祖都生天哩。」

《三奪槊》四【呆骨朵】：「你今日合教替他生天。」

《猿聽經》二【牧羊關】白：「故經云，著衣聽法，獲福無量，必生忉利天宮。」

生，升也。同音假借。佛家謂行善的人死後更生於天界，則「生天」亦可逕作本義解釋。《宋書·謝靈運傳》：「得道應須慧業，丈人生天當在靈運前，成佛當在靈運後。」敦煌變文《目連緣起》：「慈母生前修善，將爲死後生天。」皆其例。

（七）

《竇娥冤》一【賺煞】白：「美婦人我見過萬千向外，不似這小妮子生得憊賴。」

《博望燒屯》一【金盞兒】：「他生得高聳聳俊英鼻，長挽挽臥蠶眉。」

《劉弘嫁婢》一【天下樂】白：「我與你娶箇年紀小的生的好的，近身扶侍你。」

同劇三【鬼三臺】白：「比子生的十分典雅，骨骼清奇。」

以上各「生」字，相當於「長（zhǎng）」字，均指長相。引申之，凡物體在一定條件下的發生、發展、長大、增多等，均可解作「生」。如：《兒女

團圓》一【寄生草】:「你休恁般生嫉妬。」「生嫉妬」,謂滋生嫉妬心也。《劉弘嫁婢》一【寄生草】白:「則說我生事要出去哩。」「生事」,謂製造事端也。《遇上皇》一、白:「止生了這箇女孩兒。」「止生」,謂僅僅生育也。例多,不備舉。

生心

《西遊記》一本一齣【仙呂賞花時】白:「見財便生心。」

《連環計》二、白:「但能使呂布生心,董卓不足謀矣。」

《村樂堂》楔【雙調新水令】:「我則怕那王伯當,潑喬才,久後生心。」

生心,生他心也,即別懷打算,另有圖謀之意。《左傳·隱公元年》:「欲與大叔,臣請事之;若弗與,則請除之,無生民心。」《左傳·莊公二十八年》:「戎之生心,民慢其政,國之患也。」《漢書·外戚傳》:「霍顯因生心,辟左右。」《晉書·劉聰載記》康相曰:「願陛下早為之所,無使兆人生心。」皆其例。

生受

生受,謂辛苦;轉為有勞、難為、對不住,含有感謝或抱歉之意。

(一)

《劉知遠諸宮調》十一【黃鍾宮·尾】:「你又營中恁般生受,我向莊中喫打罵無休。」

《漢宮秋》二【烏夜啼】:「今日嫁單于,宰相休生受。」

《貨郎旦》二【鴛鴦尾煞】:「乞與你不痛親父母行施恩厚,我扶持義養兒使長多生受。」

《村樂堂》一【仙呂點絳唇】:「甘生受,虛度了春秋。」

《九世同居》二【菩薩梁州】:「你與我疾便登舟,休辭生受。」

《陳州糶米》二【小梁州】:「他每都穿連透,我則怕關節兒枉生受。」

《樂府群珠》卷一陳學庵小令【山坡羊·嘆世】:「生涯雖舊,衣食足夠,區區自要尋生受。」

生受，謂操勞、費心、受苦。宋‧黃庭堅【宴桃源】詞：「生受，生受，更被養娘催繡！」《清平山堂話本‧陰隲積善》：「我生受數年，只選得這包珠子。」《元典章‧兵部三‧使臣》：「使臣每到外頭，非理騷擾，各處官司，取受錢物，更有多吃祇應，沒體例，交百姓生受底。」《水滸》第三回：「母親在客店裏染病身故，女父二人流落在此生受。」皆其例。

「生受」二字亦可分開用，如《太平樂府》卷六朱庭玉散套【行香子‧寄情】：「娘間阻，人調鬮，枉教咱千生萬受。」

（二）

《合汗衫》三、白：「老和尚，多生受你！」

《殺狗勸夫》二【滾繡毬】白：「生受你，身上寒冷，吃些酒飯還家去！」

《西遊記》一本二齣【石榴花】：「到瓜州渡口，有人親救，對天禱告還生受，保護得他速見東流。」

《凍蘇秦》三【梁州第七】白：「生受哥哥，替我報復去，道有蘇秦在於門首。」

《陳州糶米》三【梁州第七】白：「多生受你老人家也。」

同劇同折【牧羊關】白：「老兒，生受你。」

在元曲賓白中，「生受」云云，用作道謝語，猶今云有勞、麻煩、難為、對不住等意。《京本通俗小說‧碾玉觀音下》：「兩個老人道：『卻生受你！』」明‧無名氏《岳飛破虜東窗記》二十三：「既如此，生受元帥厚意。」《兒女英雄傳》第二十八回：「安老爺……滿臉堆歡向玉鳳姑娘說了一句：『媳婦，生受你！』」皆其例。

生分

生忿

生分，一作生忿；指在人們關係中一種不協調的表現；由於程度不同，含義可析為三：

（一）

《蝴蝶夢》二【隔尾】白：「大哥、二哥、三哥，我說則說，你則休生分了！」

《五侯宴》四【逍遙樂】白：「不爭阿者對著他說了呵，則怕生分了孩兒麼？」

《還牢末》一、白：「若取回來，不生分了他心？過幾日慢慢取罷！」

《殺狗勸夫》一【青哥兒】：「俺哥哥眼內無珍，看的我做各姓他人，……這的是誰生分？」

上列各例，生分，謂感情冷淡，關係疏遠；分，讀去聲。敦煌變文《伍子胥變文乙》：「相看情未足，豈忍別生分？」《紅樓夢》第三十回：「要等他們來勸咱們，那時候兒，豈不咱們倒覺生分了？」義並同。現代口語中仍沿用。

（二）

《虎頭牌》二【月兒彎】：「則俺那生忿忤逆的醜生，有人向中都曾見。」

《西廂記》二本一折【青哥兒】：「母親，都做了鶯鶯生忿，對傍人一言難盡。」

《秋胡戲妻》二【醉太平】：「〔羅云：〕嚷這許多做甚麼？你這生忿忤逆的小賤人！〔正旦唱：〕倒罵我做生忿忤逆，在爺娘面上不依隨。爹爹也，你可便只恁般下的？」

《曲江池》二【黃鍾煞】：「常言道：『娘慈悲，女孝順；你不仁，我生忿。』」

《合汗衫》三【普天樂】：「〔正末見小末云：〕生忿忤逆的賊也！」

《趙禮讓肥》二【隨煞尾】：「母親也，則您這生分的孩兒，我其實送不的您那老。」

《對玉梳》一【村裏迓鼓】白：「別人家兒女孝順，偏我家這等生分。」

生忿，一作生分；此二字多與忤逆連文或反襯，意謂對父母忤逆不孝。這種關係，已不是一般的冷淡和疏遠，而是發展到對抗的程度了。

（三）

《趙氏孤兒》三【鴛鴦煞】詩云：「則為朝綱中獨顯趙盾，不由我心中生忿。」

《神奴兒》四【慶東原】：「卻原來將親兄氣殺，都是伊生忿。」

這裏的「生忿」，是產生憤慨、憤怒，進而萌惡念、起殺機之意，顯然是你死我活的對立關係，比一般對抗更為嚴重。

生相

生像

《竇娥冤》四【川撥棹】白：「小的見他生相是個惡的，一定拿這藥去藥死人，久後敗露，必然連累。」

《玉壺春》三、白：「做子弟的有十個母兒：一家門，二生像，三吐談，四串仗，五溫和，六省傍，七博覽，八歌唱，八枕席，十伴當。」

生相，謂長相，相貌；相，一作像，意義同。

生活

生活，謂活計、生計，猶今云工作；亦指勞動成品等。

（一）

《蝴蝶夢》楔、白：「這是我的婆婆。生下三個孩兒，都不肯做農莊生活，只是讀書寫字。」

《生金閣》二【越調鬥鵪鶉】：「我如今年紀老，鬢髮蒼，我做不的重難的生活，只管幾件輕省的勾當。」

《㑇梅香》一、白：「今夜點上燈，不做生活，和他講書。」

《神奴兒》楔、白：「見老漢年紀高大，做不的重生活，著我每日看管神奴兒小哥哥。」

生活，謂活計、生計，或工作。《孟子·盡心上》：「民非水火不生活。」借作生計用。清·趙翼【陔餘叢考·生活】：「活計曰生活，見《梁書》，武帝檢視臨川王宏庫室百餘間，有錢三億餘萬，他物稱是。謂宏曰：『阿六，汝生活大可。』《北史》：胡叟蓬室草筵，以酒自適，謂友人曰：『我此生活，殊勝焦先。』尉景居官貪穢，齊神武戒之。景曰：『與爾計生活，孰多？我止人上取，爾割天子調。』神武大笑。」《京本通俗小說·碾玉觀音上》：「見崔寧是行在待詔，日逐也有生活得做。」

（二）

《金鳳釵》四、白：「自家是箇銀匠，打生活別生巧樣。」

《㑳梅香》二【歸塞北】白：「這個香囊兒，端的是小姐自繡的生活。」

《剪髮待賓》四【甜水令】：「老身做了針線生活。」

勞動成品曰生活。清・翟灝《通俗編・服飾・生活》：「《元典章・工部》『段疋』條：「本年合造生活，比及年終，須要齊足。又造作生活好歹體覆絲料，盡實使用。按：以段疋爲生活，前無所見，似即起於元也。田藝蘅《張應祥墓志》：命匠造冰絲，不得做僞，直不加昂，而生活易售。」則明人遂有用入文者。

《醒世恒言・白玉娘苦成夫》：「到晚間，玉娘交過所限生活。」《水滸》第四回：「那待詔住了手道：『師父請坐！要打甚麼生活？』」皆其例。

（三）

《後庭花》二【黃鍾尾】白：「唵和你後房中快快活活的做生活去來。」

此「生活」，爲房事的隱語，指男女交合。

生各支

生圪支　生扢支　生礚支　生忔支　生各扎　生各札　生扢扎
生割扎　生吃扎　生可擦　生礚擦　生忔擦　生忔㤮　生忔察
生剌剌　生煞煞　聲剌剌　聲支剌　活支剌　活支沙

「生各支」的寫法，如此之多，蓋因俗語無定字，取音不取形故也，辨其義有三，例釋如次。

（一）

《合汗衫》二【收尾】：「您將俺這兩口生各支的撇下。」

《梧桐雨》三【沽美酒】：「把死限俄延了多半霎，生各支勒殺，陳玄禮鬧交加。」

《後庭花》二【烏夜啼】：「你不尋思撇下的我孤獨，天也生扢支的割斷這娘腸肚。」

《哭存孝》三【幺篇】：「生各扎的意斷恩絕。」

《看錢奴》二【滾繡毬】：「今日將俺這子父情可都撇在九霄雲外，則俺這三口兒生扢扎兩處分開。」

《拜月亭》二【哭皇天】：「閃的他活支沙三不歸，強教俺生吃扎兩分張。」

《誤入桃源》四【得勝令】：「吉丁當掂碎連環玉，生可擦分開比翼鳥。」

《玉壺春》三【快活三】：「將一朵並頭蓮，生磕擦兩分開，刀割斷合歡帶。」

《合汗衫》二【紫花序兒】：「生剌剌弄的來人離財散。」

《魯齋郎》二【南呂一枝花】：「活支剌娘兒雙拆散，生各札夫婦兩分離。」

《陽春白雪》後集無名氏散套【端正好·醉太平】：「生忔擦拆散了並頭蓮。」

《雍熙樂府》卷二散套【端正好】：「生忔憷拆散了並頭蓮。」

同書卷七散套【粉蝶兒·祿山泣楊妃】：「生忔察兩分離。」

《樂府群珠》卷二失注小令【罵玉郎過感皇恩採茶歌·題情】：「咱兩箇怎生成雙？生磕支拆散鸞凰。」

《詞林摘艷》卷一蘭楚芳小令【折桂令·相思】：「連理枝生割扎硬剗。」

上舉各例，生各支，或作生扢支、生磕支、生各扎、生各札、生扢扎、生割扎、生吃扎、生可擦、生磕擦、生忔擦、生忔察、生忔憷、生剌剌、活支剌、活支沙，音近義並同。含有勉強做成的意思，猶云「硬」、「愣」或「活活地」。此外，又作「生忔支」，如元、明間無名氏雜劇《女學士》一折：「怎生的生忔支夫婦兩分離。」或作「生各查」，如明·無名氏雜劇《那吒三變》一折：「我直著生各查火內焚。」或作「生擦擦」，如洪昇《長生殿·神訴》：「一霎時如花命懸三尺組，生擦擦為國捐軀。」或作「生克擦」，如《長生殿·罵賊》：「生克擦直逼的個官家下殿走天南。」

（二）

《救孝子》二【煞尾】：「生剌剌的刑法枉推問，篦滾滾的黃桑杖腿筋。」

《詞林摘艷》卷一張鳴善小令【普天樂·詠世】:「生忔支前生少下
阿的般,今世填還。」

不常見、不熟悉的,叫做「生」。生刺刺,一作「生忔支」,義同。或作
「生擦擦」,如宋元戲文殘本《司馬相如題橋記》【南呂過曲】:「生擦擦音信
全乖,拈指有十餘載。」或作「生煞煞」,如《今古奇觀·看財奴買冤家債主》:
「兩口兒見了兒子,心裏老大喜歡,終久乍會之間,有些生煞煞。」按:刺
刺、忔支、擦擦、煞煞,均為「生」字的語助詞,無義。

(三)

《合汗衫》二【青山口】:「我則見連天的大廈大廈聲刺刺,被巡軍
橫拽塌。」

《勘頭巾》三【么篇】:「不招承敢紛碎了望夫石,休則管我跟前聲
支刺叫喚。」

上舉二例,為擬聲詞,形容房塌聲、聒噪聲。明南曲《靈寶刀》(近人莊
一拂《古典戲曲存目匯考》謂係明·李伯華撰)十三:「生刺刺風刮絲蘿附」,
則為形容風聲。

生扭做

生紐做　生紐得

《漢宮秋》二【三煞】:「從今後不見長安見北斗,生扭做織女牽牛。」

《張天師》二【罵玉郎】:「只指望西廂下暗偷期,把鏡中花生扭做
蟾宮桂。」

《曲江池》三【尾煞】:「他比那柳耆卿也不夠兩輕,折摸娘將定盤
星,生扭做加三硬。」

《鴛鴦被》三【紫花兒序】:「卻將我宅院良人,生扭做酒店裏驅丁。」

《賺蒯通》四【雙調新水令】:「那些個展土開疆,生扭做歹勾當。」

《雲窗夢》四【收江南】:「俺好姻緣生紐做惡別離。」

《陽春白雪》後集三無名氏散套【端正好·趕蘇卿】:「本是對美甘
甘錦堂歡,生紐做愁切切陽關怨。」

《樂府群珠》卷二失注【罵玉郎過感皇恩採茶歌‧鏖兵】：「您可甚人馬平安？把一座介休縣，生紐做枉死城。」

同書卷四張雲莊小令【普天樂‧秋日】：「羅綺圍，笙歌奏，正值黃昏時候，把陶淵明生紐得風流。」

向相反方向相去作成叫做「扭」。生扭做，謂勉強扭做、硬扭做、活活地弄成的意思。扭，一作紐，同音假借。做、得義同。

聲喚

《澠池會》三：「〔康皮力云：〕肉喫斤半，米喫升半，聽的廝殺，窩鋪裏聲喚。」

《介子推》三【朝天子】：「太子問臣聲喚做甚那，有幾處熱癧瘻病發。」

聲喚，猶言叫喚、呻吟。《水滸》第二回：「誰人如此聲喚？」《金瓶梅》第十八回：「被西門慶帶酒罵道：『淫婦們鬧的聲喚，平白跳甚麼百索兒！』」又第二十二回：「俺每鬧的聲喚在這裏來，你也來插上一把子。」皆其例。

省可

省可里（裏）

《董西廂》卷六【雙調‧豆葉黃】：「我孩兒安心，省可煩惱。」

《雙赴夢》三【耍孩兒】：「若是都拿了好生的將護，省可里拖磨。」

《虎頭牌》四【滾繡毬】：「省可裏便大驚小怪。」

《降桑椹》二、白：「婆婆，將息病體，省可裏煩惱也。」

《倩女離魂》一【混江龍】白：「姐姐，你省可裏煩惱。」

《金錢記》三【鬬鵪鶉】白：「飛卿，省可裏推辭，且飲一杯咱。」

《鴛鴦被》二【么篇】：「你將我省可裏推，我可也其實怕。」

省可，一作「省可里（裏）」，意謂省得、免得、休要。可、可里（裏），爲語助詞，無義。「里」即「裏」的省筆字。宋‧蘇軾《艾子雜說》：「禽大禽大，幸自無事，省可出入。」亦其例。

聖賢

賢聖

聖賢，倒文作賢聖，義同。一指神佛；二指羲和（太陽神）。

（一）

《冤家債主》三【幺篇】：「又不曾觸忤著那尊聖賢，蹅踏了那座廟宇。」

《西廂記》一本一折【村裏迓鼓】：「數了羅漢，參了菩薩，拜了聖賢。」

《竹塢聽琴》二【中呂粉蝶兒】：「不免的喚道姑添淨水，我剛剛的把聖賢來參罷。」

《西遊記》三本九齣【幺】：「今日得聖賢接引，天王相救，恩義比天高。」

《貨郎旦》三【滾繡毬】：「是神祇，是聖賢，你也好隨時逞變，居廟堂索受香煙。」

舊俗迷信稱神佛爲聖賢。明・王伯良注《西廂》曰：「北人稱善菩薩，不曰聖賢，則曰賢聖。」《警世通言・玉堂春落難逢夫》：「你指著聖賢爺，說了誓言。」聖賢，指神像。

（二）

《董西廂》卷四【黃鍾宮・尾】：「一刻兒沒巴避抵一夏，不當道你箇日光菩薩，沒轉移好教賢聖打。」

《西廂記》三本三折【喬牌兒】：「見柳梢斜日遲遲下，早道『好教賢聖打』。」

賢聖，爲「聖賢」之倒文，這裏指羲和（太陽神）。神話傳說，謂羲和是管理太陽的神，趕著太陽走。一說，指二郎神，謂二郎神曾有彈打日落的故事。

聖餅子

《燕青博魚》一【憨貨郎】白：「我取出這藥來。是聖餅子，用菩薩水調的。」

聖餅子，舊時迷信者謂仙丹爲聖餅子，意謂靈驗有效之藥物。

聖手遮攔

《岳陽樓》二【菩薩梁州】：「打、打、打，先生不動憚，更怕甚聖手遮攔？」

《魔合羅》一【一半兒】：「敢是我這身體不潔淨，觸犯神靈：望金鞭指路，聖手遮攔。」

《老君堂》一【幺篇】：「尊神與某金鞭指路，聖手遮攔。」

《黃花峪》一【油葫蘆】白：「報報喏，金鞭指路，聖手遮攔。」

聖手遮攔，在元劇中常與「金鞭指路」連文，就是請求神靈指引、保佑的意思。遮攔，猶云保佑、照拂。戲文《張協狀元》三十三：「望聖手遮攔。」無名氏雜劇《魏徵改詔》二折：「老君上聖，金鞭指路，聖手遮攔。」明·孟稱舜雜劇《英雄成敗》二折：「只怕滿朝中宰臣，做了聖手沒遮攔。」皆其例。

賸（shèng）

剩　盛　勝　聖

賸：一謂多；二謂突然、迅捷。又作剩、盛、勝、聖，義同。

（一）

《單刀會》一【金盞兒】：「你則索多披上幾副甲，賸穿上幾層袍。」

《度柳翠》二【牧羊關】：「你則戀著那天淡清風曉，雲閒白露秋，你比我敢賸受了些萬絮千頭。」

《羅李郎》三【幺篇】：「兒呵，我爲你多念些經，剩烈些紙。」

《㑳夜郎》三【幺】：「穿了好的，吃了好的，盛比別人，非理分外。」

《忍字記》楔【幺篇】：「你貧呵，生受淒涼活受窘；我富呵，廣有金珠勝有銀。」

同劇四【十二月】：「我可便剩念了些彌陀。」

《勘頭巾》四【梅花酒】：「這都是你弄權威，待積趲家緣，廣置莊田，盛買絲棉。」

《降桑椹》一【混江龍】：「這雪單住著多收五穀，廣賸倉廒。」

《范張雞黍》一【賺煞】：「你與我賸養些不值錢的狗彘雞豚。」

《替殺妻》四【夜行船】：「哥哥慈悲，盛把兄弟相周急。」

《陳州糶米》二【滾繡毬】：「賸吃了些眾人每毒咒。」

《雍熙樂府》卷一散套【醉花陰・明皇告代楊妃死】：「枉與他廣增些怨望，賸添些驚怕。」

　　賸，本義為「副」，見《說文》，引申其義為贅餘，即多餘之意，俗作「剩」。段注：「今義訓為贅疣，實古義之引申也，改其字作剩，而形異矣。」又衍為「盛」、「勝」，實為「賸」之同音假借字。在曲文中，「賸」常與「多」字、「廣」字互文或連文，亦可為證。唐・王維《送張道士歸山》詩：「人間若剩住，天上復離群。」宋・晏幾道【鷓鴣天】詞：「今宵剩把銀釭照，猶恐相逢是夢中。」陸游【沁園春】詞：「流年改，嘆圍腰帶剩，點鬢霜新。」金・段克己【江城子】詞：「賸種閒花多釀酒。」清・洪昇《長生殿・彈詞》：「一路行來，你看遊人好不盛也。」是知此用法，自唐、宋至清均有之。

（二）

《董西廂》卷一【仙呂調・尾】：「氣撲撲走得掜肩的喘，勝到鶯鶯前面，把一天來好事都驚散。」

同書卷五【雙調御街行】：「驀一人走至猛推開，不覺勝來根底。」

《劉知遠諸宮調》十一【般涉調・尾】：「知遠把瓦懺內羹飯，都潑著洪信面上。洪義怒，呼哨一聲，洪信和兩個婦人以聖至，諕殺三娘。」

《單鞭奪槊》四【刮地風】：「不剌剌走似煙，一騎馬賸道（到）跟前。」

《對玉梳》四【水仙子】：「若不是你荊楚臣急忙忙賸到根前，將一個赤力力活擒挈，將一個喜孜孜生放免，怎能勾夫和妻美甘甘再得纏綿。」

《樂府新聲》上關漢卿散套【新水令・玉驄係鞭金鞍鞊】：「忙加鞭，急催駿騧，恨不聖到俺佳人家門前。」

　　賸、勝、聖，突然、迅捷之謂。應作「聖」，蓋「聖」有神通之義。言「聖至」或「聖到」，謂似有神通一樣地突然迅速來到。「賸」、「勝」為「聖」

的同音假借字。《全相平話·前漢書續集》卷上：「至天明早辰，忽見東南上一隊軍馬，到三千餘騎，如勝也似來。」「勝」爲「聖」之假借，亦其例。一說：謂「賸」是躝、奔的意思；北讀「躝」爲「賸」。

除上二解，還有「盡」意和「眞」意，前者如《董西廂》卷一【般涉調·哨遍纏令】：「盛說法，打匹似閑奄諢。」「盛說法」，意謂盡說法也，是「多」義的引申。後者如《樂府群珠》卷無名氏小令【齊天樂過紅衫兒·題情】：「天外寶鴻叫，有夢還驚覺：好心焦，盛添十年老！」「盛添」句，謂眞添十年老也。「盛」解作「多」亦可，但不如「眞」字得勁。

失留屑歷

《殺狗勸夫》二【叨叨令】：「又被這失留屑歷的雪片兒，偏向我密濛濛墜。」

失留屑歷，狀風緊雪驟之詞；參見「失留疎剌」條。

失留疎剌

失溜疎剌　失流疎剌　赤留束剌　吸里忽剌　吸留忽剌　吸溜疎剌

《貶黃州》二【叨叨令】：「寒森森朔風失留疎剌串。」

《殺狗勸夫》二【叨叨令】：「則被這吸里忽剌的朔風兒，那裏好篤簌簌避！」

《魔合羅》一【油葫蘆】：「你看他吸留忽剌水流乞留曲律路，更和這失留疎剌風擺希留急了樹。」

《黃花峪》一【油葫蘆】：「我這裏手分開蘆葦，吸溜疎剌的攛（淌）。」

同劇三【滾繡毬】：「失留疎剌水渲的渠。」

《太平樂府》卷二無名氏小令【水仙子帶折桂令·秋景】：「半空裏赤留束剌風。」

《詞林摘艷》卷七楊景言散套【二郎神·景消索】：「失溜疎剌金風送。」

《樂府群玉》三周文質【正宮叨叨令·悲秋】：「瀟瀟灑灑梧葉兒失流疎剌落。」

失留疏刺，象聲詞，形容詞、水聲。又作失溜疎刺、失流疎刺、赤留束刺、吸里忽刺、吸留忽刺、吸溜疎刺，皆一音之轉。明・無名氏雜劇《暗度陳倉》二折：「那澗水出流束刺，劈丟撲答。」出流束刺、劈丟撲搭，亦狀水聲之詞也。

施行

《劉知遠諸宮調》十二【正宮・文序子】：「叫至此人，今日依法施行。」

《梧桐雨》三【鴈兒落】：「元來是陳將軍號令明，把楊國忠施行罷。」

《西遊記》二本七齣、白：「小聖南海火龍，爲行雨差遲，玉帝要去斬龍臺上，施行小聖，誰人救我咱？」

《對玉梳》三【普天樂】白：「楚臣，你好生施行此賊咱！〔荊楚臣云：〕左右，將此賊押赴縣裏去者！」

上舉各例，施行，謂依法處決。《京本通俗小說・碾玉觀音下》：「若有罪過，只消解去臨安府施行。」《水滸》第六十九回：「等拿了宋江，一並解京施行。」皆其例。或逕作「施刑」，如《水滸》第五十四回：「知府高廉要取柴進出來施刑。」

此外，「施行」亦有作「處置」解者，如：戲文《錯立身》五、白：「你今夜快與我收拾去，不許在此住。明日早口（晨）若見你在此，那時節別有施行。」《殺狗記》六：「如今但憑哥哥怎麼施行就是了。」亦有作「實施」解者，如：《史記・蕭相國世家》：「即不及奏上，輒以便宜施行。」唐・劉肅《大唐新語》卷八：「休璟俄頃草奏，便施行。」元・鄭光祖《周公攝政》一折：「臨至日若是上下交征，內外差爭，老微臣怎地施行？」此三則均指實施，是對政事付之實施也。

施逞

施呈

施逞，一作施呈，本義爲施展；引申之，有表演、逞兇、殘暴等義。

（一）

《襄陽會》三【上小樓】：「則要你顯氣勢，敢拒敵，施逞你那武藝。」

《凍蘇秦》一【元和令】：「又道我有才華，會施逞。」

《蝴蝶夢》四【駐馬聽】：「您兩個施呈手策，把那殺人賊推下望鄉臺。」

《虎頭牌》一【仙呂點絳唇】：「懸牌印，掃蕩征塵，將勇力施呈盡。」

《小尉遲》三【紫花兒序】：「我施呈會挾人捉將，顯耀會撞陣衝營，賣弄會攂鼓奪旗。」

施逞，猶施展，發揮才爲之謂。一作施呈，音義同。《大唐三藏取經詩話上・過獅子林及樹人第五》：「莫將妖法亂施呈」，亦其例。

（二）

《單刀會》四【沉醉東風】白：「今朝席上，倘有爭鋒，恐君不信，拔劍施呈。」

《梧桐雨》二【紅芍藥】：「即漸裏舞蹕雲鬟，施呈你蜂腰細，燕體翻，作兩袖香風拂散。」

《風光好》一【賺煞】：「詭的那舞女歌兒似受戰汗，難施逞樂藝熟閒。」

以上各例，意謂表演，爲施展的引申義。《今古奇觀・十三郎五歲朝天》：「樓下施呈百戲，供奉御覽」，亦其一例。

（三）

《馮玉蘭》四【喬牌兒】：「你將俺一家兒性命傾，又搶了俺母親呵忒施逞。」

此「施逞」，意爲逞兇、殘暴，也是引申義。

獅蠻

獅蠻帶　師蠻帶

《董西廂》卷二【正宮・文序子】：「輕閃過捽住獅蠻，恨心不捨。」

《楚昭公》二【金焦葉】：「那一個錦征袍窄窄的把獅蠻款兜。」

《趙氏孤兒》三【七弟兄】：「我只見他左瞧右瞧怒咆哮，火不騰改變了猙獰貌，按獅蠻拽扎起錦征袍，把龍泉扯離出沙魚鞘。」

《三戰呂布》一、白：「畫戟金冠戰馬犇，征袍鎧甲帶獅蠻。」

《氣英布》四【出隊子】白：「繫一條拆不開，紐不斷，裏香綿，攢綵線，緊緊粧束的八寶獅蠻帶。」

《鎖魔鏡》一【混江龍】：「鳳翅盔斜兜護頂，獅蠻帶緊扣當胸。」

《盛世新聲》【南呂一枝花·銀磨鳳翅盔】：「銀磨鳳翅盔，玉碾師蠻帶。」

獅蠻，爲「獅蠻帶」之簡稱，因爲帶鉤上裝飾有獅子蠻王的形象，故云「獅蠻帶」。宋代高級武官用此，元、明因之。後來一般用作武裝帶子的代詞。獅，簡作師；蠻，簡作蛮，音義並同。

獅子坐

《西遊記》六本二十一齣【金盞兒】：「維摩方丈不沾塵，獅子坐可容身。」

獅子坐，一作「獅子座」或「師子座」，指佛所坐的地方和坐具。《智度論》云：「佛爲人中獅子，凡所坐若牀若地，皆名獅子座。」正如把皇帝的坐具稱爲「龍座」。敦煌變文《維摩詰經問疾品變文》：「帝釋梵王之眾，捧玉幢於師子座前。」《二刻拍案驚奇·疊居奇程客得助，三救厄海神顯靈》：「那維摩居士止方丈之室，乃有諸天皆在室內，又容得十萬八千獅子座。」皆其例。師、獅，古通用。

濕濕

《兒女團圓》二【賀新郎】白：「嬸子，我要濕濕去。……〔做溺尿科云〕……嬸子，您姪兒濕濕濕了也。」

《黃花峪》三、白：「我與你一個馬子，投到我來家，要這一馬子濕濕，你可不要把米湯茶攪在裏頭。」

濕濕，用作動詞，指小解，即尿尿；用作名詞，指尿。

濕（淫）肉伴乾柴

《金鳳釵》三【紅芍藥】：「這一場鬼使神差，替別人淫肉伴乾柴。」

《虎頭牌》三詩云：「老完顏做事忒不才，倒著我濕肉伴乾柴。我今來勾你你不去，看後頭自有狠的來。」

同劇四【收江南】：「打的你哭啼啼，濕肉伴乾柴。」

《老生兒》一【油葫蘆】：「但得他不罵我做絕戶的劉員外，只我也
情願溼肉伴乾柴。」

輯佚《懶懆判官釘一釘》【仙呂·玉花秋】：「折末向臀板上連珠兒
喫二百，小人情願濕肉伴乾柴。」

此爲宋代一種酷刑。《宋史·刑法志二》：「又擅置獄具，非法殘民，或斷
薪爲杖，掊擊手足，名曰『掉柴』。」「濕肉伴乾柴」，即受拷打之意。溼、濕，
同字異體。宋、元戲文殘曲《崔君瑞江天暮雪》作「濕肉拌干柴」。

十方

《冤家債主》楔、白：「大嫂你聽者，我是十方抄化來的布施，我要
修理佛殿。」

《伊尹耕莘》楔、白：「大凡天上天下，三界十方男子，得道登仙，
悉皆掌管。」

《金安壽》四【青天歌】：「舌端放出玉毫光，輝輝朗朗照十方。」

十方，佛家語。佛經稱東、南、西、北、東南、西南、東北、西北、上、
下爲「十方」，也叫「十分地面」，俗把廟宇稱爲「十方地面」。敦煌變文《目
連緣起》：「稽首十方三界佛。」《警世通言·蘇知縣羅衫再合》：「鄭夫人眼
中流淚，哀告道：『師父，慈悲爲本，這十方地面不留，教奴家更投何處。』」
按：「十方」或「十分地面」，是說有情世界無盡無量，和佛門的廣大。唐太
宗《三藏聖教序》云：「弘濟萬品，典御十方。」

十大曲

《紫雲庭》一【混江龍】：「我唱的是《三國志》，先饒《十大曲》。」

《百花亭》一【金盞兒】白：「懷揣《十大曲》，袖褪《樂章集》，衣
帶鵪鶉糞，靴染氣毬泥。」

《雍熙樂府》卷五散套【點絳唇·寶殿朱扉】：「常只是懷裏著《十
大曲》，袖褪著《樂章集》。」

十大曲，指宋、金人所流行的十首詞。元·陶宗儀《南村輟耕錄》卷二
十七《燕南芝菴先生唱論》「近世所謂大曲」條，列：「蘇小小【蝶戀花】，鄧

千江【望海潮】，蘇東坡【念奴嬌】，辛稼軒【摸魚子】，晏叔原【鷓鴣天】，柳耆卿【雨淋鈴】，吳彥高【春草碧】，朱淑真【生查子】，蔡伯堅【石州慢】，張子野【天仙子】。」共十支曲子。

石保赤

赤五色石

《陰山破虜》一、白：「石保赤高擎著鐵爪蒼鷹。」

《射柳捶丸》三、白：「赤五色石手架著蒼鷹。」

石保赤，蒙語，意為管鷹的人。《元史·兵志四》：「元制，自御位及諸王，皆有昔寶赤，蓋鷹人也。」元·陶宗儀《輟耕錄》卷一：「昔寶赤，鷹房之執役者。」按「昔寶赤」乃「石保赤」的異譯；「赤五色石」乃「石五色赤」之誤，也是「石保赤」的異譯。

時

《董西廂》卷七【南呂宮·尾】白：「讒言可畏，十分不信後（呵）須疑；人氣好毒，一息不來時便死。」

《拜月亭》一【金盞兒】：「怕不問時，權做弟兄；問著後，道做夫妻。」

《遇上皇》一【鵲踏枝】：「我有酒後，寬洪海量；沒酒時，腹熱腸慌。」

《西廂記》四本三折【一煞】：「我為甚麼懶上車兒內，來時甚急，去後何遲？」

《黃鶴樓》一、白：「玄德公也，若你不來時，萬事罷論；若來呵，便插翅也飛不過這大江去。」

《太平樂府》卷二王愛山小令【水仙子·怨別離】：「我則道別離時易，誰承望相見呵難。」

《雍熙樂府》十五散套【念奴嬌·謁梅香】：「知足下病沉時，將艾焙燒燒；怕哥哥告殂時，著火葬了。」

上舉各「時」字，用作語氣間歇之詞，猶現代漢語中「呵」或「啊」字；觀曲文中，「時」與「呵」、「後」多互文見意，可證。但也含有表示時間之意。

韓愈《同水部張員外籍曲江春游寄白二十二舍人》：「曲江水滿花千樹，有底忙時不肯來？」白居易《放言》：「周公恐懼流言後，王莽謙恭未篡時。」宋·吳潛【望江南】詞：「欲把捉時無把捉，道虛空後不虛空。」王安石【千秋歲引】詞：「夢闌時，酒醒後。」上例多以「時」、「後」互文見意，有的亦含有表示時間之意。

時下

《調風月》三【拙魯速】：「時下且口口聲聲，戰戰兢兢，裊裊停停，坐坐行行，有一日孤孤另另，冷冷清清，咽咽哽哽，覷著你箇拖漢精。」

《董西廂》卷六【仙呂調·戀香衾】：「然終須相見，奈時下難捱。」

《西廂記》二本四折【尾】：「則說道夫人時下有人唧噥，好共歹不著你落空。」

《破窰記》二【滾繡毬】：「雖然是時下貧，有朝發憤日，那其間報答恩德。」

《王粲登樓》一【賺煞】白：「時下便有些怪，到後來謝也謝不及哩。」

《追韓信》一【上馬嬌】：「他把我丕丕的趕過長安道，惡運怎逃？時下怎歸著？」

時下，猶云，猶云目下、眼前或一時。宋·楊澤民【一絡索】詞：「譜里知名自久，真情難有。縱然時下有真情，又還似章臺柳。」《三國志平話》卷下：「吾時下不解其意。」兩「時下」，皆為一時之意。

時分

《五侯宴》二、白：「昨日三更時分，夜作一夢。」

《雲窗夢》二【醉太平】：「書生曾與高人論，錢財也有無時分。」

《九世同居》三【正宮端正好】：「小人若得十年運，早忘了貧時分。」

《陳州糶米》三【牧羊關】：「當日離豹尾班多時分，今日在狗腿灣行近遠。」

《馮玉蘭》一【鵲踏枝】：「搶篷窗且捱過了今宵時分。」

時分，猶云時節、時候。《宣和遺事》亨集：「及到梁山濼上時分，晁蓋已死。」《清平山堂話本·漢李廣世號飛將軍》：「時已初更時分，但雪光夜明，因此不覺。」義並同。

時務

時務，猶言世事、時候或時俗。

（一）

《牆頭馬上》四【醉春風】白：「這個漢子不達時務，你這裏立地，我家去也。」

《誤入桃源》一、白：「豈不聞聖人之言，天下有道則見，無道則隱，倒大來達時務也呵！」

《救孝子》三【粉蝶兒】：「早是俺活計消疎，更打著這非錢兒不行的時務。」

《兒女團圓》三【後庭花】：「哎！那老子識時務也便爲俊傑。」

《昇仙夢》二【南千秋歲】白：「你好不達時務，你喫了便罷，怎麼說這等的話？」

以上各例，時務，猶言世事、時世，即目前形勢和時代的潮流。《漢書·朱博傳》：「帝王之道不必相襲，各由時務。」《三國志·諸葛亮傳》裴注引《襄陽記》：「劉備訪世事於司馬德操，德操曰：『儒生俗世，豈識時務？識時務者，在乎俊傑。』」

（二）

《老生兒》三、詞云：「冬至來一百五日，正是那寒食時務。」

《救孝子》四、白：「那時是五月中旬，正是農忙時務。」

《東堂老》三【中呂粉蝶兒】：「誰家個年小無徒，他生在無憂愁太平時務。」

《合同文字》三【上小樓】：「想著俺劬勞父母，遇了這饑荒時務，辭著兄嫂，引著妻男，趁著豐熟。」

以上所舉「時務」，謂時候、時代。例一上云「一百五日」下云「寒食時務」，例二上云「五月中旬」下云「農忙時務」，顯然「時務」是指時候。

（三）

《西廂記》五本四折【慶東原】：「這廝壞了風俗，傷了時務。」

《對玉梳》三【普天樂】：「據此賊情理難容傷時務，壞人倫罪不容誅。」

《太和正音譜》下杜仁傑殘曲【雙調蝶戀花】：「自嘆我難合時務。」

以上所舉「時務」，猶言時俗、風俗。「傷時務」，謂傷風敗俗。「難合時務」，謂難合時俗。

時間

一時間

時間，有目下、一時、時候、時機等解。

（一）

《襄陽會》一【油葫蘆】：「叔父道時間無尺寸安身地，普天下盡都漢華夷。」

同劇三【紅繡鞋】：「奈時間將少兵微，你則去訪覓英賢可便廝扶持。」

《剪髮待賓》一、白：「我恰纔覷了陶秀才相貌，雖則時間受窘，久後必然發跡。」

《符金錠》三【般涉調耍孩兒】：「我待要時間拋擲心中懼，又則怕錯了教他向那廂。」

《樂府群珠》卷四關漢卿小令【普天樂·崔張十六事】：「久已後雖然成佳配，奈時間怎不悲啼。」

《太平樂府》卷六趙彥暉散套【點絳唇·省悟】：「俺如今時間困，目下憂。」

以上所舉「時間」，皆目下之意。例三、例五，「時間」與「久已後」對應，例六「時間」與「目下」互文，意尤顯明。

（二）

《合汗衫》一【天下樂】：「也則是一時間周急添你氣分。」

《灰闌記》楔、白：「那張林離了家門，到汴京尋他舅子去了。料得一時間也未必就回。」

《老君堂》一【尾聲】：「也是我一時間性情上疎散，倒做了機謀中破綻。」

同劇二【耍孩兒】：「今日箇多承賢士恩難斷，救得俺時間倒懸。」

時間，或作一時間，謂一時，言其時之短暫也。《水滸》第七回：「林沖道：『原來是本管高太尉的衙內，不認得荊婦，時間無禮。』」亦其一例。《金鳳釵》三折：「他運不通時間貧困，賣詩詞待時守分。」《雲窗夢》二折：「也待花滿眼，酒盈樽，奈時間受窘。」此兩例，解爲「目下」，或「一時」，均通。

（三）

《襄陽會》三、白：「旗旛輕捲征塵退，馬到時間勝皷敲。」

上舉「時間」，謂時候。

（四）

《破窰記》一【尾聲】白：「我輩乃白衣卿相，時間不遇，俺且樂道安貧。」

《七里灘》一【六幺序】：「改年建號時間旺，奪了劉家朝典，奪了漢氏封疆。」

以上「時間」，指時機、時運。

時霎

《劉知遠諸宮調》十二【大石調·紅羅襖】：「傳令但念（忽）忙，不得住時霎。」

《董西廂》卷二【大石調·玉翼蟬】：「怎禁他諸賊黨，著弓箭射，爭敢停時霎？」

《看錢奴》一【寄生草】：「則您那淚珠兒滴盡空瀟灑，瀽了些漿水飯，那裏肯道停時霎？」

《太平樂府》卷八曾褐夫散套【一枝花·買笑】：「能清歌妙舞捱時霎，會受諢承科度歲華。」

同書卷七馬致遠散套【青杏子·悟迷】：「沒期程，無時霎。」

時霎，即霎時，一瞬間之謂，猶云片刻。宋·黃庭堅【惜餘歡·茶詞】：「未須歸去，重尋豔歌，更留時霎。」

實丕丕

實伾伾　實坯坯　石碑丕

《救風塵》二【幺篇】：「那一個不實丕丕拔了短籌。」

《救孝子》二【煞尾】：「怎禁他惡噷噷的曹司責罪緊，實伾伾的詞因不准信。」

《風光好》三【滾繡毬】：「昨夜個我雖改換的衣袂新，須是模樣眞；咱只得眼前廝趁，實丕丕與你情親。」

《張生煮海》三【脱布衫】：「俺實丕丕要問行藏，你慢騰騰好去商量，將這水指一指翻爲土壤，分一分步行坦蕩。」

《金錢記》二【煞尾】：「石碑丕將咱肺腑鐫。」

《詞林摘艷》卷五無名氏散套【新水令・碧梧天靜暮雲收】：「實坯坯似井底瓶沉。」

實丕丕，意謂實實在在；又作實伾伾、實坯坯、石碑丕。丕丕、伾伾、坯坯，俱從「丕」聲，通用作狀詞，強調「實」的程度，有「很」的意思。碑、不，亦一聲之轉。明・柯丹丘《荊釵記》二十四【玉抱肚】又作「實不不」，義並同。蓋不、丕古通用。

使長

侍長　士長

《牆頭馬上》三【駐馬聽】白：「夜來兩個小使長把牆頭上花都折壞了，今日休教出來，只教書房中耍。」

《黃梁夢》二【商調集賢賓】：「報到前廳上侍長拾到來，卻怎生不聽的把玳筵排？」

《西廂記》三本楔子、白：「侍長請起，我去則便了。」

《伍員吹簫》四【得勝令】：「害的這小使長好心焦，撞見那年少的女多嬌。」

《酷寒亭》三、白：「往常時在侍長行爲奴作婢。」

《貨郎旦》二【鴛鴦煞尾】：「乞與你不痛親父母行施恩厚，我扶侍義養兒使長多生受。」

《詞謔》附載散套【大石調·念奴嬌】:「請使長快疾行,交(教)
奴台(胎)喫頓拷。」

《詞林摘艷》卷五王世甫【五供養·窮客程舊行裝】:「老微臣,老
微臣怎敢當?小侍長,小士長休攔當。」(亦見《盛世新聲》)

　　使長,宋、元時奴僕對家主的稱呼。明·陸粲《庚巳編》卷一「平保兒」
條:「元時舊俗,諸皇子皆呼使長。」明·徐渭《南詞敘錄》:「金、元謂主
曰『使長』,今世已呼公侯子、王姬。」沈德符《野獲編》卷四:「使長侍長」
條:「國初沿亡元餘習,臣下呼親王俱爲使長……又侍長之號,則今各藩府
之女,俱有此稱……則云尊其爲侍妾之長也。乃至支庶猥賤、不膺封號,且
恣爲非禮者,亦例受此呼。」使長,或又作「使頭」,如《警世通言·三現
身包龍圖斷冤》:「王興那廝喫得酒醉,走來看著迎兒道:『打脊賤人!你見
恁般苦,不去再告使頭則箇?』」按:使長、侍長、士長、使頭,義並同。
使、侍、士同音通用。

使數

使數的

《玉鏡臺》三【迎仙客】:「到這裏論甚使數,問甚官媒,緊逐定一
團兒休廝離。」

《西廂記》五本四折【喬牌兒】:「我則見丫鬟使數都廝覷,莫不我
身邊有甚事故?」

《牆頭馬上》四、白:「自從裴少俊將我休棄了,回到洛陽,父母雙
亡,遺下幾個使數和那宅舍莊田,依還的享用富貴不盡。」

《生金閣》一、白:「便好道:『未見其人,先觀使數。』」

《救風塵》二【倘秀才】:「怎禁他使數的倒支分,背地裏暗忍。」

《來生債》二【么篇】白:「唶家中奴僕使數的,每人與他一紙兒從
良文書,再與他二十兩銀子,著他各自還家。」

　　使數,或作使數的,即僕役。

使牛人

使牛郎　使牛的

《貶黃州》四【梅花酒】：「閉賢門，閉賢門，使牛人。」

同劇同折【收江南】：「使牛人怎做孟嘗君？」

《秋胡戲妻》四【得勝令】：「走將來雪上更加霜。早是俺這釣鰲客咱不認，哎！你個使牛郎休更想。」

《伊尹耕莘》楔、白：「量你個使牛的村夫，怎敢與某對敵？」

使牛人，猶如說放牛娃，含有輕賤之意；舊指賤役。或作使牛郎，使牛的，意並同。《水滸》第五十一回：「白玉喬道：『便罵你三家村使牛的，打甚麼緊！』」亦其例。

使作得

使作著　使作的

《董西廂》卷一【大石調·伊州衰】：「膽狂心醉，使作得不顧危亡，便胡作。」

同書同卷【大石調·驀山溪】：「張生聞語，轉轉心勞攘。使作得似風魔，說了依前又問當；顛來倒去，全不害心煩。」

《任風子》三【耍孩兒】：「則是這三寸元陽氣，貫串著凡胎濁骨，使作著肉眼愚眉。」

《來生債》一【六幺序】：「這錢呵，使作的仁者無仁，恩者無恩。」

同劇一【賺煞】：「暗評跋，忽笑唡，則被這錢使作的喈如同一個罪人。」

上舉各例，「使作得」一作「使作著」或「使作的」；用為動詞，意謂驅使作弄。若轉為名詞用，例如《竹葉舟》四【滾繡毬】：「你道俺駕扁舟泛碧波，執漁竿披綠簑，這就是仙家使作。」此「使作」，指生活或行徑而言，與上列諸例意別。

使官府

《揚州夢》二【倘秀才】：「想當日宴私宅翰林應奉，倒做了使官府文章鉅公，昨日今朝事不同。」

《謝金吾》四【折桂令】：「那一個王樞密氣昂昂腆著胸脯，納胯姣么，使盡些官府。」

官府，謂政府機關。使官府，即使出官府的氣派架勢的省語，亦即擺官僚架子的意思。

屎頭巾

屎盆兒　腌盆兒

《燕青博魚》一、白：「哥哥，俺是甚等樣人家，著他辱門敗戶，頂著屎頭巾走？」

同劇二【賺煞尾】：「哎！哥也，你是個好男兒，休戴著這一頂屎頭巾。」

《黃粱夢》二【幺篇】：「他在那長期殿前班部裏擺，你教他把屎盆兒頂戴，兀的不屈沉殺了拜將築壇臺。」

《灰闌記》一【寄生草】：「不爭將濫名兒揣在我根前，姐姐也，便是將個屎盆兒套住他頭上。」

《村樂堂》二【梧桐樹】：「好也囉！將一箇腌盆兒撽在他頭直上。」

屎頭巾，即綠頭巾。元俗謂婦女與人通姦，其夫被稱爲戴綠頭巾，猶今云戴綠帽子。或作屎盆兒、腌盆兒，義同。屎、腌，都是不潔的意思。

世

是　勢　世不曾　世做的　是做的

世：一謂既然、已經；二猶「從」、猶「終」；三爲「誓」字的同音假借。

（一）

《董西廂》卷二【黃鍾宮·出隊子】：「賢不是九伯與風魔，世言了怎放抹？」

《氣英布》一【玉花秋】：「那裏發付這殃人貨，勢到來如之奈何？若是楚國天臣見了呵，其實難迴避，怎收撮？」

《看錢奴》四【鬼三臺】：「則他這龐居士，世做的虧心事，恨不把窮民勒死。」

《青衫淚》二【滾繡毬】白：「小子世來你家，大姐不要說閒話，咱兩個吃鍾酒兒。」

《任風子》三【鬭鵪鶉】：「世來到林下山間，再休想星前月底。」

同劇同折【普天樂】：「我世跳出虎狼業，拜辭了鴛鴦會。」

《西廂記》四本二折【幺篇】：「世有，便休，罷手，大恩人怎做敵頭？」

《生金閣》一【賺煞】：「罷、罷、罷，怎干休，難分訴，世做的馮河暴虎。」

《伍員吹簫》二【梁州第七】：「世做的背時序，且一半惺惺一半愚，說甚當初？」

《哭存孝》三【醉春風】：「是做的潑水難收，至死也無對，今日箇一莊也不借。」

《太平樂府》卷七沙正卿散套【鬭鵪鶉‧閨情】：「是做的沾粘，到如今潑水難收。」

世，既然，已經之意。「世（是）做的」，為元劇習用語，業已做成之謂。世，或作是、勢，同音假借。

（二）

《忍字記》一【鵲踏枝】：「你端的便不疲乏，世不害心嘈。」

《岳陽樓》二【黃鍾尾】：「俺那火送行人世不曾西出陽關，早則不凝望渭城和淚眼。」

《西廂記》二本一折【耍孩兒】：「我從來駁駁劣劣，世不曾忐忐忑忑。」

《盆兒鬼》一【混江龍】：「世不曾閒閒暇暇，常則是結結的這巴巴。」

《神奴兒》二【罵玉郎】：「哎！你個小醜生，世不曾有這般自由性。」

《藍采和》一【鵲踏枝】白：「則許官員上戶財主看勾欄散悶，我世不曾見個先生看勾欄。」

《謝金吾》二【採茶歌】：「你可便著誰人搭救宋山河，世不曾來家愁殺我，你也心兒裏精細不風魔。」

《薛仁貴》四【雙調新水令】白：「老的，世不回來了也，你煩惱怎麼？」

《神奴兒》二【黃鍾尾】：「我這裏潛踪躡足臨芳徑，我與你破布撩衣近小亭。見孩兒，世不曾。不由我不悲哽。」

世，猶「從」（如前七例）、猶「終」（如後二例）。「世不曾」爲元時習用語，意爲從來（或一向、一貫）沒有過。

（三）

《西遊記》四本十六齣【幺】：「潑妖魔，世不然，告吾師，煞可憐。」

《大戰邳彤》一【天下樂】：「我從來世不輸，端的也則慣贏。」

「世」爲「誓」的借音字。徐渭《南詞敘錄》：「世不，誓不也。」《七國春秋平話》卷上：「世不與東齊爲戰」，亦其例也。有時正作「誓」，如《陳母教子》楔子：「則要你金榜無名誓不歸。」

市曹

《竇娥冤》二【採茶歌】：「〔孤云：〕……到來日判個斬字，押付（赴）市曹典刑。」

《魔合羅》四【道和】白：「李文道謀殺兄長，押赴市曹處斬。」

《陳州糶米》二【滾繡毬】：「曾把個魯齋郎斬市曹。」

同劇四【鵰兒落】：「〔正末云：〕張千，先挈出楊金吾去，在市曹中梟首報來！」

市曹，即市場，指商店集中之地。古時常在熱鬧處所處決犯人，因作爲刑場的代稱。《宣和遺事》前集：「餘者皆令推入市曹，斬首報來。」《六部成語・刑部・押赴市曹》注：「市曹，通衢也，監押罪犯，赴市處決也。」此語南北朝已然，如《北史・魏宗室暉傳》：「遷吏部尚書。納貨用官，皆有定價，大郡二千匹，次郡一千匹，下郡五百匹，其餘官職各有差，天下號曰市曹。」不過，這是用來比喻、諷刺政府衙門賣官，有如市場之做生意；與作爲刑場的代詞有別。

是

「是」有多種用法，隨文而異，條釋如次。

（一）

《燕青博魚》一、白：「我和這燕大的渾家王臘梅，有些不伶俐的勾當。爭奈俺兩個則是不能勾稱心。」

《兩世姻緣》二【醋葫蘆】：「看了他容貌兒實是撐。」

《千里獨行》二【感皇恩】：「您嫂嫂的言語是緊，叔叔你惱怒無休。」

是，用作同動詞，表示判斷、解釋和分類。現代口語中仍普遍沿用。《孟子·梁惠王》：「王之不王，是折技之類也。」「是」字也是判斷是非之意。」

（二）

《後庭花》一：「〔夫人云：〕這年紀小的女孩兒是生的好，叫他伏侍老相公。」

《牆頭馬上》四【鬪鵪鶉】：「〔正旦云：〕裴少俊，你是不知，聽我說與你咱！」

《梧桐雨》一【天下樂】：「〔正末看科，云：〕排設的是好也。」

《瀟湘雨》二【醉太平】：「只爲你人材是整齊，將經史溫習，聯詩猜字盡都知，因此上將女孩兒配你。」

《紫雲庭》一【混江龍】：「絮得些家宅神長是不安寧。」

是，用爲加重語氣，強調所肯定的東西。含有眞正、實在之意。《七國陸秋平話》卷下：「毅曰：『先生不強，您師父鬼谷先生是強。』」

（三）

《牆頭馬上》四【鬪鵪鶉】：「〔裴舍云：〕小姐你是個讀書聰明的人，豈不聞子甚宜其妻，父母不悅，出；子不宜其妻，父母曰：是善事我，則行夫婦之禮焉，終身不衰。」

《藍采和》二【梁州】白：「王把色是聽的麼？誰人在門首唱叫？」

上舉「是」字，用作人稱代詞：他（如例一）或你（如例二）。「是善事我」，謂他善於事奉我也。」「是聽的麼」，意思是：你聽見了嗎？

（四）

《董西廂》卷六【黃鍾宮・侍香金童纏令】：「是即是下梢相見，咱大小身心，時下打疊不過。」

《虎頭牌》二【石竹子】：「則俺山壽馬姪兒是軟善，犯著的休想他便肯見憐。」

《三奪槊》三【梅花酒】：「我想那榆窠園災是狠，他不若如單雄信，則我這鞭穩打死須定無論。」

《紫雲庭》【幺】：「兩陣狂風是緊，也不到得教吹散楚城雲。」

《柳毅傳書》一【賺煞】：「是則是海藏龍宮曾共逐，世不曾似水如魚。」

《李逵負荊》三【醋葫蘆】：「是則是去了你那一十八歲這個滿堂嬌，更做你家年紀老。」

是，猶雖；曲文中「是則」、「是則是」、「是即是」，常結合在一起運用。按「是」字有雖意，「則」字亦有雖意，同爲一個「是則是」的句法，因側重點不同，解釋亦異。張相說：「從語法之組織上分析之：以『是』字爲本位，則可解爲『雖則是』；以『則』字爲本位，而讀第一『是』字略頓，則可解爲『是雖是』，與小則小之猶云小雖小，老則老之猶云老雖老同。」（見《詩詞曲語辭匯釋》）

（五）

《忍字記》楔、白：「我平日之間，一文也不使，半文也不用，若使一貫錢呵，便是挑我身上肉一般。」

《紫雲庭》一【醉中天】：「把個蘇媽媽便是上古賢人般敬。」

《魔合羅》一【一半兒】：「恰便是小鹿兒撲撲地撞我胸脯，火塊似烘烘地燒我肺腑。」

《西遊記》一本三齣【逍遙樂】：「恰便是塑來的諸佛世尊。」

是，同「似」，爲一音之轉。「恰便是」，猶恰便似。

（六）

《貶夜郎》三【二煞】：「拈起紙筆，標是實，教千年萬古傳於世。」

《介子推》三【迎仙客】：「〔介林：〕太子，是泄非干微臣之過，皆因呂用公奉官里聖旨所逼。」

《千里獨行》二、白：「是有足詫，物有固然。」

是，同「事」，近代仍有此用法，如云「莫談國是」，即「莫談國事」，本於漢・劉向《新序・雜事》：「君臣不合，國是無由定矣。」

（七）

《董西廂》卷六【般涉調・麻婆子】：「姐姐爲人是稔色，張生做事忒通疎。」

《勘頭巾》三【金菊香】白：「是好！是好！一了說：碧桃花下死，做鬼也風流。」

《詞林摘艷》卷七陳大聲散套【集賢賓・瑣窗寒井梧秋到早】：「茶飯又不是麼調，夢兒又不大個好。」（《雍熙樂府》卷十作「茶飯又不甚調」）

是，用作甚辭，用同「甚」（shèn），有極，很等義，以音近借用。例一「是」與「忒」互文，例三「是」與「大」互文，均可爲證。

（八）

《謝天香》二【梁州第七】：「想著俺用時不當，不作周方，兀的喚是麼牽腸？想俺那去了的才郎。」

《薦福碑》二【呆骨朵】：「〔正末唱：〕他那年紀是大小？〔曳剌云：〕三十歲也。」

《神奴兒》楔【仙呂賞花時】白：「你眼瞎！揰了我打是麼不緊？我兩房頭則覷著這個神奴孩兒。」

《詞林摘艷》卷一小令【十棒鼓】：「喒兩箇有是末言三語四差？」

同書卷八貫仲明散套【一枝花・花黢音樂喧】：「白玉池，瓊花島，將我度爲道友，可是末善與人交？」

是，同「甚（shén）」，用作代詞，表示疑問。「是」即「甚（什）樣」、「多麼」之意。「是麼」即「甚（什）麼」，「是末」即「甚（什）末」。

－1206－

（九）

《紫雲庭》二【三煞】：「是有遭間阻的，也不似俺不吉利。」

《老君堂》四【七弟兄】：「是處咸亨，法正官清。」

巾箱本《琵琶記》十一【醉太平】白：「小娘子才貌兼全，是人知道。」

戲文《張協狀元》二【燭影搖紅】白：「可知，是件人之所欲。」

同劇二十二【女冠子】白：「是事一齊瞥樣，挑取被包雨具，度嶺涉長川。」

《詞林摘艷》卷二散套【中呂好事近·和氣斗回杓】：「絃管樓臺，我則聽得是處歡聲繚繞。」

是，猶「凡」，總括之辭，包舉一切在內，如上舉諸例中：「是處」意猶「處處」；「是人」意猶「人人」；「是事」意猶「事事」；「是件」意猶「件件」。柳永【定風波】詞云：「自春來慘綠愁紅，芳心是事可可。」關漢卿《謝天香》劇二折引此詞作「芳心事事可可。」可證「事事」之前一「事」字同「是」，即「凡」的意思；餘可類推，白居易《狂吟》詩：「是客相逢皆故舊，無僧每見不殷勤。」「是客」猶「凡客」，即指一切客人。賈島《送孫逸人》詩：「是藥皆諳性，令人漸信仙。」「是藥」猶「凡藥」，即指所有的藥。宋·陳師道《寄泰州曾侍郎肇》詩：「是處逢人說項新。」「是處」猶「處處」。可見唐、宋語已然。

（十）

《五侯宴》三【倘秀才】白：「官人不知，老身是趙太公家居住。」

《圯橋進履》一【上小樓】白：「貧道是這無天之外，有影無形，風裏來，雨裏去，聞不見，摸不著。」

《度柳翠》楔、白：「俺是這抱鑒營街積妓牆下住坐。」

是，用作介詞，猶「在」，表示事情的地點、時間、條件等，這裏指地點。宋·王沂孫【高陽臺·和周草窗寄越中諸友韻】：「小帖金泥，不知春是誰家。」「春是誰家」，謂春在誰家也。

（十一）

《董西廂》卷三【仙呂調·賞花時】：「相國夫人教邀足下，是必休教推避咱，多謝解元呵！」

同書同卷【大石調・吳音子】：「請寬尊抱，是須休把兩眉結。」

元刊本《單刀會》二【滾繡毬】：「你是必挂口兒則休提著那荊州。」

《拜月亭》三【烏夜啼】：「怕你那換脈交陽，是必省可里掀揚。」

《盆兒鬼》楔【仙呂賞花時】白：「孩兒，你是必蚤些兒回來也。」

《合同文字》一【賺煞尾】：「你是必休別了父母遺言，將骨殖到梁園。」

是，猶「務」；務者，必須、一定之謂。故「是必」，意即務必；「是須」，意即務須：言一定要達到某種目的也。

（十二）

《調風月》三【梨花兒】：「是教我軟地上吃喬（交），我也不共你爭。」

是，猶「使」，即使之意，音近借用。

（十三）

《謝天香》二【梁州第七】：「〔張千：〕大姐，你且休過去，等我遮著你是看咱。」

《楚昭公》三【迎仙客】白：「哥哥，兀的江岸邊有一隻漁船，我是喚他一聲咱。」

《牆頭馬上》四【石榴花】：「我心中意氣怎消除，你是審付，負與何辜？」

《張天師》三、白：「我是去看咱。」

《竹塢聽琴》二【鮑老兒】：「你將那無顯驗的文書是監察，須不是俺孔宣聖遺留下。」

《金錢記》一【賺煞尾】：「〔賀知章云：〕我是猜咱！〔正末云：〕哥哥試猜。〔賀知章云：〕敢是羅帕藤箱玉納子？」

《鴛鴦被》二【滾繡毬】白：「可早來到菴門首也，我是喚咱，姑姑開門！」

《小尉遲》一【柳葉兒】白：「你是穿上這袍鎧，披掛了我看。」

《詞林摘艷》卷一小令【八寶妝・黃昏悶轉添】：「開窗是看時，果是情人至。」

是，同「試」，同音假借。

（十四）

《岳陽樓》二【賀新郎】白：「馬兒，你若不是我呵，你是做了乾梁也。」

是，同「誓」，同音假借。《三國志平話》卷上：「武者是得天下也。」「是得」猶「誓得」也。

（十五）

《三戰呂布》一、白：「家住蒲州是解良，面如掙棗美髯長。」

是，這裏用為襯字，無義。

是不沙

《拜月亭》二【牧羊關】白：「但較些呵，郎中行別有酬勞。〔孤上，云了。〕是不沙？〔做叫老孤的科。〕阿馬，認得瑞蘭來？」

是不沙，即是不、是不是，表疑問之意；沙，語助詞，無義。

勢相

勢況　世況

《還牢末》三【太平令】：「哎！你個蕭行首八步周行，儘著你風流情況，做出些輕狂勢相。」

《雙赴夢》二【收尾】：「關將軍美形狀，張將軍猛勢況，再何時得相訪？」

《劉知遠諸宮調》一【般涉調·牆頭花·尾】：「知遠勢況渾如夯浪出波龍。」

《生金閣》二【越調鬭鵪鶉】：「斷送了光陰，消磨了世況。」

《三奪槊》一【么篇】：「他猛觀了敵敵軍勢況，忙撥轉紫絲韁。」

《趙氏孤兒》五【倘秀才】：「你看他腆著胸脯，妝些兒勢況。」

《風光好》二【隔尾】：「想昨日在坐上那些兒勢況，苫眼鋪眉，盡都是謊。」

《貶夜郎》一【么篇】：「這酒，曾眇小了風雷勢況。」

上舉各例，勢相，有樣子、姿態、威勢、形勢等義。勢，一作世，用音假借。相，一作況，義同。

勢煞

勢殺　勢雯　勢沙　世殺　沙勢　殺勢

勢煞，又作勢殺、勢雯、勢沙、世殺；倒作沙勢、殺勢。本義是模樣、樣子，引申爲規矩、禮貌、場面。

（一）

《董西廂》卷五【大石調·玉翼蟬】：「萬般哀告，手摸著裙腰兒做勢煞。」

《後庭花》三【風入松】：「覷了王慶呵慌張勢煞，這漢就決謔札。」

《紫雲庭》三【上小樓】：「外相兒行戶小可，就裏最胸襟洒落。我覷了這般世殺，不法閑病，決定風魔。」

《薛仁貴》三【中呂粉蝶兒】：「這的是甚所喬爲，直吃的恁般沙勢。」（元刊本作「殺勢」）

輯佚《李克用箭射雙鵰》【中呂粉蝶兒】：「賽社處人齊，一個個恁般殺勢，直吃的渾身上村酒淋漓。」

《趙禮讓肥》一【後庭花】：「一半兒喬勢煞，餓寒的怎覷他？」

《對玉梳》二【黃鍾煞】：「村勢煞捻著則管獨磨，樺皮臉風癡著有甚颩抹？」

《村樂堂》三【幺篇】：「覷不的鋪眉苫眼喬勢殺。」

《太平樂府》卷七朱庭玉散套【青杏子·歸隱】：「從人笑，從人笑，道咱甚娘勢雯？」

勢煞，意謂模樣、樣子；與「做」字連用，就是做樣子、裝模作樣；與「村」字連用，是譏其外貌俗不可耐；與詈辭「喬」字或「娘」字連用，更是對醜態的憎惡。

（二）

《紅梨花》一【那吒令】：「這妮子我問著呵，沒些兒勢沙；這妮子道著呵，將話兒對答；這妮子使著呵，早妝襲做啞。」

《鴛鴦被》二【滾繡毬】：「兀的甚勢沙，甚禮法，索甚麼問天來買卦？」

－1210－

勢沙，意爲禮貌、規矩，是「樣子」的引申義。又如明·康海《中山狼》院本、白：「似這樣打獵的勢煞，我平生不曾看見呵！」此例意謂場面、勢派，也是「樣子」的引申義。

適纏

十才　適來

《酷寒亭》二【禿廝兒】：「爲甚麼適纏間叫天叫地，都一般汪汪的淚眼愁眉。」

《昊天塔》一【賺煞尾】白：「適纏我那父親兄弟，夢中説的話，好不苦楚。」

《桃花女》楔【仙呂賞花時】白：「你適纏到我家來做甚麼？」

《介子推》三【快活三】：「想我著十才來澗底下，割得來與他家。」

戲文《張協狀元》十二【朱奴兒】：「適來擔至廟前，見一箇苦胎與它廝纏。」

適纏，猶言方才、剛才。按「適」，亦「纏」意也。《漢書·賈誼傳》：「陛下之臣，雖有悍如馮敬者，適啓其口，匕首已陷其胸矣。」「適啓其口」，謂才張開嘴也。」可見「適纏」是複意詞。或作「十才」、「適來」，「十」之與「適」，「才」之與「來」，音近義同。「適來」一語，唐代已有，如李白《江夏行》：「適來往南浦，欲問西江船。」再如敦煌變文《維摩詰經菩品變文甲》：「未委適來居士，行程近遠。」近人章太炎《新方言·釋詞》云：「凡稱適纏爲間者，亦曰頃者，蘄州謂適纏爲罄子。」

識空便

《青衫淚》二【滾繡毬】：「劉員外，你若識空便，早動轉，倒落的滿門良賤。」

《西廂記》二本三折【慶宣和】：「我恰待目轉秋波，誰想那識空便的靈心兒早瞧破，諕得我倒趄，倒趄。」

《抱粧盒》一【天下樂】：「俺想這靈也波禽，常好是識空便。」

《陽春白雪》吳仁卿散套【鬬鵪鶉·棄職休官】：「想當日子房公會覓全身計，一個識空便抽頭的范蠡。」

識空便，意謂知情、識機、識相、乘機。空，讀去聲。古典小說中，也稱此爲「識局」、「識俊」，前者如《醒世恒言・勘皮靴單證二郎神》：「若是這廝識局知趣，見機而作，恰是斷線鷂子一般，再也不來。」後者如《西遊記》第四十九回：「虧了你識俊，逃了性命；若再三合，決然不得全生。」

手帕

《陳母教子》三【醉春風】：「〔三末云：〕您孫兒和媳婦兒沒有手帕，拜母親幾拜。〔正旦云：〕兀那廝！你休拜，誰教你與我做生日來？」

《兩世姻緣》一、白：「今日是對門王媽媽生辰，我著孩兒去送手帕。」

《翫江亭》一【金盞兒】白：「再將來沙羅紵絲三十疋，權爲手帕，休嫌輕微也。」

《黃眉翁》二【隔尾】白：「我說楊郡馬大人的母親壽誕，著來與俺說，莫非著俺大人與他遞手帕。」

觀以上各例，不一定是具體指手絹，而是泛指送給婦女的壽禮。當然，這種壽禮，也並不排除以手帕充當，例如李開先《詞謔》十五引【落梅風】詞云：「你生日，我怎知？知道時做箇準備，白綾手帕權當做禮。」

有時男女青年也用手帕權當定情的信物，如《調風月》二【十二月】：「將手帕撇漾在田地。」這是指女方給小千戶的信物。

手策

《董西廂》卷二【正宮・甘草子】：「是則是英雄臨陣披重鎧，倚仗著他家有手策，欲反唐朝世界。」

《單鞭奪槊》一【後庭花】：「則要你立唐朝顯手策，立唐朝顯手策。」

《張生煮海》二【黃鍾煞尾】：「信神仙妙手策，也是那前生福有安排，直著你沸湯般煎乾了這大洋海。」

《薛仁貴》二【後庭花】：「絳州城，顯氣概，龍門鎮，施手策。」

《東窗事犯》一【村里迓鼓】：「我不合仗手策，憑英勇，占得山河雄壯。」

《五馬破曹》三【醉春風】：「怎禁那諸葛手策會拏雲。」

手策，猶言手段、計謀。

手梢（兒）

手稍（兒）

《魯齋郎》三【紅繡鞋】：「將金郎眉甲按，把玉姐手梢扶。」

《西遊記》六本二十一齣【混江龍】：「腳根牢跳出陷人坑，手稍長指破迷魂陣。」

《麗春堂》四【攪箏琶】：「我若是手梢兒在你身上溫，又只怕惹起風霜。」

《黃鶴樓》三【夜行船】：「〔正末舒手科〕〔唱：〕你休看手梢兒，我手心裏公事。〔劉末看云：〕寫著彼驕必褒，彼醉必逃，軍師的計策，我知道了也。」

《硃砂擔》四【太平令】：「鐵旛竿滿懷得濟，王文用手稍兒著地。你這個潑賊，就裏，落可便下的，白佔了俺家緣家計。」

手梢，即手指。按「梢」，木枝末也；引申之，凡末尾皆曰梢。《文選》顏延年《赭白馬賦》：「垂梢植髮。」注：「垂梢，尾之垂者。」這是說的馬尾，亦即木枝末的引申。「手梢」的取義亦同此。梢，一作稍，同音假借。兒，為名詞語尾，無義。

受用

《漢宮秋》楔：「〔淨扮毛延壽上，詩云：〕為人雕心鴈爪，做事欺大壓小；全憑諂佞姦貪，一生受用不了。」

《金錢記》一【混江龍】白：「你看那佳人才子，翠擁紅遮，歌舞吹彈，是好受用也呵！」

同劇三【迎仙客】：「則見他背東風伴不瞅，美也！飽著取襪如鈎，受用了那腰似柳。」

《陳州糶米》二【幺篇】白：「論官職我也不怕你，論家私我也受用似你。」

同劇三【梁州第七】白：「數日前將一箇紫金鎚當在俺家，若是他沒錢取贖，等我打些釵兒、戒指，可不受用！」

受用，原謂收與給用，如《周禮・天官・太府》云：「頒其賄于受用之府。」注：「謂受藏貨賄以給用也。」後引申爲享用、享受之意，上舉元曲諸例是也。宋・朱熹《答黃仁卿書》：「卻於自己分上，都不見得箇從容活絡受用。」又《答宋深之書》云：「終身要得受用，豈是細事。」清・翟灝《通俗編・祝誦・受用》：「李之彥東谷所見，五十不造宅，六十不製衣，縱饒得受用，能有幾多時？」按李之彥，爲宋永嘉人，是知此語宋、元已習用。現代口語仍有此說法。

受官廳

授官廳　壽官廳

《拜月亭》三【正宮端正好】：「我想那受官廳、讀書舍，誰不曾虎困龍蟄？」

《魯齋郎》三【醉春風】：「空立著判黎庶受官廳。」

《爭報恩》二【上小樓】：「我但有那撚喉嚨，抹嗓子，裙刀揪帶，就著這受官廳自行殘害。」

輯佚《女學士三勸後姚婆》【慶元貞】：「狀元堂內母親毒，授官廳上故人疏，碧桃花底鳳凰孤。」

《陳州糶米》一【上馬嬌】：「坐著個愛鈔的壽官廳，麵糊盆裏專磨鏡。」

受官廳，即衙門中的廳堂，如前三例。引申爲坐衙的官吏，如例四；或官場，如例五。受，一作授、壽，同音借用。

叔待

《黑旋風》三【雙調新水令】白：「叔待！叔待！你家裏有人麼？……〔正末與牢子撞倒科〕〔牢子云：〕我打您個弟子孩兒！〔正末云：〕叔待！你爲甚麼打我那？」

同劇同折【落梅風】：「〔牢子云：〕你是甚麼人？〔正末云：〕叔待！孩兒每是個庄家。」

同劇同折【小將軍】白：「你恰纔開門時節，你那頭撞著我這頭，叔待有俫？」

《勘頭巾》二：「〔（莊家）做打門科，云：〕叔待開門來！〔張千驚醒科，云：〕呀！提牢官人來了。」

待、大二字，元時音讀相同，通用；如關漢卿《拜月亭》二【梁州】：「怕不大傾心吐胆」，即「怕不待」，可證。叔待，即叔大，是大叔的倒文，或以為叔台。張相把「待」作為句末助詞解，誤。

書會

《藍采和》【油葫蘆】：「俺路歧每怎敢自專，這的是才人書會劃新編。」

戲文《張協狀元》一：「這番書會要奪魁名，占斷東甌盛事，諸宮調唱出來因。」

書會，是宋、元時代戲曲、詞話等文藝作家的創作團體，略同現代戲劇家協會性質；多設立在杭州、大都（今北京）、溫州等城市中，如武林書會（天一閣《錄鬼簿》蕭德祥下弔詞云：「武林書會展雄才」）、九山書會（見戲文《張協狀元》二【燭影搖紅】）、古杭書會（見戲文《小孫屠》）、御京書會（見戲文《錯立身》）等。《清平山堂話本·簡帖和尚》：「一個書會先生看見，就法場上做了一隻曲兒，喚做【南鄉子】。」亦其例。參加書會的人稱為才人，如《錯立身》：「古杭才人新編。」《藍采和》一折：「既是才人編的，你說我聽。」又云：「這的是才人書會劃新編。」

梳裹

《董西廂》卷三【南呂宮·遶臺月】：「渾如睡起，尚古子不曾梳裹。」

同書同卷【仙呂調·戀香衾】：「梳裹箱兒裏取明鏡，把臉兒揀得光瑩。」

《漢宮秋》一【醉中天】：「將兩葉賽宮樣眉兒畫，把一個宜梳裹臉兒搽，額角香鈿貼翠花，一笑有傾城價。」

《桃花女》二【正宮端正好】：「則為這鏡兒昏，我可也難梳裹。」

《藍采和》三【滾繡毬】：「快疾忙去梳裹。」

梳裹，本指梳髮和裹巾幘（或裹足），後泛指梳洗打扮。宋・柳永【定風波】詞：「終日厭厭倦梳裹。」其「梳裹」云云，義同。清・蔣士銓《四絃秋》四【仙呂入雙調】：「〔小旦：〕他那裏招邀偏急促，俺這裏梳裹欠安排。」現在仍這樣說。

舒心

心舒

舒心，或作心舒：一謂心甘情願；二謂心安意適。

（一）

《裴度還帶》二【尾聲】白：「休越朝廷法例、舒心賠納。」

《東牆記》三【么篇】：「好意揝，舒心害，粉牆為界，鏡破兩分釵。」

《西廂記》二本二折【中呂粉蝶兒】：「舒心的列山靈，陳水陸，張君瑞合當欽敬。」

同劇四本一折【柳葉兒】：「忘餐廢寢舒心害，若不是真心耐，志誠揝，怎能勾這相思苦盡甘來！」

《風光好》三【倘秀才】：「妾身本不肯舒心就親，學士便做不的先姦後婚。」

以上各例，明・閔遇五注《西廂》曰：「舒心，猶甘心情願。」是。

（二）

《倩女離魂》二【麻郎兒】：「你好是舒心的伯牙，我做了沒路的渾家。」

《冤家債主》三【中呂粉蝶兒】：「委實的不曾半霎兒心舒，一天愁將我這兩眉攢聚。」

舒心，一作心舒，意謂稱心如意，心情舒展。按「舒」，伸也，見《說文・予部》。上二義，均由此引申而來。

熟閑

熟閒

《存孝打虎》二【賀新郎】：「我學的十八般武藝熟閑。」

《風光好》一【賺煞】：「諕的那舞女歌兒似受戰汗，難施逞樂藝熟閑。」

《鎖魔鏡》一【天下樂】白：「久聞兄弟弓馬熟閑。」

《射柳搥丸》楔、白：「久聞將軍雄才大略，弓馬熟閑，有萬夫不當之勇。」

《詞林摘艷》卷八無名氏散套【一枝花‧紛紛瑞雪飄】：「這一個紅牙板音呂熟閑。」

　　熟閑，謂熟練，猶熟悉。閒、閑，同字異體。或又作熟嫻，如清‧洪昇《長生殿‧春睡》：「蒙委試驗安祿山，果係人材壯健，弓馬熟嫻。」

熟滑

書滑　滑熟　熟會

《救孝子》一【醉中天】：「大孩兒幼小習弓馬，武藝上頗熟滑。」

《村樂堂》三【商調集賢賓】：「我從那幼年間將吏道文字把，我去那儒吏上少書滑。」

《紫雲庭》一【混江龍】：「起末得便熱鬧，團揪得更滑熟。」

《揚州夢》三【梁州第七】：「性格穩重，禮數撐達，衣裳濟楚，本事熟滑。」

《桃花女》一【賺煞】：「那其間你可便休落了芒頭，要記的語句兒滑熟。」

《百花亭》二【滿庭芳】：「俺也曾使的沒纏學的滑熟。」

《劉知遠諸宮調》十一【般涉調‧尾】：「劉知遠多勇說，一條偏（扁）擔使得熟會。」

《雍熙樂府》卷十關漢卿散套【南呂一枝花‧梁州‧不伏老】：「通五音六律滑熟，甚閑愁到我心頭！」

　　熟滑，謂熟練、熟悉。或作書滑、熟會，或倒作滑熟，義並同。「書」應作「熟」，音近而訛。「會」與「滑」為雙聲字。又《醒世姻緣》作「熟化」，如第十九回云：「唐氏漸漸的也和晁大舍熟化了。」

　　此語宋已見之，如朱熹《答王子合書》：「令徑路滑熟，庶於上達處，有可漸進之階耳。」

贖藥

《拜月亭》二【三煞】：「男兒，怕你大贖藥時準備春衫當，探食後隄防百物傷。」

脈望館鈔校本《曲江池》三【青哥兒】：「愁的俺似醉如痴，贖藥求醫，禱告神祇。」

元本《琵琶記》二十二【霜天曉角】白：「如今贖得些藥，安排煎了，更安排一口粥湯。」

贖藥，即買藥。明·施君美《幽閨記》二十五：「男兒贖藥，把衣裳典當債。」《水滸》第二十五回：「快去贖藥，來救我則個。」皆其例。

鼠耗

《陳州糶米》一【混江龍】：「都是些吃倉厫的鼠耗，咂膿血的蒼蠅。」

鼠耗，即老鼠、耗子。《梁書·張率傳》：「（張率）在新安，遣家僮載米三千石還吳宅，既至，遂耗太半。率問其故，答曰：『雀鼠耗也。』率笑而言曰：『壯哉雀鼠！』竟不研問。」宋·葉夢得《石林燕語》：「後唐明宗嘗入倉觀受納。主吏懼責其多取，乃故為輕量。明宗曰：『倉廩宿藏，動經數載，若取之如此，後豈免折閱乎？』乃詔自今石取二升為雀鼠耗。」今北人仍直稱鼠為耗子。清·王晫《今世說》卷一：「毛太素督修秋租，田戶以稗涇充數，太素置不復問。或詰之，乃惻然曰：『田戶力田作苦，尚不能飽妻孥，吾姑譬之鼠雀耗耳。』」鼠耗，倒作耗鼠，如明·湛然雜劇《魚兒佛》三齣：「小人是賣耗鼠藥的」。

數珠（shù zhū）

《金線池》一【油葫蘆】：「拿著一串數珠，是嚇子弟降魔印。」

《忍字記》二【梁州第七】：「心頭萬事無牽掛，數珠在手中掐。」

《猿聽經》一【醉扶歸】白：「庵門首一個師父，好貌相，青旋旋的元頂，光燦燦的數珠，比城市中僧人甚是不同。

數珠，俗稱佛珠，是佛門念誦經文時的記數工具。數珠多以木槵子貫串起來使用，故又有木槵子之名。《數珠功德經》云：「數珠者，要當須滿一百

八顆，如其難得，或五十四顆，或二十七，或十四顆，亦皆得用。」《木槵子經》云：「佛告王（毘琉璃王）言：『大王，若欲滅煩惱障、報障者，當貫木槵子一百八，以常自隨，若行若坐若臥，恒常至心，無分散意，稱佛陀、達磨（法）、僧伽名，乃過一木槵子，如是漸次度木槵子，若十若二十若百若千乃至百千萬。』」數珠，又作念珠，如明・湛然雜劇《魚兒佛》二齣：「〔生持念珠同外旦持鈴上〕。」

樹葉兒打破頭

頭愁樹葉兒打

《單刀會》二【尾聲】：「我則怕刀尖兒觸抹著輕勞了你手，樹葉兒隄防打破我頭。」

《三戰呂布》二【駐馬聽】：「我則怕掉下一箇樹葉兒來呵！我則怕倒打破您那頭。」

《度柳翠》二【牧羊關】：「哎！柳翠也，抵多少樹葉兒便打破你這頭。」

《樂府群珠》卷四王碧山小令【朱履曲・解懷】：「頭則愁樹葉兒打，手則怕草枝兒傷。」

樹葉兒打破頭，倒作頭愁樹葉兒打，用作比喻詞，極言膽小怕事的情狀。浙地諺語云：「樹葉跌落來怕頭打開」，意同。

刷子（shuā・zi）

《冤家債主》二：「〔淨扮柳隆卿丑扮胡子傳，詩云：〕不養蠶來不種田，全憑說謊度流年；爲甚閻王不勾我，世間刷子少我錢。」

《樂府群珠》卷一曾瑞卿小令【快活三帶過朝天子・勸娼】：「花刷子拽大權，俏勤兒受熬煎。」

刷子，用爲詈辭，有傻瓜、嫖客、浪子等義。此語話本中亦多用之，如：《清平山堂話本・楊溫攔路虎傳》：「都頭使得好，我不是刷子！」《水滸》第二十四回：「這個刷子踅得緊。」又云：「婆子暗暗地歡喜：來了，這刷子當敗。」《金瓶梅》第二回：「婆子笑道：『這刷子當敗。』」《二刻拍案驚奇・宋公明鬧元霄雜劇、五》：「看來我是箇刷子，他也是箇痴人。」皆其例。明・

徐渭《南詞敘錄》曰：「勤兒，言其勤於悅色，不憚煩也。亦曰刷子，言其亂也。」

刷卷
刷照

《竇娥冤》二【隔尾】：「〔淨扮孤引祗候上，詩云：〕我做官人勝別人，告狀來的要金銀，若是上司當刷卷，在家推病不出門。」

同劇四、白：「謝聖恩可憐，加老夫兩淮提刑肅政廉訪使之職，隨處審囚刷卷，體察濫官污吏，容老夫先斬後奏。」

同劇四：「〔竇天章云：〕張千，說與那六房吏典，但有合刷照文卷，都將來，待老夫燈下看幾宗波。」

《魔合羅》四【蔓菁菜】：「你說道是新刷卷的張司吏，一徑的將你緊勾追，教我火速來喚你。」

《陳州糶米》三【梁州第七】：「經了這幾番刷卷，備細的究出根源。」

元代，在全國各道設提刑按察使，至元二十八年，改為肅政廉訪使，掌管糾察該道的官吏善惡，政治得失和獄刑等事。（見《元史·百官志》）由肅政廉訪使調閱案卷，以考察所屬各衙門處理訴訟案件的情況，不使拖延、枉屈，謂之刷卷或刷照。明·張自烈《正字通》云：「刷，今官司稽查簿書，謂之刷卷。」按：簿書即指案卷。又「刷卷」亦稱「照刷」、「磨刷」。

刷鑤（shuā bào）
刷鉋

《村樂堂》二【南呂一枝花】：「好馬也！我與你刷鑤的恰似潑油光。」

《怒斬關平》二、白：「哥哥用心，刷鉋的潑油也似光，案板也似肥，喂的犇牛也似劣。」

刷鑤，刷洗擦光之謂。一作刷鉋，音義同。鑤、鉋，同字異體。

耍子（shuǎ·zi）

《合汗衫》三、白：「每日在于山中，下窩弓藥箭，打大蟲耍子。」

《爭報恩》三：「〔店小二云〕喏，報、報、報！〔眾云：〕怎的？〔店小二云：〕大家耍子。」

《陳州糶米》三、白：「依著父親改了價錢，插上糠土，赸落了許多錢鈔，到家怎用得了？這幾日只是吃酒耍子。」

耍子，猶云玩耍、遊戲。今杭州、四川等地口語中仍沿用。《古今小說‧蔣興哥重會珍珠衫》：「放爆竹，吃合家歡耍子。」亦其例也。

刷選（shuà xuǎn）

《漢宮秋》楔子：「〔駕云：〕卿說的是，就加卿為選擇使，齎領詔書一通，徧行天下刷選。」

同劇楔子【仙呂賞花時】：「寡人待刷室女選宮娃。」

《連環計》二【採花歌】白：「因漢靈帝刷選宮女，將您孩兒取入宮中。」

刷選，謂搜尋、挑選。刷，清也，見《爾雅‧釋詁》。按：即謂清除、淘汰也。選，擇也，見《說文》；《禮‧禮運》：「選賢與能」。倒作選刷，義同，如清‧洪昇《長生殿‧彈詞》：「想當初慶皇帝太平天下，訪麗色把蛾眉選刷。」

拴頭

元刊本《魔合羅》一【金盞兒】：「有拴頭鑷（據徐校本）釵子，壓鬢骨頭梳。」

《陳州糶米》一【金盞兒】：「〔小懒古作拴頭科，云：〕父親，精細者！」

拴頭，謂整髮。拴，讀如閂（shuān），俗謂縛繫曰拴，這裏引申為整理之意。

雙漸

雙生　雙郎　雙同叔　雙通叔　雙解元

《董西廂》卷一【般涉調‧柘枝令】：「也不是離魂倩女，也不是謁漿崔護，也不是雙漸豫章城，也不是柳毅傳書。」

《金線池》三【堯民歌】：「麗春園則説一個俏蘇卿，明知道不能勾嫁雙生，向金山壁上留名。」

《救風塵》一【賺煞】：「哎，你個雙郎子弟安排下金冠霞帔。」

同劇三【小梁州】：「對著我合思忖：那一個雙同叔打殺俏紅裙？」

《玉壺春》一【後庭花】：「雙通叔，敢開言，著你個蘇卿心願。」

《對玉梳》二【塞鴻秋】：「則俺那雙解元普天下聲名播。」

雙漸，書生名；又稱雙生、雙郎、雙同叔、雙通叔、雙解元。戲劇中，常用他作爲男女戀情中男方的代稱。雙漸和盧州娼妓蘇小卿相戀的故事，是金、元時代勾闌中流傳的佳話。經過是：初，二人在盧州相遇，一見鍾情。當雙漸外出求官，茶商馮魁乘機把蘇小卿買回家去。她不願意，題詩於金山寺。後被雙漸看見了，經過曲折，兩人仍舊結成夫婦。參閱「蘇小卿」條。宋・張耒《明道雜志》云：「士人有雙漸者，性滑稽，嘗爲縣令。」當即指此。明・梅鼎祚《青泥蓮花記》載有小卿事。王實甫有《麗春園》雜劇二本、《販茶船》雜劇一本，紀君祥有《販茶船》二本，陶宗儀《輟耕錄》卷二十五「諸雜大小院本」中有《調雙漸》劇，都是描寫他們相戀故事的。

雙鬥醫

《西廂記》三本四折：「〔潔引太醫上，雙鬥醫科範了。〕」

雙鬥醫，院本（短劇）名。在元・陶宗儀《輟耕錄》卷二十五「諸雜大小院本」名目中列有「雙鬥醫」一目。科範，指劇中種種科段，有現成規範可循者，這裏名詞轉爲動詞，「科範」猶云「表演」。「雙鬥醫科範了」，是說夾演了一段「雙鬥醫」。明・閔遇五《西廂記五劇箋疑》云：「雙鬥醫，元劇名，見《太和正音譜》，必有科範可做，猶他劇《考試照常》之類。」近人葉德均《黃丸兒院本旁證》曰：「雙鬥醫，院本、雜劇均有之，其插演於雜劇中者，必是院本。」王季思注《西廂記》指出：「《降桑椹》劇第二折，有太醫及糊塗蟲（亦太醫名）插科，疑即此所謂雙鬥醫科範。」說皆是。

戲文《錯立身》十二【聖藥王】：「更做《四不知》；《雙鬥醫》。」明・朱有燉《香囊怨》一折：「〔旦：〕你教我做一箇新的，有一箇《雙鬥醫》。〔末：〕這雜劇說箇病人，有些不利市。」皆其例也。

誰家

　　誰家，從表面意義看，猶何家，即誰人之家，此最常見而易解，這裏從略。以下就另外幾種不常見的含義，分別詮釋之。

（一）

　　《玉鏡臺》一【天下樂】：「當日個誰家得鳳凰、翺也波翔，在那天子堂，爭知他朝爲田舍郎？」

　　《牆頭馬上》三【么篇】白：「這兩個小的是誰家？」

　　《金錢記》一【金盞兒】：「這嬌娃是誰家？尋包彈，覓破綻，敢則無纖掐。」

　　《鴛鴦被》二【滾繡毬】：「這不識羞的漢子，你是誰家？」

　　《樂府群玉》二喬吉小令【折桂令·紅梅徐德可索賦類卷】：「紫蠟封香，寄與誰家？」

　　誰家，即誰，「家」爲人稱詞尾，無義。唐·寒山詩：「誰家長不死，死事舊來均。」誰家，即誰也，家不爲意。參見「家」字條（一）。

（二）

　　《紅梨花》二【哭皇天】：「若說著碧桃花，那裏討牆外誰家鳳吹聲？」

　　《太平樂府》卷一張小山小令【蟾宮曲·湖上道院】：「雙井先春採茶，孤山帶月鋤花，童子誰家，貪看西湖，嬾誦《南華》？」

　　上列二曲，「誰家」用做代詞，表示疑問，含有甚麼、爲甚麼等意。「誰家鳳吹聲」，謂甚麼鳳吹聲也。「童子誰家，貪看西湖，嬾誦《南華》？」是說道童爲甚麼只貪看西湖風景，不念《南華經》呢？在元曲以外，如戲文《張協狀元》二【望江南】曰：「〔生：〕適來聽得一派樂聲，不知誰家調弄？〔眾：〕【燭影搖紅】。」「誰家調弄」，即甚麼曲調之意。羅懋登傳奇本《拜月亭》一：「試問後房子弟，今日敷演誰家故事？那本傳奇？」「誰家故事」，意謂甚麼故事。湯顯祖《牡丹亭·驚夢》：「良辰美景奈何天，賞心樂事誰家院！」「誰家院」，是說還成甚麼院落。以上皆其例也。「家」，用爲語助詞，同「價」。

　　今蘇杭口語之「啥箇」或「啥格」，張相說：「正與甚麼之意相當，當即從『誰家』二字音變而成，『啥』即『誰』，『箇』即『家』也。」（見《詩詞曲語辭匯釋》卷三）

－1223－

（三）

《西遊記》三本十二齣【幺】：「〔那叱上，云：〕那賤人見我麼？〔鬼
母云：〕誰家一個黃口孺子，焉敢罵我！」

上例，用作詈辭，「誰家」，即甚麼東西之意。張相解此語曰：「此乃兩人
對白，鬼母回罵那叱，甚麼東西一個黃口孺子云云，正從老杜《少年行》脫
胎來。若作某家之一個黃口孺子解，則變爲問訊旁人口氣，而非對白回罵口
氣矣。」所言甚是。按杜甫《少年行》云：「馬上誰家白面郎！臨階下馬坐人
床。不通姓字粗豪甚，指點銀屏索酒嘗。」從詩的後三句描寫來看，顯然是
個惡少無賴，故與之相應，「誰家」當爲詈辭，斥其「甚麼東西馬上郎也！」
若解爲某一家之郎君，則則後文語意不符矣。

水局

《金線池》二【採茶歌】：「往常箇侍衾裯，都做了付東流，這的是
娼門水局下場頭！」

《盛世新聲》亥集小令【寨兒令】：「水局門空蕩蕩，花招子一般般
瞞，再休將風月擔搬。」

水局，謂妓院、娼家；賣淫的隱語。與娼門連文，其意甚明。明·朱有
燉雜劇《慶朔堂》三【上小樓】：「便做道水局娼門，路柳牆花，也有箇葉落
歸秋。」亦其例。

水牀

《合汗衫》三【醉春風】白：「老的也，兀那水牀上熱熱的蒸餅，我
要吃一箇兒。」

水牀，謂蒸屜、水屜；炊食用具。

水陸

水陸：一指水、陸所產食品；二爲水陸道場或水陸齋儀的簡稱。

（一）

《玉鏡臺》三【普天樂】：「廚房中水陸烹炮珍羞味。」

《降桑椹》一、白：「一時把那應用的按酒果品，都買將來，安排的水陸俱備。」

《昇仙夢》二【北上小樓】：「品物希奇，水陸俱備。」

上舉「水陸」，即指水中、陸上所產的珍貴食品。《晉書‧石崇傳》：「庖膳窮水陸之珍。」唐‧段成式《酉陽雜俎》：「備諸水陸，張筵一亭。」白居易《輕肥》詩：「樽罍溢九醞，水陸羅八珍。」《水滸》第一回：「就進齋供，水陸俱備。」皆其例。

（二）

《竇娥冤》四【收江南】白：「改日做個水陸道場，超度你生天便了。」

《對玉梳》二【滾繡毬】：「也不索做水陸，動鐘鼓鐃鈸。」

僧徒舉行敬禮三界（欲界、色界、無色界）諸佛設壇誦經禮懺，謂之水陸道場或水陸齋儀，簡稱水陸，意謂使水中陸上一切鬼魂都能得到超度。宋‧高承《事物紀原》謂此種儀式始於梁武帝蕭衍。據《釋門正統》云：「梁武帝夢一神僧告曰：『六道四生，受苦無量，何不作一水陸，普濟群靈，諸功德中最為第一。』」後來佛門法事，有水陸道場，諷經禮懺凡四十九日，猶略存梁代的遺規。

水飯

《伊尹耕莘》一、白：「新撈的水飯鎮心涼，半截稍瓜蘸醬。」

《賺蒯通》二【幺篇】白：「令人，與我將的那紙錢、水飯過來！……〔卒子挈紙錢、水飯當面前祭科。〕」

同劇同折【快活三】白：「蒯文通，你敢風（瘋）了？你怎生將紙錢、水飯在我根前燒潑，可是為何？」

北人夏季以米煮飯，用冷水泡之，俟涼透取食，謂之水飯。南人稱粥曰水飯。清‧俞樾《茶香室雜鈔》：「南唐劉崇遠《金華子雜編》云：『鄭傪為江淮留後，一日早晨，其妻少弟妝閣，問其姊起居。……姊謂其弟曰：『我未及餐，爾可且點心，止於水飯數匙。』按水飯即粥也。今南人多於早晨喫粥，此風古矣。』宋‧孟元老《東京夢華錄》卷八「是月巷陌雜賣」條：「巷陌路口，橋門市井，皆賣大小米水飯。」此水飯，也指的是粥。清‧翟灝《通俗

編·飲食·水飯》：「《周禮》漿人注：『涼兮寒粥若糗飯雜水也。』按：涼兮，江北所謂膏梁水飯即此。」又，舊時祭鬼神，用涼水泡飯澆奠，上舉例二、三，即指此種習俗。

水晶宮

水晶宮，指龍宮；或指月宮。

（一）

《張生煮海》一【金盞兒】：「家住在碧雲空，綠波中，有披鱗帶角相隨從，深居富貴水晶宮。」

同劇三【正宮端正好】：「我則見水晶宮血氣從空撞，聞不得鼻口內乾煙燴。」

《來生債》三【紫花兒序】：「我爲甚喜笑盈腮，待著他水晶宮裏龍王放一會解，這一場，我直撐殺他魚鱉和那蝦蟹。」

梁·任昉《述異記》上：「闔閭構水精宮，尤極珍怪，皆出之水府。」宋·吳曾《能改齋漫錄》卷六云：「任昉《述異記》記：『吳王闔閭造水晶宮。』又《魏略》曰：『大秦國以水晶爲屋柱。』故杜子美《曲江對酒》云：『水精春殿轉霏微。』」清·袁枚《隨園隨筆》云：「闔閭造水精宮，見《述異記》，即今之蘇州也。後楊濮守湖州詩，有『清光合作水精宮』之句，從此，湖州亦稱水精宮。」水精宮猶水晶宮也。明·李賢等《明一統志》則曰：「水晶宮，在福州府西湖上。」元雜劇中的水晶宮，泛指水下而言，俗稱龍宮。話本《霅川蕭琛貶霸王》入話云：「晚後小舟遊翫處，只因身在水晶宮」，亦其例。

（二）

《董西廂》卷五【仙呂調·臨江仙】：「素娥已返水晶宮。」

此處「水晶宮」，指月宮。《天寶遺事》：「明皇與申天師中秋夜遊月宮。」俗稱月內有月宮本此。歐陽修《內值對月》詩：「水晶宮鎖黃金闕，故比人間分外寒。」

水晶毬

水晶毬子

《百花亭》二【普天樂】:「水晶毬,銅豌豆,紅裙中插手,錦被裹舒頭。」

《太平樂府》卷八喬夢符散套【一枝花・雜情】:「本待做曲呂木頭車兒隨性打,元來是滑出律水晶毬子怎生拿?」

水晶毬,本謂圓滑透明、難以把握的球。這裏比喻在風月場中久慣周旋、玲瓏圓滑的嫖客或妓女。毬,同球。「子」為名詞語尾,無義。明・朱有燉《小桃紅》一【寄生草】:「性格似浮萍蕩,心腸如柳絮輕,水晶毬滑出律情無定。」亦其例。

水晶塔

《秋胡戲妻》四【喬牌兒】:「你做賊也呵,我可拏住了臟。哎!你個水晶塔便休強。」

《竹塢聽琴》二【鮑老兒】:「將那個包待制看成做水晶塔,全沒些半點兒真實的話。」

《誤入桃源》一【後庭花】:「空結實花木瓜,費琢磨水晶塔。」

《神奴兒》三【堯民歌】:「呀!他是個好人家,平白地指著姦夫。哎!你一個水晶塔官人忒胡突。」

水晶塔,外面通徹透明,裏面堅實阻塞,比喻人糊塗透頂。按:塔,謂浮圖也;浮圖,諧胡突,即糊塗也。《神奴兒》例:「水晶塔官人忒胡突」,是說糊塗上加糊塗,糊塗透頂了。明・朱有燉雜劇《煙花夢》二【尾聲】:「慚愧波!水晶塔官人,也做了麵糊桶。」亦其例。

水答餅

《酷寒亭》三、白:「他家裏吃的是蒜、臭韭、水答餅、禿禿茶食。」

同劇三【菩薩梁州】白:「那堯婆教那兩個孩兒燒著火,那婆娘和了麵,可做那水答餅,煎一個,吃一個。」

水答餅,一種煎食的麵食品。

水罐銀盆

水罐銀瓶　水礶（罐）銀盆　銀盆水罐

《秋胡戲妻》二【煞尾】：「這時分，俺男兒在那裏：他或是皁蓋雕輪繡幕帷，玉轡金鞍駿馬騎，兩行公人排列齊，水罐銀盆擺的直，斗大來黃金肘後隨，箔來大元戎帥字旗。」

《伊尹耕莘》二【幺篇】：「他將水罐銀瓶、傘蓋頭答，擺列週遭。」

《漁樵記》三、白：「無一時則見那西門骨刺刺的開了，那骨朵、衙仗，水礶銀盆，茶褐羅傘下五明馬上，端然坐著個相公。」

《伊尹耕莘》三【正宮端正好】白：「兀的不頭答兩行，銀盆水罐，傘蓋車馬，端的是威嚴也！」

水罐銀盆，是古時皇帝或大官員出行時侍衛人員所持的儀仗用品；又作水罐銀瓶、水礶銀盆、銀盆水罐，義均同。宋・孟元老《東京夢華錄》卷六：「……執御從物，如：金交椅、唾盂、水罐、菓壘、掌扇、纓拂之類。」罐同礶；瓶、盆，俱容器。

說說（shuì shuō）

稅說

《博望燒屯》四、白：「我先到新野，將諸葛亮一席話說說將來，同心協力，然後破劉關張，未為晚矣。」

《衣錦還鄉》一、白：「貧道今日假做箇雲遊的先生，故貨此劍，說說韓信走一遭去也呵！」

《騙英布》一、白：「此人與中大夫隨何是鄉里，可著隨何說說英布歸漢。」

同劇一【後庭花】白：「若見了英布，憑著這小官三寸之舌，必然說說的英布歸漢也。」

同劇一【尾聲】白：「此人這一去，憑著他舌劍唇槍，機謀見識，必然說說的英布歸漢也。」

《暗度陳倉》三、白：「被我說說項羽，封沛公為漢中王。」

《陳倉路》楔：「〔張良云：〕主公，我說說的馬超回去。」

《曹彬下江南》一【尾聲】白：「又差上大夫陶穀說說某，被某定計，陶穀不知所向。」

《樂府新聲》中無名氏小令【滿庭芳】：「才有鈔，不須用稅說，但有錢枉費了唇舌。」

說說，謂用話勸說別人，使之聽從自己的意見。前一個「說」字讀作「稅」（shuì），後一個「說」字讀如字。或作稅說，音義同；稅爲說的同音假借字。《韓非子》中有《說難》篇，說即音稅。

說兵機

《裴度還帶》二【哭皇天】：「無半星兒眞所爲，衡一劃說兵機。」

《麗春堂》二【滿庭芳】：「則你那赤瓦不剌強嘴，兀自說兵機。」

《勘頭巾》三【幺篇】：「你把他眉眼口鼻不記的？怎生則有些苫唇髭髯，請你個司功猶自說兵機。」

《百花亭》三【雙鴈兒】：「王煥也！到如今猶兀自說兵機。」

輯佚《李克用箭射雙鵰》【柳青娘】：「我則見他下的戰騎，怎敢道說兵機？」

兵機，用兵的智謀、計策；說兵機，猶云紙上談兵。凡尚空談，不能解決實際問題的，都喻爲「紙上談兵」或「說兵機」。

捌筆

搠筆　捌筆巡街

《裴度還帶》楔、白：「其太守有一女，小字瓊英，爲無錢賠贓，自己提灰罐，在街捌筆。」

《看錢奴》二【滾繡毬】：「我則道留下青山怕沒柴，拼的個捌筆巡街。」

《破窰記》二、白：「每日長街市上，捌筆爲生。」

同劇四【收江南】白：「老員外怕你因貪富貴，不肯進取功名，佯爲遣趕破窰中，捌筆巡街。」

《漁樵記》二【滾繡毬】：「則問那映雪的書生安在？便是凍蘇秦也怎生去捌筆巡街？」

《樂府群珠》卷四失注小令【普天樂・待時】：「連寒如那吹簫子胥，時乖似棚筆陳夷。」

北語謂胡抹曰亂搠。搠筆，即指隨意作詩。搠筆巡街，謂將隨意寫就之詩，沿街出賣，借以謀生、糊口，此乃宋、元時落魄文人的一種行業（意猶舊時街頭賣春聯一類的行當），因有「搠筆巡街」這一熟語。

搠，一作棚，同音借用。

搠包兒
戳包兒

《揚州夢》四【折桂令】：「見放著御史臺不順人情，誰著你調鼃子畫閣蘭堂，搠包兒錦陣花營。」

《漁樵記》二【脫布衫】：「〔旦兒云：〕由你寫，或是跳牆驀圈，剪柳搠包兒，做上馬強盜，白晝強奪，或是認道士，養漢子，你則管寫不妨事。」

《金鳳釵》二【紅芍藥】：「我想那戳包兒賊漢，栽培下不義之財。」

搠包，猶云掉包，指小偷流氓，乘人不防，暗換物品（以假換真，以賤換貴），以圖財貨者。甚至更有用人頂替以騙人的，如明・陸容《菽園雜記》卷七所記：「京師有婦女嫁外京人爲妻妾。初看時，以美者出拜，及臨娶以醜者換之，名曰戳包兒。」戳包即搠包。搠、戳爲疊韻字，音近義同。明・朱有燉《小桃紅》一【金盞兒】：「常則是搠包兒爲帥首，背板登慣曾經。」亦一例。

司公
司功

《劉知遠諸宮調》三【仙呂調・尾】：「求親不肯揀高樓，怕倒了高樓一世休，司公故交他女嫁敵（敵）頭。」

同劇同折【商調・尾】：「知遠夫妻再見司公參賀，門人報覆。」

《緋衣夢》三【紫花兒序】白：「我道是誰，原來是司公哥哥，魔眼鬼哥哥。」

《遇上皇》一【柳葉兒】：「赤緊的司公廝向，走將來雪上加霜，諕的悠悠的魂飄蕩，何處呈詞狀？」

同劇同折【賞花時】:「則爲一貌非俗離故鄉,二四的司公能主張,則他三個人很(狠)心腸;做夫妻四年向上,五十次告官房。」

同劇二【紅芍藥】:「丈人丈母很(狠)心毒,更那堪司公府尹胡塗。」

《勘頭巾》三【么篇】:「你把他眉眼口鼻不記的?怎生則有些苫唇髭髯,請你個司功猶自說兵機。」

司公,即司功,唐代州、縣衙門裏所設的六曹之一,本是官名,後借以稱呼衙門裏的小吏。一作司功,義同。

司房

《蝴蝶夢》二、白:「張千,分付司房,有合僉押的文書,將來老夫僉押。」

《救孝子》三【紅繡鞋】白:「你去司房裏,畫一個字,領的你這孩兒出去,可不好麼?」

《鐵拐李》四【迎仙客】:「一個家嗔忿忿,一箇家鬧咳咳,改不了司房裏欺人惡性格。」

《望江亭》四【雙調新水令】白:「司房裏責口詞去。」

元代主管訴訟的部門,稱爲司房,亦稱刑房,爲六房之一。具體負責記錄口供、管理案卷。擔當這種工作的官吏,也叫司房,如例一。

司天臺

《西廂記》四本一折【寄生草】:「試看那司天臺打算半年愁,端的是太平車約有十餘載。」

司天臺,猶今之天文臺。《舊唐書·職官志二》:「司天臺:太史令掌觀察天文,稽定曆數。凡日月星辰之變,風雲氣色之異,率其屬而占候之。……凡玄象器物,天文圖書,苟非其任,不得預焉。每季錄所見災祥,送門下中書省,入起居注,歲終總錄,封送史館。每年預造來年曆,頒於天下。」白居易詩有《司天臺歌》。唐改太史局爲司天臺,宋、元改爲司天監,《元史·百官志六》云:「司天監,秩正四品。掌凡曆象之事。」又《水滸》第二十七回:「近日太史院司天監奏道:『夜觀乾象,罡星照臨吳楚,敢有作耗之人。』」但同時也習稱司天臺,如《清平山堂話本·風月相思》:「寄語司天臺上客,

更籌促漏莫交（教）頻。」《牡丹亭・虜諜》：「俺司天臺標著那南朝，標著他那答兒好。」皆是。

私房

《剪髮待賓》三【鬪鵪鶉】：「這是您娘的私房，且與你做面皮。」

《舉案齊眉》二【幺篇】白：「這一路盤纏出在那裏？不知孃孃平日可曾趲下的些私房？不論多少，齊發與秀才前去。」

《神奴兒》一、白：「你每日則是貪酒，不理家計，又說俺兩口積儹私房。」

《梨園樂府》上商政叔散套【一枝花・嘆秀英】：「應有的私房貼了漢子。」

上列各例，私房，指家中個人私下的儲畜，猶云體己錢。《北史・崔昂傳》：「孝芬咱弟孝義慈厚……一錢尺帛，不入私房。」《周書・韋孝寬傳》：「早喪父母，事兄嫂甚謹，所得俸祿，不入私房。」私房，本是指封建大家庭、兄弟同居各自的住室，後來就把家中個人儲蓄，叫做私房。《京本通俗小說・菩薩蠻》：「你若有私房積蓄，將來湊還府中」，亦其例。

廝

廝，一用作對人輕侮之稱；二猶「互相」之「相」。

（一）

《竇娥冤》二、白：「誰敢合毒藥與你？這廝好大膽也！」

《救風塵》一【幺篇】白：「那廝不言語便罷，他若但言，著他吃我幾嘴好的。」

《漢宮秋》二【烏夜啼】：「〔駕云：〕我一會家只恨毛延壽那廝！」

《金錢記》二【滾繡毬】：「〔王府尹做見科，云：〕這廝是甚麼人？〔正末唱：〕我是個詩壇酒社文章士，不比那狗黨狐朋惡少年。」

廝，本義爲析薪養馬者，見《集韻》。按析薪養馬，舊時視爲賤役；凡賤役通謂之廝。俗稱這廝、那廝，猶云這傢伙、那傢伙，亦輕賤之稱。宋、元以來戲曲小說中多用之。《水滸》第十六回：「楊家那廝，強殺只是我們相公門下一個提轄。」

（二）

《倩女離魂》一【賺煞】：「廝隨著司馬題橋，也不指望駟馬高車顯榮耀。」

同劇二【幺篇】：「把稍公快喚咱，恐家中廝捉拿。」

《金錢記》二【滾繡毬】：「俺兩個廝顧戀，相離的不甚遠。」

同劇三【白鶴子】：「這搭兒裏廝撞著，俺兩個便意相投。」

《鴛鴦被》三【幺篇】白：「怪道你兩個廝像，兩個鼻子一般般的。」

廝，相也。元、明曲中凡「相」字皆作「廝」。明・胡震亨《唐音癸籤》卷二十四：「杜：『恰似春風相欺得。』白：『爲問長安月，誰教不相離？』相，思必切，讀若瑟，今北人皆呼相爲廝。」黎錦熙先生《中國近代語研究法》云：「……例如廝打、廝殺、廝見、廝會、廝守、廝拼等廝字，向來無解，不知即『相』字一聲之轉；在唐詩『相』字已多失去語尾之鼻音，故《老學庵筆記》卷十引杜甫『恰似春風相欺得，夜來吹折數枝花。』白居易詩『爲問長安月，如何不相離？』兩『相』字，謂宜從俗，作『思必切』，乃不先律。又記南人入京師（汴）多效北音讀『大相國寺』爲『大廝國寺』，傳以爲笑。似此從各種筆記中鉤稽解證，只能偶得數字，……即如『廝』字，舉例排比，既概在外動詞上，更察其上下語意，再以音轉之例推之，其爲『相』也奚是！」所論極確。

廝挺

《玉鏡臺》二【隔尾】：「也強如編修院裏和書生每廝強挺。」

《凍蘇秦》三【牧羊關】：「俺兩個纏廝挺，纏廝挺，哎！你敢也走將來喝點湯，喝點湯？」

《太平樂府》卷九曾瑞卿散套【般涉調哨遍・村居】：「漁說他強，樵說他能，我攢頦抱膝可寧聽，閑看會漁樵壯廝挺。」

挺，讀如頂。廝挺，即相頂撞、作對頭之意。元本《琵琶記》十三：「他元來要奏丹墀，敢和我廝挺相持。」《荊釵記》九：「丫頭強廝挺，令人惱憎。」明・陳汝元《紅蓮債》一折：「枕頭兒上僥倖，被窩兒裡廝挺。」皆其例。參見「挺」字條。

廝趁（趂）

《金線池》二【梁州第七】：「行行廝趁，步步相逐。」

《風光好》三【滾繡毬】：「咱只得眼前廝趁，實丕丕與你情親。」

《紅梨花》三【中呂粉蝶兒】：「則爲我年老也甘貧，攜著個區籃兒儼然廝趂。」

《東堂老》一【油葫蘆】：「你和這狗黨狐朋廝趂著。」

廝，相也；趁，追逐也。廝趁，即相陪伴、相追隨之意。例一「廝趁」與「相逐」互文爲意，可證。

死沒騰

死沒堆　死灰堆

《西廂記》二本三折【雁兒落】：「荊棘刺怎動那！死沒騰無回豁！措支剌不對答！軟兀剌難存坐！」

《貨郎旦》一【賺煞】：「氣的我死沒騰軟癱作一垛。」

《神奴兒》二【牧羊關】：「我將你尋到有三千遍，叫道有二千聲，怎這般死沒堆在燈前立，你可怎生悄聲兒在門外聽？」

《調風月》二【朱履曲】：「莫不是郊外去逢著甚邪祟？又不瘋又不呆癡，面沒羅呆答孩死灰堆。」

《雍熙樂府》卷八散套【一枝花·妓乘馬】：「死沒騰暗付，呆答孩歎吁。」

死沒騰，死呆呆的、奄奄無生氣的樣子。又作死沒堆、死灰堆、義同。沒騰、沒堆、灰堆，語助詞，無義，只起加強語氣作用。

死臨侵

廝淋侵

《調風月》四【得勝令】：「教我死臨侵身無措，錯支剌心受苦。」

《望江亭》二【中呂粉蝶兒】：「轉過這影壁偷窺，可怎生獨自個死臨侵地？」

《牆頭馬上》三【掛玉鉤】：「被老相公親向園中撞見者，諕的我死臨侵地難分説。」

《黄粱夢》二【醋葫蘆】：「你看他死臨侵不敢把頭擡。」

《西廂記》四本三折【脱布衫】：「蹙愁眉死臨侵地。」

《竹葉舟》三【黄鍾尾】：「死臨侵一命休。」

《蕭淑蘭》三【慶宣和】：「害的我瘦骨岩岩死臨侵，端的是爲您爲您。」

《盛世新聲》午集【雙調夜行船·新夢青樓一操琴】：「細思尋，廝淋侵。熱温存，漫想偎香枕，琤玎的生掂折玉簪，呆荅孩空憶酬紅錦。」

死臨侵，謂死呆呆地、沒有生氣地，猶死沒騰。一作廝淋侵，音義同。「廝」爲「死」的借用字。臨侵、淋侵，助詞。

四大

《董西廂》卷二【黄鍾宮·尾】白：「若當來限盡之後，一性既往，四大狼籍。」

《度柳翠》三【上小樓】：「〔偈云：〕地水與火風，包含無爲公。一朝公去後，四大各西東。」

四大，佛教指地、水、火、風。《圓覺經》謂：「我今此身四大和合，所謂髮毛、爪齒、皮肉、筋骨、髓腦、垢色，皆歸於地；唾涕、膿血、津液、涎沫、痰淚、精氣、大小便利，皆歸於水；煖氣歸火；動轉歸風。四大各離，今者妄身，當在何處？」這是說人身是「四大」的集合體，若是「四大」分離，人身就難以存在了。《晉書·鳩摩羅什傳》：「羅什未終，少日覺四大不恁。」敦煌變文《維摩詰經菩薩品變文甲》：「問我心，是四大，假合因緣作依賴。」元·陶宗儀《輟耕錄》卷十五「與妓下火文」條云：「二十年前我共伊，只因彼此太痴迷；忽然四大相離後，你是何人我是誰？」明·湛然《魚兒佛》三齣【仙呂點絳唇】：「回頭早，認得胎胞，儘四大皆安好。」皆其例。

四生

《忍字記》三、白：「想我佛門中，自一氣纔分，三界始立，緣有四生之品類，遂成萬種之輪迴。」

《猿聽經》四、白：「三寶巍巍道可尊，四生六道盡依憑，出言善解人天福，見性能傳佛祖燈。」

佛教說法：四生指胎生、卵生、濕生和化生。胎生，即腹生，指的是人、畜；卵生，指的是飛鳥魚鼈；濕生，指蟲、蛾、蚤、蝨的滋生；化生，指天地自然界的演化（見《十二因緣經》）。《西遊記》第八回：「悟時超十地、三乘，凝滯了四生六道」，亦其例。

四兩

《岳陽樓》一【後庭花】：「這黑瘦身軀無四兩。」

《范張雞黍》一【六么序】：「一個個智無四兩，肉重千斤。」

《太平樂府》卷三無名氏小令【柳營曲·風月擔】：「達達搜無四兩，罟罟翅赤零丁。」

四兩，喻極少之詞。《詞林摘艷》卷一劉庭信小令【寨兒令】云：「達達搜沒半星，罟罟翅赤零丁」，語意與上舉《太平樂府》例正同，可見「四兩」猶「半星」。《范張雞黍》例，「四兩」與「千斤」對比，相形之下，益見其少。明·無名氏雜劇《南牢記》四：「詐骨頭無四兩」，亦謂其輕也。

四柱

《東牆記》二【耍孩兒】：「四柱安排定，都來增下，禍福分明。」

《老君堂》一【油葫蘆】：「你把那先天周易細循環，將我那五行四柱從頭算。」

舊時算命排八字，把年、月、日、時的干支，分別列爲四行的格式，叫做四柱，意猶房子的四根柱子一樣。依據四柱，再按五行生尅的說法來進行推算，叫做五行四柱。其說起於趙宋，與唐人李虛中用年、月、日不用時之推算法更細密（《李虛中命書》三卷，見宋·晁公武《郡齋讀書志》）。

明·無名氏雜記《蘇九淫奔記》四【折桂令】：「伶俐人八字全無，腌臢漢四柱合該。」亦其例。

四星

四星：以北斗七星爲喻者，指斗柄以下之四星，比喻下梢（前程），多寓淒涼之意；以秤桿上金星爲喻者，作爲甚辭，意爲「十分」。但兩義亦偶有相通之處。

（一）

《兩世姻緣》三【浪裏來】：「我比那卓文君有上梢沒了四星，空教我叫天來不應。」

《西廂記》一本三折【綿搭絮】：「恰尋歸路，佇立空庭，竹梢風擺，斗柄雲橫，呀！今夜淒涼有四星。他不偢人待怎生！」

《調風月》三【鬼三台】：「俺那廝做事一減行，這妮子更敢有四星？」

《樂府新聲》上侯克中散套【黃鍾醉花陰】：「一縷雲生，恰遮了北斗杓兒柄，這淒涼有四星。」

同書中無名氏小令【水仙子】：「恰似團員雲霧生，正遮了北斗杓兒柄，這淒涼有四星。」

張相謂：「蓋北斗七星，遮去斗杓三星，零賸四星，故曰淒涼有四星也。」並引證《淮南子・天文訓》：「斗第五至七星爲杓」。故斗杓三星也。（見《詩詞曲語辭匯釋》卷六「四星」條）揆之以上所舉曲例，其說是也。張氏又據明人閔齊伋《五劇箋疑》所云：「古人釘秤，每斤處用五星，惟到末梢爲四星。故往往諱言下梢曰四星。」謂四星之義爲沒下梢、沒前程，並舉《兩世姻緣》、元刊本《氣英布》、《陳州糶米》等劇爲例。其實，《兩世姻緣》例，仍取義於星斗。而後兩例則取義於秤星，義爲「十分」，張氏未之分析也。

按，斗柄爲上梢，四星爲下梢；上梢既被遮沒，下梢四星自呈零落淒涼之景。故曰「下梢」、曰「淒涼」，實兼含兩義，均以星斗爲喻，不須忽以斗、忽以秤取譬也。

復按：以天象四星比喻人事，不自宋、元人始。《後漢書・宦者傳論》：「《易》曰：『天垂象，聖人則之。』宦者四星，在皇位之側。」唐・杜佑《通典》卷二十七《職官九・內侍省》：「天文有宦者四星，在帝座之西。」宦者體殘，無下部，以之比喻無下梢、無後代，並引申爲淒涼之義，亦甚切合。惟元劇作者，則多取義於北斗星耳。又，「淒涼有四星」，謂賸有四星感到淒涼，亦即對下梢、前途感到失望、淒涼也。

（二）

元刊本《氣英布》二【牧羊關】：「分明見劉沛公濯雙足，慢自家有四星，卻交（教）我撲鄧鄧按不住雷霆。」

《陳州糶米》一【天下樂】：「你比那開封府包龍圖少四星。」

《詞林摘艷》卷二【商調山坡裏羊】：「馬蹄兒趷蹬蹬轉過黃花徑，旅況增，情懷有四星。」

王季思注《西廂記》一本三折云：「徐士範曰：『古人以二分半爲一星，四星言十分也。』此說近是。《雲窗夢》劇第三折【耍孩兒】曲：『愁煩疊萬簇，凄涼有四星。』用法正同。《歸潛志》記金初張六太尉以白金百星贈鄧千江，元劇《魔合羅》、《任風子》、《伍員吹簫》，並有『劈兩分星』語。以星兩對文，並可證其爲衡量也。《陳州糶米》劇第一折【天下樂】：『你比那開封府包龍圖少四星』，即罵劉小衙內比包龍圖差十分也。《玉鏡臺》劇：『折末你發作我半生，我也忍得四星。』謂願十分忍耐也。」王說是；如《氣英布》：「慢自家有四星」，謂傲慢自家（英布）有十分，即對自己十分傲慢之意，與《玉鏡臺》等劇用法正同。

復據曲語構造觀之，（一）（二）兩義之構句方式略有差別，以斗星爲喻者，多與「雲」「遮」等詞連文；而以秤星爲譬者則否，徑作「少四星」、「忍得四星」等，不作「凄涼有四星」。此亦兩者取譬末源不同之又一跡象也。

四梢

《雙赴夢》三【二】：「把那廝四肢梢，一節節鋼刀剉。」

《魔合羅》二【神仗兒】：「他把我丕的來藥倒，煙生七竅，冰浸四梢。」

《雍熙樂府》卷五【點絳唇·滿腹愁懷】：「四梢沈脈，忘餐廢寢實難捱。」

梢，本指樹木的枝梢，因用以比擬人體的四肢；故四梢，即指人的四肢，湯顯祖《牡丹亭·鬧殤》：「頓兀剌四梢難動」，亦其例也。

四眾

《猿聽經》三【紅繡鞋】詞云：「十方瞻仰，四眾皈依。」

四眾，佛家語，亦稱四部眾，即信仰佛教的四種信徒。《藥師經》：「若有四眾，苾芻、苾芻尼、鄔波素迦、鄔波斯迦。」苾芻，即比丘；苾芻尼，即比丘尼；鄔波素迦，即優婆塞；鄔波斯迦，即優婆夷。按：前者為新譯，後者為舊譯。敦煌變文《降魔變文》：「百僚齊歡希奇，四眾一時唱快。」宋・道原《景德傳燈錄》卷三：「一音演唱，四眾皈依。」皆其例。

四天王

《薦福碑》三【二煞】：「若不是八金剛護著寺門，險些兒四天王值著水災。」

《昊天塔》二【二煞】：「那愁他四天王緊向山門把。」

《西遊記》三本十二齣【麻郎兒】：「四天王擎拳頂禮，八菩薩用心支持。」

同劇六本二十二齣【商調浪來裏煞】：「經文要闡揚，佛法要通變，四天王、八菩薩盡週全。」

四天王，佛教所說的四個護法神；較大的寺廟裏，在頭門的兩旁，分別四大天王的塑像。關於四天王的說法不一。一、佛經《止持會集音義》謂「四天王」，分住在由犍陀羅山（位於須彌山半山腰）的四面：居東方者曰持國天王，謂能護持國土；居南方者曰增長天王，謂能令善根增長；居西方者曰廣目天王，謂能以淨天眼鑒觀擁護此閻浮提；居北方者曰多聞天王，謂能以福德之名聞於四方也。二、《阿舍經》謂：「東方天王名多羅吒，領乾闥婆及毘舍闍神將；南方天王名毘琉璃，領鳩槃茶及薜荔神；西方天王名毘留博叉，領一切諸龍及富單那；北方天王名毘沙門，領夜叉羅刹將。」三、清人翟灝《通俗編》則謂：佛家指寺門所塑之四大金剛，即四天王像，他們「各執一物，俗謂風調雨順，執劍者為風，執琵琶者為調，執傘者為雨，執蛇者為順」。

四般兒

《謝天香》一【混江龍】：「則為四般兒誤了前程事。」

《黃粱夢》一【醉鴈兒】白：「脫不得酒、色、財、氣這四般兒。」

《爭報恩》二【中呂粉蝶兒】：「遮莫他翻過天來，則你那動人情四般兒不愛。」

四般兒，指酒、色、財、氣。明·朱權《太和正音譜》下無名氏小令【秋江送】：「財和氣，酒共色，四般兒狠利害。」無名氏《爭報恩》二【醉春風】曲中指出四般兒，是滯酒、貪財、爭氣、放歹（指縱情女色），以及上舉《黃粱夢》例，並可證。

四堵牆

《陳州糶米》一、白：「你兩個仔細看銀子，別樣假的也還好看，單要防那『四堵牆』，休要著他哄了。」

四堵牆，指一種假銀子：四周圍是銀子，像四堵牆，中間包著鉛胎，故云。

四遠裏

《桃花女》四【鴛鴦煞尾】：「暢道術似君平，財如鄧通，贏的個車馬填門，四遠裏人傳頌。」

四遠裏，謂四方遠隔之地。《春秋·僖公十六年》注：「見星之隕而墜於四遠」。《後漢書·張酺傳》：「作色大言，怨讓使臣，不可以示四遠。」東漢·王充《論衡·超奇》：「珍物產於四遠。」《南史·劉穆之傳》：「此雖小事，然宣佈四遠。」敦煌變文《目連變文》：「更分資財，營齋布施於四遠。」今市招仍多用「四遠馳名」語，可見「四遠」一語，流傳已久。

四百四病

《岳陽樓》三、白：「人身上明放著四百四病，我心頭暗藏著三十三天。」

《張天師》二、白：「便好道：『三十三天，離恨天最高；四百四病，相思病最苦。』兀的不害殺小生也！」

《倩女離魂》一【那吒令】：「四百四病害了，相思病怎熬？」

四百四病，泛指各種各樣眾多的疾病；佛家說法：地、水、火、風各有一百零一病。由水風起者為冷病，有二百零二；由地火起者為熱病，亦二百零二。《維摩經》云：「是身為災，百一病惱。」僧肇注：「一大增損，則百一病生，四大增損，則四百四病，同時俱作。」《三國志平話》卷上：「見有

文書一卷，取出看罷，即是醫治四百四病之書。」《清平山堂話本・花燈轎蓮女成佛記》：「四百四病人可守，惟有相思難受。」《古今小說・張古老種瓜娶文女》：「四百四病人皆有，只有相思難受。」皆其例。

四海他人
世海他人

《哭存孝》二【尾聲】白：「啞子終是親骨肉，我是四海與他人。」

《三奪槊》三【攪箏琶】：「俺雖然是舊臣，則是四海他人。」

《敬德不伏老》一【前腔】：「他須是一枝一葉，俺須是四海他人。」

《冤家債主》四【得勝令】白：「他都是世海他人，怎做得妻財子祿？」

四海他人，猶如現在說五湖四海的人；謂關係疏遠，非本鄉本土或嫡系嫡親之人。一作「世海他人」。世、四，一音之轉。

鬆臊（sōng sǎng）

《來生債》一【幺篇】：「〔磨博士云：〕爹，你道我爲甚麼眼上支著這兩根棒兒？我白日裏做了一日生活，到晚來恐怕打盹睡著了，誤了你家生活，因此上支著這兩根棒兒。你孩兒受苦哩！」〔正末云：〕孩兒也，我與你摯掉了，可是如何？〔磨博士云：〕好鬆臊！好鬆臊！」

鬆臊，謂輕鬆爽快；現在湖北方言還有這種說法。《水滸》第三十一回：「武松道：『這口鳥氣，今日方才出得鬆臊！』」或作鬆泛，如《牡丹亭・鬧殤》：「小姐不在，春香姐也鬆泛多少。」意均同上。

送路

《單刀會》一【尾聲】：「曹丞相將送路酒手中擎，餞行禮盤中托。」

《漢宮秋》二【黃鍾尾】：「我索折一枝斷腸柳，餞一盃送路酒。」

《倩女離魂》一【寄生草】白：「梅香，嗒折柳亭與王生送路去來。」
又夫人白：「孩兒，孩兒，今日在這折柳亭與你哥哥送路，你把一盃酒者！」

《西遊記》六本二十三齣【紫花序】：「今日箇送路在山門。」

送路，猶云送行或餞行。值人有遠行，或招之飲宴，或贈以禮品的意思。《元典章·臺綱體察》：至元二十一年，《禁治察司條畫》：「一、不得因日節辰送路洗塵，受諸人禮物。」

送女客

《漢宮秋》三【鴈兒落】：「那裏取保親的李左車，送女客的蕭丞相？」

《救孝子》二【滾繡毬】：「兒呵，怎不教您娘心困？怎生來你這送女客了事的公人？」

《盛世新聲》【仙呂點絳唇·天霽雲開】：「保親的論孟白，主婚的唐漢策，送女客霜毫筆，守親的是石硯臺。」

宋、元時，北方風俗，嫁女要請伯叔兄弟一、二人送到男家，謂之「送客」，以女傭伴送，謂之「送女客」。宋·孟元老《東京夢華錄》卷五「娶婦」條並謂：「其送女客，急三盞退，謂之『走送』。」今某些地區，仍保有此俗。或作「送女的」，的，代指人，相當客，如明·陳與郊《昭君出塞》：「保親的像李左車，送女的一似蕭丞相」。

酥僉

酥簽

《岳陽樓》二【賀新郎】：「〔郭云：〕……師父要吃個甚茶？〔正末云：〕我吃個酥僉。」

同劇二【隔尾】：「我吐與你木瓜、裏棗，酥僉裏脂，杏湯裏瓣。」

《度柳翠》二【隔尾】白：「茶博士，造個酥簽來！」

酥僉，或作酥簽，一種飲料名。製法，據元·和斯輝《飲膳正要》卷二說：「酥簽，金字末茶兩匙頭，入酥酒同攪，沸湯點之。」宋·孟元老《東京夢華錄》卷八「是月巷陌雜賣」條作「素簽」，意亦同。一般把它說成是一種酥脆的糕點，非。

窣（sū）

簌

《董西廂》卷一【般涉調·牆頭花】：「裙兒窣地，一搦腰肢裏。」

《生金閣》一【後庭花】：「我則見錦裀在床上鋪，兀那氈簾向門外簌。」

《張生煮海》一【油葫蘆】：「袖兒動，指十蔥，裙兒簌，鞋半弓。」

《魔合羅》三、詩云：「濫官肥馬紫絲韁，猾吏春衫簌地長。稼穡不知誰壞卻，可教風雨損農桑。」

《太平樂府》卷八鍾嗣成散套【一枝花·自序醜齋】：「乾皂靴出落著簌地衣。」

《盛世新聲》辰集關漢卿散套【石榴花·怨別】：「呼使婢將繡簾低窣。」

窣，用作動詞，讀陰平，亦作簌（sù），同音通用，在元曲中是拂的意思。《陳州糶米》一、詩云：「窮民百補破衣裳，污吏春衫拂地長，稼穡不知誰壞卻，可教風雨損農桑。」「拂地長」與《魔合羅》劇引詩「簌地長」句意正相同，可證。

宋·孫光憲【思帝鄉】詞：「六幅羅裙，窣地微行曳碧波。」《清平山堂話本·霅川蕭琛貶霸王》：「琛上廳堦，見竹簾窣地，香煙繚繞。」明·陳汝元雜劇《紅蓮債》一【幺】：「則見你……血色榴裙映……窣地增嬌俊，惹得風流頓增。」清·洪昇《長生殿·尸解》：「簾幕無人窣地垂。」皆其例。

蘇小卿

蘇卿　小卿

《金線池》楔【幺篇】：「那蘇小卿不辨賢愚，比如我五十年不見雙通叔。」

《玉壺春》一【後庭花】：「雙通叔，敢開言，著你個蘇卿心願。」

《紫雲庭》一【醉中天】：「我正唱到不肯上販茶船的小卿，向那岸邊相刁蹬，俺這虔婆道：兀得不好拷末娘七代先靈！」

《對玉梳》二【賽鴻秋】：「哎！你個馮員外捨性命推沒磨，則這個蘇小卿怎肯伏低？將料著這蘇婆休想輕饒過。」

《雲窗夢》三【鬥鵪鶉】：「一壁廂穩住雙生，一壁廂流遞了小卿。」

蘇小卿，又稱小卿或蘇卿。她是廬州娼妓，與書生雙漸相愛，歷經曲折，終於結成夫婦，是金、元時勾闌中流傳的佳話。明·梅鼎祚《青泥蓮花記》云：「蘇小卿，廬州娼也。與書生雙漸交昵情好，其母私與江右茶商馮魁定計賣與之。小卿在茶船，月夜彈琵琶甚怨。過金山寺，題詩於壁，以示漸云：『憶昔當年拆鳳凰，至今消息兩茫茫；蓋棺不作橫金婦，入地當尋折桂郎；彭澤晚煙迷宿夢，瀟湘夜雨斷愁腸；新詩寫記金山寺，高掛雲帆上豫章。』漸後成名，經官論之，後還爲夫婦。」參閱「雙漸」條。

素放

索放

《酷寒亭》二【收尾】：「有一日鄭孔目到來時，不道肯輕輕的素放了你。」

《羅李郎》二【尾煞】：「打聽的湯哥有些音耗，那塌裏遇著，那搭裏撞著，我把那背義的奴胎，不道的素放了！」

《勘頭巾》四【得勝令】白：「兀那張鼎，我還要閻王殿下攀告你來，拏去質辨，不道的素放了你哩！」

《抱粧盒》三【收江南】白：「待我慢慢的細審他，這粧盒有夾帶沒夾帶，不道的便輕輕素放了他哩！」

《謝金吾》三【收尾】：「到來日我一星星奏與君王，不到得輕輕的素放了你！」

《黃鶴樓》四【隔尾】：「直等的俺哥哥無事來家，恁時索放了你！」

素，空也，白也。素放，即平白放過或饒恕之意。素，一作索，音近假借，《魏徵改詔》二折：「我見了魏公，敢不道的索放了你哩！」《誠齋樂府·仗義疏財》三【尾】：「到明日清正官司有鑑識，不道的索放了。」皆其例證。

速門（sù mén）

《哭存孝》一、白：「弩門和速門，弓箭怎的射？」

《射柳捶丸》三「〔祖宇云：〕不會騎撒因抹鄰。〔黨項云：〕也不會弩門速門。」

《岳飛精忠》一、白：「弩門並速門，撒袋緊隨身。」

速門，蒙古語，箭；見明·火源潔《華夷譯語·器用門》。

速報司

元刊本《看錢奴》【子花序】：「便道東嶽新添速報司，孔子言鬼神之事，大剛來把惡事休行，擇善者從之。」

《後庭花》四【呆骨朵】：「這桃符泄漏春消息，怎瞞那掌東嶽速報司，和這判南衙包待制？」

《勘頭巾》二【隔尾】：「這的是南衙現掌刑名事，東岳新添速報司。」

《瀟湘雨》二【黃鍾煞】：「現、現、現，東嶽新添一個速報司。」

舊時民間迷信傳說，東嶽大帝是執掌人間生死的神。他的屬下有七十二司；其中速報司是管善惡報應因果的一個司。

狻猊（suān ní）

《黃鶴樓》四【南呂一枝花】：「撥回獮豸身，滴溜撲跳下烏錐騎，舒開狻猊爪。」

《博望燒屯》四【剔銀燈】白：「此間房內，這箇將軍，雄如彪虎，猛若狻猊，戰陣有勇之將。」

《飛刀對箭》三【幺篇】：「坐下馬渾一似赤狻猊。」

《射柳捶丸》二【梁州】：「端的是人如猛獸，馬似狻猊。」

狻猊，謂獅子。《爾雅·釋獸》：「狻麑，如虦貓，食虎豹。」郭注：「即師子也，出西域。」郝懿行義疏：「《穆天子傳》：『狻猊野馬，走五百里。』猊與麑同，狻麑合聲為師，故郭云即師子也。」按「獅」古作「師」，「猊」古音「移」。陸游《老學庵筆記》卷四：「故都紫霞殿有二金狻猊，蓋香獸也。」

酸丁

《董西廂》卷一【般涉調·哨遍纏令】：「大抵這箇酸丁忒劣角，風魔中占得箇招討。」

《西廂記》二本二折【滿庭芳】：「來回顧影，文魔秀士，風欠酸丁。」

《竹塢聽琴》三【滾繡毬】：「那秀才每謊後生，好色精，一個個害的是傳槽病症，囑付你女娘們休惹這樣酸丁。」

《鴛鴦被》三【調笑令】：「如今這秀才家，一個個害了傳槽病，從今後女孩兒每休惹他這酸丁。」

古時壯年男子稱丁。酸丁，是舊時對貧苦、迂腐、忸怩作態的讀書人的憎稱。宋・蘇軾《約公擇飲，是日大風》詩云：「豪氣一洗儒生酸。」這是從反面給酸丁下的注釋。酸丁，或稱酸子。明・劉元卿《賢奕編》第一：「上熟睨之曰：『汝真酸子耶！』」明・陳與郊《靈寶刀》二十八：「正像酸子每抄著漢、唐、宋舊話兒，便道是文章。」《二刻拍案驚奇・青樓市探人踪，紅花圍假鬼鬧》：「酸子智量，必不甘休。」皆其例也。按「酸子」之「子」，不同於「酸丁」之「丁」，「丁」是實詞，「子」為名詞語尾，無義。

酸寒

寒酸

《看錢奴》一【幺篇】：「則你那酸寒乞儉，怎消得富貴榮華？」

《青衫淚》一【醉扶歸】：「他手裏怎容得這幾個酸寒秀才？」

《張生煮海》三【笑和尚】：「你、你、你，終有個酸寒相。」

《王粲登樓》一【天下樂】：「有那等酸也波寒，可著我怎挂眼？」

《剪髮待賓》三【迎仙客】：「請客呵，豈不聞打迭起酸寒？」

《桃花女》二【伴讀書】白：「雪花銀子有三十個，不比別人家寒酸。」

酸寒，一作寒酸，舊時喻寒士貧困潦倒及迂腐之詞。韓愈《薦士》詩：「酸寒溧陽尉。」又《赴江陵途中》詩：「酸寒何足道，隨事生瘡疣。」蘇軾《次韻答邦直、子由五首》詩：「故人留飲慰酸寒。」宋・唐庚《張求》詩：「未省怕嗔毆，坐此益寒酸。」湯顯祖《邯鄲記・入夢》：「酸寒煞，你引他去回廊洗浴更衣罷，再來回話。」寒酸，現代口語中仍沿用。

酸嘶

《酷寒亭》二【聖藥王】:「俺只見兒又啼,女又啼,哭的俺是鐵人石意也酸嘶。」

《王粲登樓》三【迎仙客】:「我這裏望中原,思故里,不由我感嘆酸嘶。」

酸嘶,謂悲嘆、哀傷而聲音嘶啞。曹子建《釋愁文》:「臨餐困於哽咽,煩冤毒於酸嘶。」杜甫《無家別》:「生我不得力,終身兩酸嘶。」蘇軾《秧馬歌》:「腰如箜篌首啄雞,筋煩骨殆聲酸嘶。」亦作酸斯,如曹子建《卞太后誄》:「痛莫酸斯,彼蒼者天。」亦倒作嘶酸,如唐·李頎《聽董大彈胡笳弄兼寄語房給事》:「嘶酸雛雁失群夜,斷絕胡兒戀母聲。」

酸孤旦

《太平樂府》卷九高安道散套【哨遍·淡行院】:「做不得古本酸孤旦,辱末煞馳名魏、武、劉。」

酸孤旦,有兩解:一、元·陶宗儀《輟耕錄·諸雜大小院本》項下列有《酸孤旦》一目。因此可看做是一種古代的院本。二、若把例中上下文聯繫起來,把它看做酸、孤、旦三類院本的總稱亦可。因為:下句「魏、武、劉」是三個不同類型的演員:魏長於念誦,武長於筋斗,劉長於科汎。文意前後對稱,不辨自明。此其一。在《輟耕錄·諸雜大小院本》中:題為××酸者計三種;題為××孤者計十二種;題為××旦者計七種。而且這三類院本正標識著三種不同的人物類型。此其二。兩解比較,以第二解更為確切。

隨邪

隨斜

《單刀會》四【得勝令】:「你心內休喬怯,暢好是隨邪。」

《范張雞黍》二【三煞】:「他從來正性不隨邪。」

《桃花女》四【沉醉東風】白:「你看一火隨邪的弟子孩兒都死了也。」

《獨角牛》二【尾聲】:「〔折折驢云:〕隨邪的弟子孩兒,那裏唱的好?」

《陽春白雪》前集三關漢卿小令【碧玉簫】：「你性隨邪，迷戀不來也；我心癡呆，等到月兒斜。」

同書後集四馬東籬散套【夜行船】：「酒病花愁何日徹？劣冤家省可里隨斜。」

《太平樂府》卷九曾瑞卿散套【哨遍・秋扇】：「充直性見火隨斜，便屈節。」

隨邪，意謂隨順邪惡，脫離正路；引申之有著魔、迷戀等義。一作隨斜；斜，不正也，義通邪。

隨趁（趂）

《追韓信》四【三煞】：「臣教酈商引鐵騎，八方四面相隨趁。」

《殺狗勸夫》一【寄生草】：「俺哥哥出門來，賓客相隨趁。」

《舉案齊眉》二【幺篇】：「我收了這珠翠衣，錦繡裙，怕待飾蛾眉綠鬢，和他那破襴衫怎生隨趁？」

《漁樵記》三【耍孩兒】：「他和那青松翠柏爲交友，野草閒花作近鄰，但行處有八個字相隨趁。」

《詞林摘艷》卷二無名氏散套【雙調夜行船序・花底黃鸝】：「花藤轎兒雕鞍騎，相隨趂，相隨趂，風流最宜。」

隨趁，跟隨、相伴之意。趁，亦隨意，故隨趁，實爲複義詞。趁、趂，同字異體。

隨喜

《董西廂》卷一【高平調・木蘭花】白：「生出蒲州，隨喜普救寺。」

《西廂記》一本一折【村里迓鼓】：「隨喜了上方佛殿，早來到下方僧院。」

《竹葉舟》一：〔惠安云：〕既如此，待貧僧引路，仁兄隨喜便了。〔陳季卿做看寺科，云：〕委的好一座寺也！你看殿侵碧落，樹拂層雲，水遠溪陂，峰臨紫閣，眞個觀之不足，翫之有餘。」

　　遊覽寺院曰隨喜，杜甫《望兜率寺》詩：「時應清盥罷，隨喜給孤園。」上引元曲各例，皆屬此義。按「隨喜」，本佛教用語，意謂見人作善事，隨之而生歡喜心也。《勝鬘經》云：「爾時世尊於勝鬘所說攝受正法大精進力，起隨喜心。」一說：譬如布施，隨己所喜，富則金帛，貧則水草，皆為布施也。

　　《京本通俗小說·拗相公》：「且去隨喜一回，消遣則個。」《水滸》第四十五回：「要來請賢妹隨喜，只恐節級哥哥見怪。」皆其例。

隨衙

　　明鈔本《四春園》二【尾聲】白：「他是原告，不必問他，著他隨衙聽候。」

　　《後庭花》三【鴛鴦煞】：「不須今夜遭囚，免了每日隨衙。」

　　《還牢末》一【賺煞】白：「兀那婦人，你隨衙聽候，另自發落。」

　　到衙門聽候審問，謂之隨衙。湯顯祖《牡丹亭·肅苑》：「一生花裏小隨衙，偷去街頭學賣花。」此「隨衙」，謂隨班、跟隨、侍候，與上舉元曲諸例意別。

隨緣過

　　《襄陽會》楔、白：「甘心守志樂清貧，教子攻書講道經；侍母安居隨緣過，山村數載受辛勤。」

　　《酷江亭》三【石榴花】：「〔牛員外云：〕我隨緣過的便合休。〔正旦唱：〕你道是隨緣過的便合休。」

　　《藍采和》三【朝天子】：「〔正末唱：〕問甚麼你死我活？〔云〕：見別人朝來暮去，幹家做活，瞞心瞞己。〔唱：〕那一個肯依本分隨緣過？」

　　隨緣過，謂在生活中不執意、無成見、順應環境、隨遇而安。按「緣」，謂緣分、機緣、因緣、環境。《古今小說·蔣興哥重會珍珠衫》：「這首詞名為【西江月】，是勸人安分守己，隨緣作樂。」亦其例。

損（sǔn）

《董西廂》卷六【般涉調・沁園春】：「盈盈地粉淚，淹損鈿窩。」

《忍字記》楔【仙呂賞花時】：「恰纔那風凜凜這雪紛紛，你在長街上便凍損。」

《西廂記》三本二折【二煞】：「望穿他盈盈秋水，蹙損他淡淡春山。」

《柳毅傳書》二【調笑令】：「悶懨懨蹙損眉峰。」

《留鞋記》一【油葫蘆】：「瘦損春風玉一圍。」

《詞林摘艷》卷二散套【伊州三台恩・思量你好辜恩】：「誰想有這一程，減香肌憔瘦損。」

同書卷六吳昌齡散套【南宮端正好・墨點柳眉新】：「玉容不見意中人，害交（教）人害損。」

《樂府群玉》卷二喬夢符小令【四塊玉・詠手】：「掠翠鬟，整髻雲，可喜損。」

上舉各例，「損」猶「煞」也；問亦有可作「壞」字解者，如董詞「淹損鈿窩」，是也。黃庭堅【點絳唇】詞：「淚珠輕溜，裛（yì）損揉藍袖。」「裛損」，謂滲壞也。秦觀【河傳】詞：「悶損人，天不管。」「悶損」，悶煞也。曹組【驀山溪】詞：「消瘦損，東陽也，試問花知否？」「消瘦損」，消瘦煞也。向滈【南鄉子】詞：「直是為他憔悴損。」「憔悴損」，憔悴煞也。知宋語已然。

唆狗（suō gǒu）

《村樂堂》楔【雙調新水令】：「〔正末做叫六斤科，云：〕唆狗！唆狗！」

唆狗，即嗾（sǒu）狗。嗾，指使狗的聲音。《說文》：「嗾，使犬聲。」《玉篇》：「方言秦、晉、冀、隴謂使犬曰嗾。」《左傳・宣公二年》：「公嗾夫獒（áo，猛犬）焉。」唆，通假字。

睃（suō）趁（趂）

《西廂記》一本二折【快活三】：「卻怎睃趁著你頭上放毫光，打扮的特來晃。」

《雍熙樂府》卷四散套【村里迓鼓·氣球雙關】：「六老兒睃趁的早，腳步兒趕趁的巧。」

《詞林摘艷》卷四丘汝晦散套【點絳唇·月朗風清】：「怕蕩起塵埃款步行，睃趂著月下影，錯疑做廣寒宮仙子下天庭。」

睃趁，就是睃，有注意搜尋、察看之意。「趁」爲助詞，無義。謂「睃」曰「睃趁」，猶謂「尋」曰「尋趁」，謂「趕」曰「趕趁」。明·無名氏雜劇《拔宅飛昇》二、白：「蛇精水面上睃趁著。」亦其例。

莎塔八（suō tǎ·ba）

莎搭八

《哭存孝》一、白：「喝的莎塔八，跌倒就是睡。」

《射柳捶丸》三：「〔黨項云：〕打剌孫喝上五壺！〔祖字云：〕莎塔八了，不去交戰。」

《降桑椹》一【金盞兒】：「〔白廝賴云：〕哥也！俺打剌孫多了，您兄弟莎搭八了，俺牙不約兒赤罷！〔外呈答云：〕且打番語，得也麼！」

莎塔八，一譯莎搭八，蒙古語，謂酒醉。又作鎖陀八，如《誠齋樂府·桃源景》四【倘秀才】：「他道掃兀呵，原來是坐地；他道鎖陀八，原來是酒醉矣。」又作鎖胡塌八、鎖忽塌把，如明·黃元吉雜劇《流星馬》二【上小樓】白：「哈敦鎖胡塌八盃。」又白：「那顏鎖忽塌把，塞因，塞因。」明·火源潔《華夷譯語》譯爲莎黑塔八。按以上所舉，都是同一詞的異譯，義俱同。

索是

索是：一猶煞是；二謂必定。

（一）

《陳母教子》二【賀新郎】：「弟兄裏則爲你年幼，你身上我偏心兒索是有。」

《陳摶高臥》一【後庭花】：「貧道呵，索是失逢迎」

《柳毅傳書》三【金菊香】：「駕風雲的叔父，你可也索是勞神。」

《秋胡戲妻》四：「〔卜兒云：〕孩兒，這數年索是辛苦也。」

《倩女離魂》一【寄生草】：「〔正末云：〕既然如此，索是謝了母親，便索長行去也。」

《智勇定齊》二【石榴花】：「〔晏嬰云：〕農忙時候，索是勤苦也。」

《剪髮待賓》一【醉扶歸】：「〔陶云：〕母親，索是用心也。」

《昊天塔》一【天下樂】：「則這兵也波書，我可索是通。」

《劉行首》四：「〔旦云：〕師父，此處索是幽靜。」

《西遊記》二本六齣【一緺兒麻】：「這箇人也索是蹺蹊。」

《劉弘嫁婢》二【幺篇】：「〔李春郎云：〕索是謝了哥哥。」

上舉各例，「索是」猶「煞是」，有須是、真是、甚是等含義。

（二）

《西廂記》一本二折【四邊靜】：「〔末云：〕這相思索是害也。」

《風光好》三【滾繡毬】：「這酒則是斟八分，學士索是飲一巡，則不要滴留噴噀。」

上列兩例中的「索是」為「准定」、「必須」之義。

索強如

索強似　煞強如　煞強似　賽強如　勝強如

《誶范叔》一【金盞兒】：「則俺這無憂愁青衲襖，索強如你擔驚怕紫羅袍。」

《忍字記》二【梁州第七】：「每日家掃地、焚香、念佛，索強如恁買柴、糴米、當家。」

《黃粱夢》一【醉中天】：「只不如苦志修行謹慎，早圖個靈丹腹孕，索強似你跨青驢躧躅風塵。」

《西廂記》二本二折【醉春風】：「今日箇東閣玳筵開，煞強如西廂和月等。」

同劇二本一折【鵲踏枝】：「詠月新詩，煞強似織錦迴文。」

《岳陽樓》二【哭皇天】：「我著你早尋個香火新公案，煞強似久墮風塵大道間。」

《陳母教子》三【普天樂】：「哎！兒也，你勝強如兀那老萊子哎斑衣。」

《風光好》二【二煞】：「你這般當歌對酒銷金帳，煞強如掃雪烹茶破草堂。」

《魔合羅》四【叫聲】：「若出脫了這婦女冤，我教人將你享祭，煞強如小兒博戲。」

《趙禮讓肥》四【沉醉東風】：「穩請受皇家俸祿，煞強似一片荒山掘野蔬。」

《鴛鴦被》一【賺煞】：「則你那修道的玉清菴，索強如題筆的金山寺。」

《賺蒯通》一【混江龍】：「我想今日封侯得這陳留邑，索強如少年逃難下邳初。」

《猿聽經》一【尾聲】：「過奇山異水疊重，索強似五雲峰。」

《太平樂府》卷八李羅御史散套【一枝花‧辭官】：「隨分村疃人情，賽強如憲臺風化。」

《陽春白雪》後集二不忽麻平章散套【點絳唇‧辭朝】：「寧可身臥糟丘，賽強如命懸君手。」（《雍熙樂府》卷四載此曲作「索強如」）

索強如，意爲確勝如、賽過那，表明這比那好。《長生殿‧尸解》：「他日君王見收，索強似人難重覯（gòu）。」亦其例。索強似，同索強如。此外，還作煞強如、煞強似、賽強如、勝強如。巾箱本《琵琶記》又作「須強如」，如云：「狗彘食人食，須強如草根樹皮。」按索、煞、賽、勝、須，皆音近借用。

些（suò）

《三奪槊》一【幺篇】：「呀呀寶雕弓拽滿，咪咪些金鈚連發，火火的都閃在兩邊廂。」

《范張雞黍》四【中呂粉蝶兒】：「弔英魂，歌楚些，不勝悲愴。」

《金安壽》三【商調集賢賓】：「詠離騷，歌楚些，誰弔古？奪錦標，擢畫漿，似飛鳧。」

《陽春白雪》前集三嚴忠濟小令【壽陽曲】：「三閭些，伍子歌，利名場幾人參破？」

《太平樂府》卷五顧君澤小令【罵玉郎帶感皇恩採茶歌・述懷】：「尚父簑，元亮歌，靈均些。」（亦見於《樂府群珠》卷二）

　　些，用為語尾助詞，猶兮，無義；這是屈原運用楚國方音，在楚辭文體中的一種創造。《元曲選》音釋：「些，梭去聲。」劉淇《助字辨略》卷四：「《廣韻》云：『些，楚語辭。』方氏《通雅》云：『些之助辭，猶斯也。』愚按：些，音餧去聲，語已之辭，猶云兮也。」宋・沈括《夢溪筆談》卷三：「《楚辭・招魂》，句尾皆曰些，今夔、峽、湖、湘及南北江獠人，凡禁咒句尾皆稱些，此乃楚人舊俗；即梵語薩嚩訶也，三字合言之，即些字。」按，三字合音之說，非是，當時梵經尚未輸入中國，何來合音乎？

他

他箇　他這　他這個（箇）　他那　他娘

《陳母教子》三【醉高歌】：「我則是倚門兒專等報登科記，知他俺那狀元郎在那雲裏也那霧裏？」

《裴度還帶》三【正宮端正好】：「看別人青宵有路終須到，知他我何日朝聞道？」

《拜月亭》二【哭皇天】：「覷著兀的般著床臥枕叫喚聲疼，撇在他箇沒人的店房。」

明鈔本《四春園》一【混江龍】：「則他這一年四季，更和這每歲其間。則他這守紫塞的征夫愁夜永，和俺這倚庭軒家婦怯衣單。」

同劇同折【後庭花】：「則他這富貴天之數，端的是出入有往還。」

同劇同折【尾】：「休著我倚著他這太湖石，身化做望夫山。」

《五侯宴》一【金盞兒】：「你富的每有金珠，俺窮的每受孤獨，都一般牽掛著他這個親腸肚。」

《單鞭奪槊》三【收尾】：「哎，則你個打單雄信的尉遲恭，不弱似喝妻煩他這個霸王勇。」

《飛刀對箭》楔【么篇】：「我與你直趕到他這箇餤魔天。」

《凍蘇秦》三【賀新郎】：「許來大八位裏官人，可怎生無他那半盆兒火向？」

《太平樂府》卷七關漢卿散套【青杏子・離情】：「常言道好事天慳，美姻緣他娘間阻，生拆散鸞交鳳友。」

以上各例中的他、他箇、他這、麼這個（箇）、他那、他娘，俱爲句中襯字，只起音節作用，不爲義。例一「撇在他箇沒人的店房」，猶云「撇在沒人店房」；例二「知他俺那狀元郎」，猶云「知俺那狀元郎」；例六「休著我倚著他這太湖石」，猶云「休著我倚著太湖石」等，可類推。明鈔本《四春園》例：「則他這守紫塞的征夫愁夜永」，顧曲齋本則作「守紫塞征夫嫌夜永」，少「他這」二字，而意義不減。《單鞭奪槊》例，上句「打單雄信的尉遲恭」和下句「喝婁煩霸王勇」相對，意已足，其中「他這個」三字，顯係襯字無疑。他娘，猶云他媽的，兼罵辭性質，參見「娘」字條。

他誰

《竇娥冤》二【罵玉郎】：「婆婆也，須是你自做下，怨他誰！」

《救風塵》一【油葫蘆】：「忽地便喫了一箇合撲地，那時節睜著眼怨他誰！」

同劇一【么篇】：「恁時節船到江心補漏遲，煩惱怨他誰，事要前思免後悔。」

《虎頭牌》三【鴛鴦煞】：「誰著你旦暮朝夕，嘗吃的來醺醺醉，到今日待怨他誰？」

《東坡夢》二【罵玉郎】：「則被這東坡學士相調戲，可著我滿寺裏告他誰？」

《百花亭》三【醋葫蘆】：「聞知你粉香殘消素體，金釧鬆減玉肌，一天愁都是爲他誰？」

《陽春白雪》後集五劉時中散套【新水令・代馬訴冤】：「世無伯樂怨他誰，乾送了挽鹽車駃騠。」

他誰，猶云誰。「他」字無意。元稹《偶成自嘆因寄樂天》詩：「天遣兩家無稚子，欲將文集與他誰？」宋・趙長卿【臨江仙】詞：「憂心徒耿耿，分

付與他誰？」辛棄疾【滿江紅】詞：「把古今遺恨，向他誰說！」知唐、宋語皆然。

它

《陳摶高臥》三【滾繡毬】：「那時節相識，曾算著它南面登基。」

《女貞觀》二【倘秀才】白：「這箇是我姪兒，數年不見，今日特來望我。因見它帶著這古琴，請你來與它一會。妙常，你年小似它，你先拜它為兄。」

它，即現代漢語第三人稱之他，這種用法在宋、元戲曲中，頗不少見，例如：戲文《張協狀元》十四【賺】：「念協歸鄉猶未得，它又無夫協獨自底，我著言語扣它，它搵著淚，將人罵詈。」戲文《小孫屠》【梧葉兒】：「它熱如火，我冷如冰。」又十四【南曲刷子序】白：「你哥哥把它殺了。」等，不勝備舉。」

按：梁・顧野王《玉篇》云：「它，非也，異也，今作佗。」《說文・它・段注》：「其字或叚佗為之，又俗作他，經典多作它，猶言彼也。」《詩・小雅・鶴鳴》：「它山之石。」《釋文》：「它，古他字。」《漢書・高帝紀下》：「它居南方長治之。」注：「師古曰：它，古佗字。」據此知「它」字之作為第三人稱很古，現在則專指事物。

在宋、元戲文中，「它」字也用作襯字，如《張協狀元》六【風馬兒】：「父母俱亡許多時，知它受幾多災危！」按此曲為貧女所唱，自述身世，自無他稱之理也。又同劇三十【山坡里羊】：「知它你是及第？知它你是不第？知它在上國？知它歸來未？鎮使奴終日淚暗垂。」四「它」字，亦是襯字，不為義。

靸 (tā)

《貶黃州》一【天下樂】：「下珠簾處處涼，靸金蓮步步響。」

《趙禮讓肥》一【後庭花】：「歪蔓笠頭上搭，麤棍子手內拿，破麻鞋腳下靸。」

《詞林摘艷》卷四無名氏散套【點絳唇・風吹羊角】：「腳靸破履束節操。」

《陽春白雪》前集三景元啓小令【得勝令】：「力因下秋千，緩步趿
金蓮。」

靸，今讀如「他」，或讀「洒」。穿鞋只套上腳尖，將後跟壓倒，拖著走，
叫做靸。靸鞋，即無後幫之鞋，只能套著腳尖穿。漢・史游《急就章》卷二
云：「靸鞮印角褐韤巾。」顏師古注：「靸謂韋履，頭深而兌、平底者也，今
俗呼謂之跣子。」元・陶宗儀《輟耕錄》卷十八「靸鞵（鞋）」條：「西浙之
人，以草為履而無跟，名曰靸鞵。婦女非纏足者，通曳之。（唐・王叡）《炙
轂子雜錄》引《實錄》云：靸鞵、舄，三代皆以皮為之，朝祭之服也。始皇
二年，遂以蒲為之，名曰靸鞵。二世加鳳首，仍用蒲。晉永嘉元年用黃草，
宮內妃御皆著，始有伏鳩頭履子。梁天監中，武帝易以絲，名解脫履。至陳、
隋間，吳、越大行，而模樣差多。唐大曆中，進五朵草履子，建中元年，進
百合草履子。據此，則靸鞵之製，其來甚古。然《北夢瑣言》載『霧是山巾
子，船為水靸鞵』之句，抑且咏諸詩矣。靸，悉合切，在颯字韻下，今俗呼
與翣（shà）同音者，誤。」

杜甫《短歌行贈王郎司直》詩：「西得諸侯棹錦水，欲向何門趿珠履？」
《古今小說・張古老種瓜娶文女》：「腳下拖雙靸鞋。」《紅樓夢》第二十回：
「寶玉便靸拉著鞋，走出房門。」此語今仍應用。今之拖鞋，猶古之靸鞋也。

塌八四

《降桑椹》二【逍遙樂】：「〔糊突蟲云：〕我這醫門中有箇醫士，姓
宋，雙名是了人。俺兩箇的手段，都塌八四，因此上都結作弟兄。」

明・楊慎《俗言》：「㩉，在臘切，惡也，音與塔同。今俗云臘㩉，又曰㩉
八速。」㩉八速，即塌八四。這裏是不行，不中、不在行（háng）的意思。

呾曲（tà qǔ）

《來生債》一【幺篇】：「〔正末云：〕行錢，甚麼人這般唱歌呾曲的？
他心中必然快活。」

同劇同折：「〔磨博士云：〕爹，你道我這般唱歌呾曲，我那裏有什
麼快活？孩兒每受苦哩。……只怕睡著了誤了工程，因此上我唱歌
呾曲。」

　　《集韻》：「咺，當割切，相呼聲也。」元·喬夢符【雙調喬牌兒·別情】：「【鳳求凰】琴漫彈，【鶯求友】曲休咺。」《樂府新聲》【雁兒落帶過得勝令】：「吹彈，玉人齊聲咺。」同書【齊天樂帶過紅衫兒】：「咺清歌道童齊唱。」同書【北調山坡裏羊】小令：「飲金波，咺高歌，山聲野調誰能和？」皆可證。咺曲，同踏曲，猶今云歌舞。王季思注《西廂》曰：「咺歌咺曲，蓋踏歌踏曲之音轉，謂歌而舞蹈也。吾國歌舞劇，遠源自北齊之踏搖娘，近傳自唐人之踏曲（孫頠《幻異志》：『張延賞在蜀時，有梵僧難陀，假裲襠巾幗，市鉛黛，飾其三尼，謂曰：可為押衙踏某曲也。因徐起舞。』）。宋人之轉踏且之別於他伎者，正在其擅歌舞，即咺曲也。」戲文《張協狀元》二【燭影搖紅】：「〔末、淨孿咺出〕」。按孿字不見字書，孿咺，可能是同意疊用，意同咺曲。

踏青

　　《魯齋郎》一、白：「我領著張龍一行部從，直到郊野外踏青走一遭去來。」

　　《李逵負荊》一、白：「奉宋公明哥哥將令，放俺三日假限，踏青賞玩。」

　　《太平樂府》卷三張小山小令【柳營曲·明月樓】：「鬥草踏青，語燕啼鶯，引動俏魂靈。」

　　《詞林摘艷》卷二【中呂好事近·和氣回斗杓】：「遇良辰美景，笑吟吟往來踏青鬥草。」

　　踏青，指春日郊遊，因為腳下都是新生的青草，故云。這種風俗很早，直沿襲到近代。杜甫《絕句》詩：「江邊踏青罷，回首見旌旗。」《舊唐書·代宗紀》：「（大曆）二年二月壬午，幸昆明池踏青。」宋·蘇轍《踏青詩序》：「眉東南十數里有山，曰蟇（má）頤山，山上有亭樹松竹，下臨大江，每正月人日（即初七），士女相與遊嬉，飲酒於其上，謂之踏青。」清·秦味雲《月令粹編》卷引明·馮應京《月令廣義》：「蜀俗正月初八日踏青游冶。」又卷五引元·費著《歲華紀麗譜》：「二月二日踏青節，初郡人遊賞，散在四郊。」又卷六引李淖《秦中歲時紀》：「上巳（三月初三）賜宴曲江，都人於江頭禊飲，踐踏青草，謂之踏青履。」舊俗以清明節為踏青節。

踏狗尾

啜狗尾

《後庭花》一【一半兒】:「若有那拿粗挾細踏狗尾的但風聞,這東西一半兒停將一半兒分。」

《殺狗勸夫》三【幺篇】:「是一個啜狗尾的喬男女,是一個拖狗皮的賊醜生。」

《盛世新聲》亥集小令【折桂令】:「見如今鶯朋燕友交雜,拖狗皮從他,踏狗尾休誇。」

踏狗尾,疑爲敲詐、勒索或偷摸;未詳何所取義,待考。《誠齋樂府·復落娼》一【天下樂】:「子弟每土坑頭踏了些狗尾,女娘每臥房中拖了些狗皮。」亦其例。踏(tà),一作啜(chuò),意同。

擡頷

胎孩　台孩

《謝天香》一【醉中天】:「你覷他交椅上擡頷樣兒,待的你不同前次。」

《李逵負荊》四【攪箏琶】:「他對著那有期會的眾英才,一個個穩坐擡頷。」

《金安壽》四【早鄉詞】:「對著俺撒敦家顯耀些擡頷。」

《五侯宴》五【川撥棹】:「一箇箇志氣胸懷,馬上胎孩。」

《降桑椹》二【逍遙樂】:「〔正淨扮太醫上,云:〕我做太醫最胎孩,深知方脈廣文才;人家請我去看病,著他準備棺材往外擡。」

《㑳梅香》四【雙調新水令】:「似這般相貌胎孩,休想肯拜俺先代。」

《吳起敵秦》二、白:「今日出陣顯胎孩。」

輯佚《韓彩雲絲竹芙蓉亭》【村裏迓鼓】:「你這般假古懂,喬身分,粧些台孩。」

《雍熙樂府》卷四散套【點絳唇·麗情】:「你這般假古懂,微身子,粧些台孩。」

擡頷,威嚴傲慢、氣概軒昂、揚眉吐氣的神態。又借音作胎孩、台孩。或倒作孩胎,如明·湛然雜劇《魚兒佛》六齣【逍遙樂】:「湊著個騎鯨醉得

孩胎，把一座龍門險撞歪」，義並同。王季思《西廂五劇注·自序》以「攧頦」爲「打孩」，似誤。

攧（抬）舉

攧（抬）舉：一謂提拔、獎賞、寵信；二謂照料；三謂打扮；四謂舉起。

（一）

《梧桐雨》四、白：「蒙主人攧舉，加爲六宮提督太監。」

《東坡夢》一【醉中天】：「〔東坡云：〕……你如今魔障此人，還了俗，娶了你。他若爲官，你就是一位夫人縣君也。〔旦兒云：〕多謝大人攧舉。」

《劉弘嫁婢》二【幺篇】：「〔卜兒云：〕老的，我看了這箇小姐中珠模樣，可也中攧舉，著他近身扶侍，你意下如何？」

《陳州糶米》楔子：「〔小衙内同楊金吾做拜科，云：〕多謝了眾位大老爺攧舉！我這一去，冰清玉潔，幹事回還，管著你們喝采也。」

以上各例，「攧舉」意爲提拔，即提高人的地位之意。現在口語仍沿用。白居易《霓裳羽衣舞歌》：「妍蚩優劣寧相遠，大都只在人攧舉。」元·張元晏《謝宰相啓》：「驟忝轉遷，盡由攧舉。」《京本通俗小說·菩薩蠻》：「郡王見侍者言語清亮，人才出眾，意欲抬舉他。」《清平山堂話本·錯認屍》：「今日娘子攧舉小人，此恩殺身難報。」皆其例。

引申上義，又當作獎賞、誇獎解釋，如《連環計》三折：「〔董卓三飲科，云：〕……古語有云：『謙虛終吉，司徒之謂也。』〔正末云：〕謝太師攧舉。」又引申爲寵信，如《哭存孝》一折：「阿媽則是攧舉著李存信、康君立」，是也。

（二）

《董西廂》卷四【大石調·感皇恩】：「又沒箇親熱的人攧舉。」

《牆頭馬上》四【幺篇】：「〔夫人云：〕你看我的面皮，我替你攧舉的兩個孩兒偌大也，你認了俺者！」

《虎頭牌》三【胡十八】白：「只想你幼年間，父母雙亡，多虧了叔叔嬸子，攧舉你長成，做著偌大的官位。」

《合汗衫》二【紫花序兒】白：「想著俺兩口兒從那水撲花兒裏**撞舉**的你成人長大，你今日生各支的撇了俺去呵！」

《神奴兒》三【幺篇】：「想著他嚥苦吐甘，偎乾就濕，怎生**撞舉**。」

上舉各例，意爲照料；對子女的照料，習稱爲撫育。敦煌變文《父母恩重經變文》：「咽苦吐甘**撞舉**得，莫交孤負阿孃恩。」《元朝秘史》卷七：「將這既生了的兒子桑昆**撞舉**。」又云：「將這兒子休搖動，好生**撞舉**者！」都指撫育。今魯人呼**撞舉**爲撞將，亦此意。

（三）

《救風塵》三【幺篇】：「俺那妹子兒有見聞，可有福分，**撞舉**的丈夫俊上加俊，年紀兒恰正青春。」

上例，意爲打扮；爲第二義之引申。

（四）

《任風子》二【滾繡毬】：「把那廝輕輕**撞舉**，滴溜撲攧下街衢。」

上例，意爲舉起來。清·錢大昕《恆言錄》卷二引《通俗文》云：「振舉謂之**撞**。」

太僕
太保

《李逵負荊》一、白：「只是老漢不認的**太僕**，休怪，休怪。」又：「**太僕**，請滿飲此盃。」

《趙禮讓肥》二【幺篇】：「這的是小生的違拗，告**太僕**且**躭**饒。」

《還牢末》四【上小樓】白：「**太保**，你認的我麼？」

《降桑椹》三【上小樓】：「〔正末做跪科，云：〕**太保**饒性命！〔興兒云：〕**太保**，留命喝湯罷！」

《昇仙夢》三【南山馬客】：「〔末云：〕**太保**，聽說一徧者！」

《盆兒鬼》一【幺篇】：「叫一聲君子休**躭**怕，那**太僕**兩手忙叉。」

《黃花峪》二、白：「小生劉慶甫是也。被蔡衙內將我渾家奪將去了，上梁山告宋江**太保**去。」

太僕、太保，都是古代的官名。太僕掌輿馬、牧畜等事，爲九卿之一。太保爲三公之一，位次太師及太傅。元劇中多作綠林好漢的敬稱。《初刻拍案驚奇・程元玉店肆代償錢，十一娘雲岡縱譚俠》：「所有財物，但憑太保取去，只是鞍馬衣裝，須留下做歸途盤費則個。」亦其例。

在古典小說中，亦有用以稱呼轎夫或廟祝者，前者如《古今小說・新橋市韓五賣春情》：「官人喫了幾盃，睡在樓上，二位太保寬坐等一等，不要催促。」後者如《水滸》第三十九回：「次日，早飯罷，煩請戴院長打扮做太保模樣，將了一二百兩銀子，拴上甲馬便下山。」

太平車（兒）

《董西廂》卷七【道宮・憑欄人纏令】：「欲問俺心頭悶答孩，太平車兒難載。」

《西廂記》四本一折【寄生草】：「試著那司天臺打算半年愁，端的是太平車約有十餘載。」

《太平樂府》卷八曾瑞卿散套【醉花陰・元宵憶舊】：「新愁裝滿太平車。」

太平車，可以載重幾十石，用幾匹甚至幾十匹牲口拉大車。宋・孟元老《東京夢華錄》卷三「般載雜賣」條：「東京般載車，大者曰『太平』，上有箱無蓋，箱如構欄而平，板壁前出兩木，長二三尺許，駕車人在中間，兩手扶捉鞭按駕之，前列騾或驢二十餘，前後作兩行，或牛五七頭拽之。……可載數十石。」宋・邵伯溫《聞見錄》：「今之民間輜車，重大椎樸，以牛挽之，日不能行三十里，少蒙雨雪，則跬步不進，故俗謂之太平東。」明・凌濛初雜劇《虯髯翁》三【耍孩兒】：「太平車載不起衝天怨，一霎兒把剛腸悶軟。」亦其例。太平車，或作太平車兒、太平車子，如《水滸》第十六回：「著落大名府差十輛太平車子，帳前撥十個廂禁軍，監押著車。」「兒」、「子」均爲名詞語尾。

太公家教

文公家教

《老生兒》二【么篇】：「〔卜兒云：〕住！住！住！你也休鬧，請你個太公家教咱。」

《凍蘇秦》二【煞尾】詞云：「不爭凍餓死了俺這臥冰的王祥，兀的不沒亂殺你那太公家教！」

《雍熙樂府》卷十三散套【調笑令·想當初無鹽安齊】：「若説俺上祖盡爲儒，輩輩無官士大夫；看《太公家教》、《蕭何律》，《大學》、《小學》和《論語》。」

《詞林摘艷》卷二無名氏散套【越調小桃紅·暗思金屋配合春嬌】：「書齋靜悄悄，不敢展《文公家教》。」

　　《太公家教》，書名，多作四字通俗韻語。卷中有云：「太公未遇，釣魚渭水；相如未達，賣卜於市；□天居山，魯連海水；孔明盤桓，候時而起。」可見其內容是表現封建道德的「家教」。王國維在《唐宋寫本太公家教跋文》中說：「……《太公家教》蓋衍此書爲之。則此書至宋元間尚存。」按，今《鳴沙石室佚書初編》中有《太公家教》殘本一卷，唐代人撰。《詞林摘艷》作「文公家教」，《輟耕錄》卷二十五載金院本作「大公家教」，「文」、「大」，均「太」字之訛寫。

談揚

《陳母教子》一【天下樂】：「則他那馬頭前朱衣列兩行，著人談揚。」

元刊本《博望燒屯》三【收江南】：「氣昂昂勒馬刺顏良，刺顏良天下盡談揚。」

《延安府》四【雙調新水令】：「見如今千載名揚，萬古流芳，史記談揚。」

《雍熙樂府》卷十九【小桃紅·西廂百詠六十六】：「家醜不可談揚，這一場，吞聲忍氣難和他強。」

　　談揚，謂傳頌、宣揚。敦煌變文《維摩詰經菩薩品變文甲》：「會中有二百天人，聞居士談揚，盡歡喜之心，皆獲無生法忍。」知唐語已然。

檀信

《東坡夢》一【醉中天】：「你本是同堂故人，須不比十方檀信。」

《度柳翠》一【混江龍】：「則爲我這半生花酒爲檀信，其實的倦貪名利，因此上不斷您這腥葷。」

《西遊記》六本二十一齣【醉中天】：「文殊智慧施檀信，普賢行法
濟凡人。」

檀信，謂施主的信仰（即對佛教的信仰）；因作信士的代稱。檀，施與之
意。

檀越

檀樾　檀那

《董西廂》卷一【越調·上平西纏令】：「諸方檀越，不論城郭與村
坊，一齊齊隨喜道場來，罷鋪收行。」

《西廂記》一本四折【雙調新水令】：「幡影飄鷂，諸檀越盡來到。」

《合汗衫》三【醉春風】：「那捨貧的波眾檀越，救苦的波觀自在，
肯與我做場兒功德散分兒齋，可怎生再沒個將俺來睬、睬？」

《西遊記》三本十二齣【越調鬪鵪鶉】：「則著你鉢盂中抄化檀那，
誰教你法座下傷人家小的？」

《藍采和》二【鬪蝦蟆】：「檀越人家念經，荒忙準備齋供。」

《猿聽經》四、白：「眾中還有四方善友，明達檀那。」

檀越，佛家語，是和尚對施主的稱呼。梵語「陀那鉢底」，譯為施主，「陀
那」是施，「鉢底」是主。譯成「檀越」者，乃略去「那鉢底」三字，取上
「陀」字之音轉為「檀」；更加「越」字者，意謂行布施之功德可以超越貧
窮海，來世可免受窮困也。（說見唐·義淨《南海寄歸傳》）越，一作樾，同
音誤用。宋·釋法雲《翻譯名義集》謂：梵語「陀那鉢底」，今稱「檀那」，
蓋訛「陀」為「檀」，去「鉢底」留「那」也。又《資持記》云：「檀越亦云
檀那，並訛略也。」

檀槽

檀糟

《張生煮海》一【六幺序】：「表訴你絃中語，出落著指下功，勝檀
槽慢撥輕攏。」

《東堂老》一【寄生草】：「只思量倚檀槽，聽唱一曲《桂枝香》；你

少不的搬搖挑，學打幾句《蓮花落》。」

《太平樂府》卷一孫周卿小令【蟾宮曲·題琵琶亭】：「聲裂檀槽，
月滿蘆花。」（《樂府群珠》卷三錄此曲作「檀槽」）

《詞林摘艷》卷五無名氏散套【新水令·鳳城佳節賞元宵】：「玉纖
（纖）慢撥紫檀槽。」

　　檀槽，用紫檀木作琵琶槽，因而作為琵琶之代稱。據晉·傅玄《琵琶賦·
序》謂漢遣烏孫公主嫁昆彌，念其旅途思慕，故令工人裁箏造為馬上之樂，
欲從方俗語，故曰琵琶。唐·段安節《樂府雜錄》「琵琶」條謂：「始自烏孫
公主造，馬上彈之。」唐·張祜《王家琵琶》詩：「金屑檀槽玉腕明，子絃輕
撚為多情。」李賀《感春》詩：「胡琴今日恨，急語向檀槽。」蘇軾《老饕賦》：
「候紅潮於玉頰，驚緩響於檀槽。」均其例。

唐巾
唐帽

《盆兒鬼》二【中呂粉蝶兒】：「按唐巾將我這角帶頻挪。」

《硃砂擔》三【正宮端正好】：「我將這帶鞓來攬，我把這唐巾按。」

《藍采和》三、白：「唐巾歪裏，板撒雲陽，腰繫編帶，舞袖衫長，
倒大來幽靜也呵！」

《凍蘇秦》二【四邊靜】：「〔蘇大云：〕你不曾為官呵，著我做甚麼
大官人？乾著我買了個唐帽在家，安了許多時。」

　　唐巾，是元、明讀書人通用的頭巾，據說是仿唐代帝王的便帽式樣，故
稱唐巾。又作唐帽，古之巾，即今之帽也。《元史·輿服志》：「祭宣聖廟執事
儒服有軟角唐巾。」明·王圻《三才圖會·農服一》：「唐巾，其制類古母追，
嘗見唐人畫像，帝王多冠此，則固非士大夫服也，今率為士人服矣。」《明史·
輿服志一》：「唐巾，制如幞頭而攲其角，兩角上曲作雲頭。」同書《輿服志
三》：「侍儀舍人冠服，……常服，烏紗唐帽，諸色盤領衫，烏角束帶，衫不
用黃。」

　　《宣和遺事》亨集：「繫一條紅絲呂公縧，頭戴唐巾，腳下穿一雙烏靴。」
《警世通言·王嬌鸞百年長恨》：「忽見牆缺處有一美少年，紫衣唐巾，連聲
喝采。」皆其例。

唐夷

唐猊　唐衣　猻猊

《董西廂》卷二【仙呂調‧剔銀燈】：「甲掛唐夷兩副。」

《氣英布》四【出隊子】白：「柳葉砌成的龜背猻猊鎧。」

《謝金吾》二、白：「冠簪金獬豸，甲掛錦猻猊。」

《三戰呂布》三【迎仙客】：「呂布那三叉紫金冠上翎插著雄雞，他那百花袍鎧是唐猊。」

《西遊記》三本十齣：「〔山神上，云：〕鎧甲唐猊噴日光，龍泉三尺耀清霜。」

《謝金吾》二、白：「冠簪金獬豸，甲掛錦猻猊。」

《詞林摘艷》卷三白仁甫散套【粉蝶兒‧賽社處人齊】：「甲掛唐衣、馬驟狻猊。」

唐夷，古時戰將穿的鎧甲名。《吳越春秋》卷六《勾踐伐吳外傳》：「越王被唐夷之甲，帶步光之劍，杖屈盧之矛，以三百人為陣。」一作唐衣、猻猊，都是唐猊的借音字。《元曲選》音釋：「猻音唐，猊音倪。」夷、猊、衣，音同借用。

唐裙

《太平樂府》卷五趙顯宏小令【刮地風‧別思】：「人比前春瘦幾分，掩過唐裙。」

同書卷七關漢卿散套【鬥鵪鶉‧女校尉】：「唐裙輕蕩，繡帶斜飄，舞袖低垂。」

《陽春白雪》後集五無名氏散套【風入松‧詠金蓮】：「微露金蓮唐裙下，端的是些娘大，剛半札。」

唐裙，此指仿照唐代婦女所穿裙子的式樣而製成的裙子。近年出土的唐永泰公主墓中壁畫上的眾婦女，均穿長裙、拖地，上繫於腰的上部。唐裙當即類似此種式樣（見沈從文《中國古代服飾研究》）。元、明婦女通用的裙子，據傳就是仿照唐代的式樣裁製的，故稱唐裙。

堂子

　　《救風塵》三【么篇】白：「你若休了媳婦，我不嫁你呵，我著堂子
　　裏馬踏殺，燈草打折瞭兒骨。」

　　《瀟湘雨》二【醉太平】：「我去那堂子裏把個澡洗。」

　　以上二例：例一，指妓院。《官場現形記》第八回：「你又來了！咱們請
的西席老夫子，才叫先生，怎麼堂子裏好稱先生？」《海上花列傳》第一回：
「樸齋坐在一邊，聽他們說話，慢慢說到堂子倌人。」皆其例。近代語仍稱
妓院爲堂子。例二，猶今云浴池，俗稱澡堂子。

　　又清代皇帝把祭祀土穀的地方，也叫堂子，與元劇所指不同。清·昭槤
《嘯亭雜錄》卷八：「又總祀社稷神袛於靜室，名曰堂子……既定鼎中原，建
堂子於長安門外。」

堂食

　　《單刀會》二【倘秀才】：「我可也無福喫你那堂食玉酒。」

　　《誶范叔》一【醉扶歸】：「〔騶衍云：〕賢士，你看俺爲官的，喫堂
　　食，飲御酒。」

　　《凍蘇秦》二【滾繡毬】白：「你是爲官的人，吃堂食，飲御酒，你
　　怎吃的這粗茶淡飯？」

　　《翫江亭》二【梁州】：「呀、呀、呀，安排著香馥馥喜佳餚異品堂
　　食。」

　　《詞林摘艷》卷六無名氏散套【端正好·一班兒扶社稷眾英賢】：「丹
　　書鐵券簪纓貴，享榮華御酒堂食。」

　　唐代，宰相辦公處叫政事堂，宰相的公膳，稱爲堂食，或堂殯、堂饌。
後來對一般官員的宴會，也稱堂食。唐·李肇《國史補》中：「鄭相珣瑜方上
堂食，王叔文至，韋執誼遽起，延入閣內。珣瑜歎曰：『可以歸矣！』遂命駕，
不終食而出。自是罷相。」《新五代史·蘇逢吉傳》：「逢吉已貴，益爲豪侈，
謂中書堂食爲不可食，乃命家廚進羞，日極珍善」。

堂候官

堂後官

《連環計》二【絮蝦蟆】白：「自家不是別人，是這王司徒堂候官李旅的便是。」

同劇三【叨叨令】：「岳丈，我聽的你對堂候官説，喚什麼習舌小姐，恰纔見他説話是好好的，舌頭一些也不習。」

《後庭花》一：「〔淨扮王慶上，云：〕自家王慶，在這趙廉訪老相公府内做著箇堂候官，家私裏外，都是我執掌。」

同劇一【混江龍】：「哎！你個身著紫衣堂候官，欺負俺面雕金印射糧軍。」

戲文《張協狀元》四十二【薄倖】白：「〔丑：〕堂後官，與我叫過野方養娘來，隨侍夫人上任。」

同劇二十五【探春令】白：「〔外：〕孩兒，見鞍思馬，睹物思人。今年乃大比之年，不招個狀元爲駙馬，更待幾時！〔叫：〕堂後官過來！」

堂候官，舊時供高級官員使喚的吏役。宋制，宰相有「隨身」七十人，由政府發給衣糧俸給。堂候官就是屬於「隨身」的一種差役。清·翟灝《通俗編·仕進·堂候官》：「李心傳《朝野雜記》：堂後官謂三省諸房都錄事也，補職及一年，改宣教郎。」

《古今小説·裴晉公義還原配》：「密地分付堂候官，備下資裝千貫。」《牡丹亭·硬拷》：〔淨扮苗舜賓引老旦，貼扮堂候官，捧冠袍帶上。〕皆其例。候、後，同音通用。

糖食

《燕青博魚》二【醉中天】：「〔正末唱：〕這君子心兒順，那妮子意兒嗔。〔帶云：〕我著幾句言語獎奉他咱，嫂嫂！〔唱：〕你是那南海南觀音的第一尊。〔搽旦白：〕他糖食我，説我是南海南觀音第一尊。」

糖食，猶今云甜言蜜語，意爲説好聽的話奉承人家。

糖堆裏

酥蜜食

《酷寒亭》三【菩薩梁州】：「他娘在，誰敢把氣兒呵？糖堆裏養的倘來大，如今風雪街忍著十分餓。」

《東堂老》一【天下樂】：「你曾出的胎也波胞，你娘將你那綳藉包，你娘那那酥蜜食養活得倘大小。」

糖堆裏，或作酥蜜食，意謂在好吃好喝、疼愛備至的懷抱中長大；猶今云「嬌生慣養」、「蜜水裏長大的」。

倘來物

脈望館鈔校本《曲江池》二【滾繡毬】白：「錢財是倘來之物，不打緊，你將這一百兩銀、一對金釵做入馬錢。」

《東堂老》三【醉春風】：「則理會的詩書是覺世之師，忠孝是立身之本，這錢財是倘來之物。」

倘，應作儻。儻來，突然而來，不意而得之謂。清‧錢大昕《恆言錄》卷二：「今人以不期而至者曰儻來。」近人章太炎《新方言‧釋言》謂：「今吳、楚皆謂不意得之者爲儻來。」《莊子‧繕性》：「軒冕在身，非性命也，物之儻來，寄也。」《文心雕龍‧總術》：「博塞之文，借巧儻來。」《晉書‧王坦之傳》：「天下儻來之運，卿何所嫌？」《陳書‧江總傳》：「軒冕儻來之物。」據此，知把意外或非分所得之物稱爲「儻來物」，由來已久。元、明以後猶然，如：元本《琵琶記》三十三：「錢穀儻來之物，那裏不使？那裏不用？」《金瓶梅》第七回：「世上錢財倘來物，那是長貧久富家？」皆是。

逃禪

《西廂記》二本楔子【滾繡毬】：「我經文也不會談，逃禪也懶去參。」

《太平樂府》卷一景元啓小令【殿前歡‧梅花】：「月如牙，早庭前疏影印窗紗，逃禪老筆應難描，別樣清佳。」

《梨園樂府》下馬致遠小令【青哥兒‧十二月】：「冰壺瑤臺天遠，逃炎蒸莫要逃禪！約下新秋數是間，閒與仙人醉秋蓮，凌波殿。」

逃禪，這裏是學習佛法之意。杜甫《飲中八仙歌》：「蘇晉長齋繡佛前，醉中往往愛逃禪」。明・王嗣奭《訂譌雜錄》七《逃禪》：「逃禪，猶逃墨逃楊，是逃而出，非逃而入，醉酒而悖其教，故曰逃禪。後人以學佛者爲逃禪，誤矣。」明・李昌祺《剪燈餘話・武平靈怪錄》：「難尋物外逃禪侶，罕遇橋邊入杜翁。」

淘寫

淘瀉　陶瀉

《董西廂》卷一【中呂調・鶻打兔】：「對景傷懷，微吟步月，淘寫深情。」

《西廂記》四本四折【鴛鴦煞】：「唱道是舊恨連緜，新愁鬱結；別恨離愁，滿肺腑難淘瀉。」

《紫雲庭》一【金盞兒】：「他每便破香椿，尚自著瓦磁爲巨器，也則是陶瀉慶新聲。」

《倩女離魂》三【幺篇】：「俺淘寫相思，敍問寒溫，訴說眞實。」

淘寫，謂抒發幽情，排除苦悶。《晉書・王羲之傳》：「年在桑榆，自然至此。頃正賴絲竹陶寫。」宋・戴復古【大江西上曲・寄李實父提刑】詞：「一片憂國丹心，彈絲吹笛，未必能陶寫。」

上舉淘寫、陶瀉、淘瀉，音義悉同，並應作陶寫。

陶陶兀兀

騰騰兀兀　兀兀淘淘　兀兀騰騰

宋元戲文輯佚《呂洞賓三醉岳陽樓》【仙呂過曲】：「愁腸破，海量寬，陶陶兀兀似癡顚。」

《樂府群珠》卷四雲龕子小令【迎仙客・道情】：「醉時臥，醒扶頭，倒在東西不識羞。也無春，也無秋，騰騰兀兀，且樂延年壽。」

《北詞廣正譜》馬致遠散套【喬牌兒】：「醉魂縹渺，啼鳥驚回，兀兀淘淘。」

《盛世新聲》巳集【南呂一枝花・心如明月懸】：「這些時把一箇晉
潘安老的來兀兀騰騰，梁沈約害的來黃黃瘦瘦，漢相如撇的來欠欠
丟丟。」

　　陶兀，重言之則曰陶陶兀兀，倒之則爲兀兀淘淘、兀兀騰騰，意謂沉湎
於酒，昏昏沉沉。《晉書・劉伶傳》：「伶雖陶兀昏放，而機應不差。」宋・黃
庭堅【醉落魄】詞：「陶陶兀兀，尊前是我華胥國。」陶陶、淘淘同音；一作
騰騰，雙聲通轉。

忒煞

忒殺　特煞

《董西廂》卷四【黃鍾宮・出隊子】：「相國夫人端的左，酷毒害的
心腸忒煞過。」

《氣英布》二【梁州第七】：「你說他有龍顏是眞命，因此上將楚國
重瞳看的忒煞輕。哎！隨何也，須索箇心口相應。」

《西遊記》一本三齣【梧葉兒】：「眉眼全相似，身材忒煞眞。」

《硃砂擔》四【太平令】：「你做事忒殺非爲。」

《薦福碑》三【上小樓】：「這雨水平常有來，不似今番特煞。」

《陳州糶米》四【沽美酒】：「也是他自結下冤讎怎得開；非咱忒煞，
須償還你這親爺債。」

　　忒煞，猶言太、過分、過甚。或作忒殺、特煞。《七國春秋平話》卷下：
「孫子欺吾忒曒。」按「忒」與「特」，「煞」、「殺」與「曒」，音義並同。章
太炎《新方言・釋詞》云：「《月令》注：『不貸，不得過差也。』貸本作忒。
今人謂過曰忒，如過長曰忒長，過短曰忒短。亦通言泰，一聲之轉。」

剔騰（tī téng）

踢騰　踢蹬

《玉壺春》三【四煞】：「則有分剔騰的泥球兒換了你眼睛，便休想
歡喜的手帕兒兜著下頦。」

《合汗衫》四【小將軍】：「休提起俺那小業冤，他剔騰了我些好家
緣。」

《東堂老》一【仙呂點絳唇】：「原是祖父的窠巢，誰承望子孫不肖，剔騰了。」

《爭報恩》一【么篇】：「敢則是十年五載，四分五落，直這般踢騰了些舊窩巢。」

《東堂老》二【三煞】：「〔柳隆卿云：〕什麼風雪酷寒亭？我則理會得閒騎寶馬閒踢蹬哩！」

剔騰，意謂揮霍、敗壞；意思畧近于北語折騰。又作踢騰、踢蹬，音近義並同。元明間無名代雜劇《認金梳》作忒騰，如該劇楔子嬤嬤白：「其家巨富，夫主驕奢，將家私都忒騰了。」第一折正旦白：「潑天也般家私，都忒騰了，今日受此窘迫，何日是了也呵！」現在仍用「踢登」這個詞，如周立波《暴風驟雨》：「爹媽去世後，他又喝大酒，又逛道兒，家當都踢登光了。」「踢登」同「踢蹬」。

剔團圓

剔團圝　剔禿圞　踢團圞

《董西廂》卷一【仙呂調・尾】：「覷著剔團圓的明月伽伽地拜。」

同書卷二【正宮・尾】：「剔團圝的睜察殺人眼。」

《竇娥冤》一【混江龍】：「斷人腸的是剔團圝月色掛粧樓。」

《牆頭馬上》二【梁州第七】：「禁罏瑞靄，把剔團圞明月深深拜。」

《西廂記》一本三折【小桃紅】：「剔團圞明月如懸鏡。」

輯佚《月下老定世間配偶》【刮地風】：「剔團圞碾破銀河路，放寒光照九區。」

《陰山破虜》二【聖藥王】：「剔禿圞鐵桶似連城。」

《太平樂府》卷二宋方壺小令【清江引・托咏】：「剔禿圞一輪天外月。」

《詞林摘艷》卷九劉東生散套【醉花陰・玉宇金風送殘暑】：「見冰輪飛出雲衢，踢團圞碾破銀河路。」

剔，是形容圓的副詞，有甚、極、很、挺等義，猶云滴溜兒。剔團圓，就是非常圓、滴溜圓的意思。剔，或作踢；團圓，或作團圞、禿圞，音近義

並同。宋‧洪邁《容齋隨筆》云：「世人語音有以切腳而稱者，亦見之於史中，如『回』為『不可』，『團』為『突欒』是也。」宋‧宋祁《筆談》：「孫炎作反切，……謂『團』曰『突欒』，謂『精』曰『鯽令』。」按團，也是圓的意思，如今云團扇、茶團（糰）子、飯圓（糰）兒，是也。

剔留禿圞

剔留圖戀　踢良禿欒　剔留禿魯　剔溜禿魯

《獨角牛》二【紫花兒序】白：「那獨角牛身凜凜，貌堂堂，身長一丈，膀闊三停，橫裏五尺，豎裏一丈，剔留禿圞，拾似箇西瓜模樣。」

《貶黃州》二【叨叨令】：「寒森森朔風失留疏剌串，舞飄飄瑞雪踢良禿欒旋。」

《降桑椹》一【寄生草】白：「看他兩個眼剔留禿魯的，他是箇真賊。」

《飛刀對箭》二【朝天子】白：「說那摩利支身凜凜，貌堂堂，恰便似煙薰的子路，墨灑的金剛，橫裏一丈，豎裏一丈，剔留禿魯，不知甚麼模樣。」

《詞林摘艷》卷十散套【鬥鵪鶉‧滿長空雲霽天開】：「剔溜禿魯打著番言。」

《元人小令集》失名《章宗出獵》二之一：「剔溜禿魯說體例。」

同書鄭光祖《失題》：「剔留圖戀月明。」

剔留禿圞，或作剔留圖戀、踢良禿欒、剔留禿魯、剔溜禿魯，都是形容圓的副詞。例中或形容雪花飛舞成團貌；或形容眼球轉動貌；或形容人體粗圓貌；或形容滿月貌；或形容語言不清、囫圇不分貌，等等。明‧馮惟敏雜劇《僧尼共犯》二折：「誂的他兩眼兒提溜禿盧」，亦其例也。按：剔留禿圞，實即剔團圓之聲轉，故意義亦相同相近。

梯航

航梯

《詞林摘艷》卷二無名氏散套【雙調風入松‧聖明君過禹湯】：「祥風蕩，化日長，金臺晚照爥四方，民物樂時康，梯航盡歸向。」

同書同卷散套【商調繡帶兒·乾坤定民生遂養】:「乾坤定民生遂養，梯山航海來王。」

同書同卷無名氏散套【商調金絡索·河清海晏然】:「航海梯山朝帝輦，瓊樓玉宇堪稱羨。」

《盛世新聲》【中呂粉蝶兒·瑞靄祥雲環禁闈】:「梯山航海盡來歸。」

梯航，謂梯山航海，喻行經險遠的路程。梁·簡文帝《大法頌序》:「航海梯山。」唐·賀知章《奉和聖製送張說巡邊》詩:「冠冕中華客，梯航異域臣。」令狐楚《賀赦表》:「百蠻梯航以內面，萬國歌舞而宅心。」《元史·兵志四》:「於是四方往來之使，止則有館舍，頓則有供帳，饑渴則有飲食，而梯航畢達，海宇會同，視前代所以爲極盛也。」明·朱有燉《小桃紅》三【脫布衫】:「我堪爲法海梯航。」皆其例。

提控

《虎頭牌》三【雙調新水令】:「兀那老提控到來也未？」

《村樂堂》三【逍遙樂】:「〔牢子開門撞正末頭倒科〕〔牢子云:〕哎喲！哎喲！可怎麼好！原來是提控，撞倒他怎麼了！」

元代萬戶府設有提控案牘一人，是萬戶的僚屬官。地方長官兼充馬步弓手指揮的，也稱爲提控官（見《元史·百官志》）。《清平山堂話本·花燈轎蓮女成佛記》:「街坊有箇人家，姓李，在潭州府裏做提控，人都稱他做押錄。」《二刻拍案驚奇·王漁翁捨鏡崇三寶》:「好教提控得知，幾年前有個施主，曾將古鏡一面捨在佛頂上，久已討回去了。」皆其例。

題柱

題橋　題橋柱　昇仙橋

《牆頭馬上》三【鴛鴦煞】:「指望生則同衾，死則共穴；唱道題柱胸襟，當罏的志節。」

同劇四【滿庭芳】:「他那三昧手能修手模，讀五車書會寫休書，教齋長休題柱；想他人有怨語，兀的不笑殺模相如？」

《西廂記》五本四折【太平令】:「得意也當時題柱，正酬了今生夫婦。」

《董西廂》卷五【中呂調・踏莎行】:「辣浪相如,薄情卓氏,因循墮了題橋志。」

《蝴蝶夢》三【滾繡毬】:「俺秀才每比那題橋人無那五陵豪氣。」

《玉鏡臺》四【駐馬聽】:「偏不肯好頭好面到成都,懶的我沒牙沒口題橋柱。誰跟前敢告訴,兀的是自招自攬風流苦。」

《兩世姻緣》二【浪裏來煞】:「你道箇題橋的沒信行,駕車的無準成。」

《金錢記》三【耍孩兒】:「香車私走的卓文君,就昇仙橋上剮做骷髏。」

《舉案齊眉》一【賺煞】:「他又不曾昇仙橋題柱。」

　　晉・常璩《華陽國志・蜀志》:「(成都)城北十里有昇仙橋、送客觀。司馬相如初入長安,題其門曰:『不乘赤車駟馬,不過汝下也!』」(按《藝文類聚》卷六十三引《華陽國志》,橋名「昇仙」作「升遷」。)後來讀書人就借題柱或題橋的故事來表示對功名的抱負,如五代・羅隱《投楊尚書啓》:「旋慕題橋,因吟入洛」,即其例。

體面

躰面

　　體面:一指禮貌、規矩、體統、勢派;二指情面。這兩者的含意很近似,卻又稍有區別,舉例如下。

(一)

《董西廂》卷三【仙呂調・賞花時】:「體面都輸富貴家,客館先來擗掠得雅,鋪設得更奢華,簾垂繡額,芸閣小窗紗。」

《謝天香》二【隔尾】:「〔張千云:〕大姐,你過去把體面者!」

《生金閣》一【金盞兒】白:「你過去把體面拜謝大人者!」

《貨郎旦》一【寄生草】白:「你若不還他禮,他要唱叫起來,就不像體面了。」

《劉弘嫁婢》一【寄生草】白:「你知道我這裏有甚麼體面?挐書來,你靠後!」

《藍采和》一【仙呂點絳唇】：「俺將這古本相傳，路歧體面，習行院。」

《梧桐葉》一【賺煞】白：「你是女子，賡和他人詞章，是何體面？」

《陳州糶米》楔、白：「您兩個來了也，把體面見眾大人去咱！」

《盛世新聲》辰集【粉蝶兒·驕馬金鞭自悠悠】：「你看他那穩穩重重那些兒躰面。」

上舉「體面」各例，即爲禮貌、規矩、體統、勢派之意。例中言「把體面」者，猶云：拿出禮貌，按照規矩。「把」字在元雜劇中的特殊用法，此是一例。躰，體的俗字，見《玉篇》。

（二）

《金錢記》四【水仙子】：「〔正末云：〕小官欲要不成這門親事，則怕破了丈人體面。」

上舉之例，體面猶情面。《警世通言·王安石三難蘇學生》：「蘇爺卻全他的體面，用手攙住道：『徐掌家不要行此禮。』」亦其例。

嚏噴（tì·pen）

涕噴

《智勇定齊》一、白：「可不道『夢是心頭想，眼跳眉毛長，鵲噪爲食忙，嚏噴鼻子痒』。又說道『抽籤擲玟，一貫好鈔，全無正經，則是胡道』。」

《調風月》一【後庭花】：「打取一千個好涕噴。」

《鴛鴦被》一【天下樂】：「說的人睡臥又不寧，害的人涕噴又不止。」

嚏噴，謂從鼻出氣作聲也。唐·李匡乂（yì）《資暇集》卷中「俗諺」條：「俗之誤譚，不可以證者何限？振鼻爲噴涕，吐口爲愛富，不知噴嚏噫腑。噫者音隘（ài），藏府氣噫出。」宋·馬永卿《嬾眞子》卷三：「俗說以人嚏噴爲人說，此蓋古語也。《終風》之詩曰：『寤言不寐，願言則嚏。』箋云：言我願思也。……汝思我心如是，我則嚏也。」舊時一種不合科學的說法，一個人在背後講到另外某人，某人即受到感應而打噴嚏；上舉各例，均此義。

噴嚏；或作嚏噴、涕噴；元本《琵琶記》三《雁兒舞》白，又作哼嗯；巾箱本《小孫屠》二十，又作哼息，音義並同。

天天

天天天

《董西廂》卷一【中呂調·牧羊關】：「欲要成秦晉，天天，除會聖！」

同書同卷【中呂調·碧牡丹】：「告天，天天不應奈何天！」

《西廂記》一本一折【柳葉兒】：「恨天天不與人行方便，好著我難消遣，端的是怎留連？」

《連環計》二【梁州第七】：「奈天天相隔人寰遠，偏不肯行方便。」

《馮玉蘭》二【笑歌賞】：「到今朝遇賊徒，天天天！只願的神明護。」

天天，即天也；重言以呼之則曰天天，亦有疊用三字者。都是在無可奈何、絕望或深受感動時呼天、問天、求天、怨天或謝天時用之，以表現熾烈的感情。

宋·張先【夢仙鄉】詞：「離聚此生緣，無計問天天。」宋·蔣捷【小重山】詞：「勸花休苦恨天天，從來道，薄命是朱顏。」宋元戲文《王祥臥冰》【仙呂過曲】：「自此，告天天伏望周庇。」戲文《小孫屠》二十【念佛子】「千般受險危，幸得天天周濟。」明·孟稱舜雜劇《英雄成敗》一：「我、我、我潑前程，除問天。天天天怎空長咱英雄數十年。」清·蔣士銓《四絃秋》三：「咳！天天那！休休，他生來不像能長壽。」以上皆其例。

天行

凍天行症（證）候

《拜月亭》二【南呂一枝花】：「脫著衣裳，感得這些天行好纏仗。」

《凍蘇秦》二【滾繡毬】：「又誰知遇天行染了這場兒病疾。」

《合汗衫》一【混江龍】白：「出來做買賣，染了一場凍天行的症候。」

《爭報恩》一、白：「到這權家店支家口，得了一場凍天行的證候。」

天行，中醫學名詞，指流行性疾病，亦稱「時行」，猶今云時疫。唐·張鷟《朝野僉載》六：「其人患天行病而卒。」宋·侯氏萱堂《香譜》卷上：「《海

藥本草》曰降眞香，味辛平無毒，主天行時氣。」凍天行症候，是指冬天裏流行的病症。症，一作證，古通用。又作天行時氣，如話本《合同文字記》：「又過兩月，忽然劉二感天行時氣，頭痛發熱。」

天道

天道，在元曲中常見的有如下三解：一猶天理、天意；二指天氣；三指時候。

（一）

《救孝子》三【中呂粉蝶兒】：「不知那天道何如，怎生個善人家有這場點污？」

《鐵拐李》一【混江龍】：「這一管扭曲作直取狀筆，更狠似圖財使命殺人刀。出來的都關來節去，私多公少，可曾有一件兒合天道？」

《魔合羅》二【節節高】：「這廝好損人利己，不合天道。」

《追韓信》一【仙呂點絳唇】：「相著我獨步才超，性與天道，凌雲浩。」

《禮記·月令》：「毋變天之道。」疏：「天云道，地云理，人云紀，互辭也。」據此，知「天道」猶「天理」也。古代唯心論者認爲：宇宙的一切安排都聽命於神的意志，而且認爲是合理的，人的行爲應效法上天，否則便要受到懲罰。《書·湯誥》所謂：「天道福善禍淫，降災於夏」，是也。唯物論者則認爲：宇宙間的一切變化，都是自然現象，不體現任何意志，如王充《論衡·譴告》所說：「夫天道，自然也，無爲。」上列元曲諸例，顯然都帶有唯心的色彩。

（二）

《竇娥冤》四【得勝令】白：「這個是天道亢旱，楚州百姓之災，小官等不知其罪。」

《黃粱夢》三【雁過南樓】：「這一個骨聳著肩，那一個拳聯著腳，正湯風攪雪天道。」

《雍熙樂府》卷一散套【醉花陰·仕女圍棋】：「困人天道，沒心情，拈繡作。」

同書卷三散套【端正好・思憶】：「幾時得金雞報曉，端的是困人天道！」

《太平樂府》卷七趙明道散套【越調鬥鵪鶉・題情】：「日日朝朝，雨雨雲雲漸縹渺，那堪暮秋天道？」

以上所舉，天道指天氣，即冷暖、陰晴、風雪等自然現象。此用法今仍流行於河北各地。

（三）

《燕青博魚》四【甜水令】：「月黑時光，風高天道，猶自個背著衣包。」

《秋胡戲妻》四【雙調新水令】：「第一來怕鴉飛天道黑，第二來又則怕蠶老麥焦黃。」

《殺狗勸夫》三【梁州第七】白：「嫂嫂，更深半夜，你一個婦人家，這早晚天道，也不是你來的時候。」

上列各「天道」例，均指時候。例一「天道」與「時光」對應，例三「天道」上與「更深半夜」下與「時候」互文，均可為證。例二意言天色怕暗，也是指時候。

按天氣、時候二意，往往在同一例中兼而有之，例如：《竇娥冤》三折：「如今是三伏天道。」《看錢奴》二折：「正值暮冬天道，下著連日大雪。」《救孝子》二折：「這夏間天道。」又：「如今是六月天道。」《倩女離魂》一折：「可正是暮秋天道。」等，皆是。

天潢（huáng）

《謝金吾》三【聖藥王】：「我須是天潢支派沒猜疑，來、來、來我敢和你做頭抵。」

脈望館鈔校本《踏雪尋梅》四【折桂令】：「拜丹墀恩寵非常，恩賜在天堂，寵降自天潢。」

天潢，古代對皇室、貴族的稱謂，如云「天潢貴胄」是也。天潢，猶天池，為天家所在。皇族支分派別，如導源於天池，故稱皇族曰天潢。漢以後文中常見之，如：《史記・天官書五》：「漢中四星，曰天駟。……旁有八星，絕漢，曰天潢。」宋均注曰：「天潢，天津也，湊也，故主計度也。」梁・

庾信《周大將軍義興公蕭公墓誌銘》：「派別天潢，支分若木。」明・張昱《輦下曲》：「州橋拜伏兩氓龍，向下天潢一派通。」

天樣

《拜月亭》二【烏夜啼】：「咱這片雲中如天樣，一時哽噎，兩處淒涼。」

《西廂記》一本二折【耍孩兒】：「當初那巫山遠隔如天樣，聽說罷又似巫行那廂。」

《雲窗夢》三【鮑老兒】：「這搭兒再能見俺可憎，便醫可了天樣般相思病。」

輯佚《死葬鴛鴦塚》【牧羊關】：「離愁似天樣闊，劃地教寄相思書一緘。」

天樣，是說像天一樣寬廣無邊，用來比喻大、遠或遠闊。

天魔

波旬

《救風塵》一【賺煞】：「這女子是狐媚人女妖精，纏郎君天魔祟。」

《三戰呂布》三【耍孩兒】：「我是箇好廝殺的天魔祟。」

《馬陵道》三【殿前歡】：「哎！纏殺我也天魔祟，我便似小鬼般合撲地。」

《碧桃花》三【呆骨朵】：「〔真人云：〕敢是天魔地仙麼？〔正旦唱：〕也不是天魔地仙。」

《雙林坐化》一、白：「吾神乃惡魔王波旬是也。」

天魔，是佛經中所說的四大魔王（煩惱魔、五蘊魔、死魔、天魔）之一，即欲界第六天（他化自在天）之主，名叫波旬，梵語 papiyas 之音譯，其意為惡者、殺者，是釋迦佛出世以前的魔王。《楞嚴經》云：「如我此說，名曰佛說，不如我此說，即波旬也。」《注維摩經》四：「什曰：波旬，秦言殺者，常欲斷人慧命，故名殺者。」《義林章・六本》：「波卑夜，此云惡者，天魔別名，波旬訛也。成就惡法，懷惡意故。」他性惡、嗜殺、專去破壞修道的人，舊時常用來比喻纏害人的妖物或品質不好的女人。

天甲經

《東堂老》二【滾繡毬】：「你念的是賺殺人的《天甲經》，你是個纏殺人的布衫領。」

元劇中，《天甲經》指騙人的經典，與「脫空禪」類似，詳情待考。

天靈蓋

天靈

《單鞭奪槊》一【寄生草】：「鞭梢兒早抹著天靈蓋。」

《李逵負荊》四【步步嬌】：「還說甚舊情懷，早砍取我半壁天靈蓋。」

《硃砂擔》一【四季花】：「我也曾拳到處倒了碑亭，我也曾匾擔打碎了天靈。」

《鴛鴦被》三【麻郎兒】：「動不動打碎我天靈。」

《爭報恩》二【二煞】：「我恨不的一枷稍打碎那廝天靈蓋。」

同劇三、詞云：「若救不得呵，則我這大桿刀劈碎烏男女天靈蓋。」

天靈蓋，即頭頂骨，簡稱天靈。《資治通鑑》「唐紀」至德元載：「或以鐵棓揭其腦蓋。」胡注：「人顖門有骨蓋，其上謂之腦蓋，今方書所謂天靈蓋，即其物。」《醒世恒言・張孝基陳留認舅》：「這一響，只道打碎天靈蓋了。」亦其例。

添

《趙氏孤兒》楔、白：「公主，你聽我遺言。你如今腹懷有孕，若是你添個女兒，更無話說。若是箇小廝兒呵，我就腹中與他箇小名，喚做趙氏孤兒。」

《合汗衫》三、白：「不上三日，就添了一個滿抱兒小廝。」

《灰闌記》一【天下樂】白：「自從你妹子到我家來，添了一個孩兒，如今也五歲了。」

《倩女離魂》一【寄生草】白：「俺母親生下小生，母親添了小姐。」

上舉各例，添，生育的意思。唐代詩人盧仝生了第二個兒子，取名「添丁」，有《示添丁》詩；其友人韓愈《寄盧仝》詩：「去年生兒名添丁」。添丁之意，謂又給國家添加了一個丁口。後因稱生子曰「添丁」，簡稱爲「添」。

添粧

《金錢記》四【得勝令】白：「聽聖人的命，因你對策稱旨，加授翰
林學士，別賜黃金五十斤，與夫人柳眉兒添粧。」

《梧桐葉》三【紅繡鞋】：「〔卜兒云：〕既然如此，就勞你和金哥
妹妹添粧則箇。〔正旦云：〕妹子添粧罷，越顯的十分顏色也呵！」

添粧，其意有二：一、舊俗，女子出嫁，親友贈送女家的禮物，謂之添
粧，亦稱添房。清·俞樾《茶香室叢鈔》卷五：「《癸辛雜識》云：『周漢國公
主下降，諸閫及權貴各送添房之物。』按今人送嫁女家曰添箱，即古人所謂
添房也。」如例一是。二、在新婚時，為新娘化粧、打扮，也叫添粧，或云
上裝，如例二是也。

此俗不始自元代，據宋人話本《快嘴李翠蓮記》：「添粧、含飯古來留。」
南宋人已稱「古來留」，則其來源當更早。

田舍郎

《遇上皇》一【天下樂】：「欺負殺受饑寒田舍郎。」

《霍光鬼諫》一【後庭花】：「便朝為田舍郎，暮登天子堂。」

《千里獨行》楔、白：「朝為田舍郎，暮登張子房；出的齊化門，便
是大黃莊。」

《延安府》一、白：「朝為田舍郎，暮登張子房，出的齊化門，便是
麞鹿房。」

田舍郎，指農村中的青年；田舍翁，則指農村中的老人。杜甫《太子張
舍人遺織成褥段》：「奈何田舍翁，受此厚貺情？」《資治通鑑》「唐紀」永徽
六年：「許敬宗宣言於朝曰：『田舍翁多收十斛麥，尚欲易婦；況天子欲立后，
何豫諸人事，而妄生異議乎？』」宋·張耒《題韓幹馬圖》詩：「心知不載田
舍郎，猶帶開元天子紅袍香。」皆其證。田舍，指農村。

甜

《董西廂》一【仙呂調·尾】：「曲兒甜，腔兒雅，裁剪就雪月風花，
唱一本兒倚翠偷期話。」

《西廂記》三本二折【滿庭芳】：「禁不得你甜話兒熱趲，好著我兩
下裏做人難。」

《獨角牛》三【白鶴子】:「你笑我身子兒尖,可也使不著臉兒甜。」

《陽春白雪》後集一劉太保小令【乾荷葉】:「臉兒甜,話兒粘,更宜煩惱更宜忺。」

同書後集五無名氏散套【風入松】:「咱看上臉兒甜,止不過鈔兒苦。」

《太平樂府》卷三無名氏小令【柳營曲】:「倚仗他性兒謙,鮑兒甜,曲弓弓半臂羅襪纖。」

同書同調:「眼角眉尖,意順情忺,且是可意娘鮑兒甜。」

甜,形容美好之詞。「曲兒甜」,謂曲調悠揚悅耳。「話兒甜」,謂語言娓娓動聽。「臉兒甜」,謂臉兒美而媚。元曲中,凡用「甜」字作狀語者,多屬美好之意,如《貶黃州》二折:「黑甜一枕睡」,用「黑」、「甜」二字結合起來以狀酣睡。

填還

《牆頭馬上》三【鴛鴦煞】:「休把那殘花敗柳冤仇結,我與你生男育女填還徹。」

《漢宮秋》一【油葫蘆】:「我特來填還你這淚搵濕鮫綃帕。」

《合汗衫》一【天下樂】白:「今生已過,那生那世,做驢做馬,填還你的恩債也。」

《來生債》楔、白:「小生今生今世報答不的居士,到那生那世,做驢做馬,填還你這恩債。」

填還,猶云償還、報答。現代方言中,還有此用法,含有償還宿欠債務之意。《紅樓夢》第四十三回:「有了錢,也是白填還別人,不如拘了來,咱們樂。」這裏的「填還」,是指把財物白白送給人。

腆(tiǎn)著臉

《陳母教子》二【牧羊關】:「你則好合著眼無人處串,誰著你腆著臉去街上走?」

《秋胡戲妻》三【尾煞】:「這廝睜著眼,覷我罵那死屍;腆著臉,看我咒他上祖。」

《太平樂府》卷三張小山小令【柳營曲·妓怨】：「哆著口不斷頑涎，腆著臉待喫癡拳。」

同書卷八陸仲良散套【一枝花·悔悟】：「如今腆著臉百事兒粧憨。」

《樂府群珠》卷四楊景賢小令【普天樂·聽命】：「腆著臉也索尋思。」

腆著臉，謂厚著臉皮，不知羞恥之狀；現在口語中仍沿用。腆，一作靦，義同。

調弄（tiáo nòng）

調弄：一謂挑弄、戲弄；二謂撫弄樂器；三謂玩弄；四指曲調、詞牌。

（一）

《董西廂》卷五【仙呂調·繡帶兒】：「傳言送簡，分明許我效鸞鳳，誰知一句兒不中用。甚廝拖廝逗，把人調弄？」

《詞林摘艷》卷五劉庭信散套【夜行船·新夢青樓一夢覺】：「我則怕這鍋水熱不熱今番在恁，你則待調弄得話頭長，承當的呪兒嗲。」

《雍熙樂府》卷十八【中呂朝天曲】：「湖光山色晦復明，會把人調弄。」

同書卷十七汪元亨小令【醉太平·警世】：「聽人著冷話兒相調弄。」

《太平樂府》卷一呂濟民小令【鸚鵡曲·寄故人】：「朱顏綠鬢難留住，調弄了幾拙訥的兒父。」

調弄，謂挑弄、戲弄，意同挑逗。宋人《宣和畫譜·正書三》「進士文簫客寓鍾陵，中秋夜，吳彩鸞在歌場中，作調弄語以戲簫。」義同。

（二）

《莊周夢》一【青哥兒】：「玉女金童，紫簫調弄。」

《金安壽》一【勝葫蘆】：「弦管聲中更漏永，千般婉轉，萬般調弄，不覺夜將終。」

《盛世新聲》巳集【南呂一枝花·心懷雨露恩】：「行樂時柳葉內調絲弄竹。」

調弄，謂撫弄樂器。唐·方干《聽段處士彈琴》詩：「幾年調弄七條絲。」敦煌變文《維摩詰經菩薩品變文乙》：「天女各施於六律，人人調弄五音。」皆此意。

（三）

《舉案齊眉》二【石榴花】：「暗想著當時二人調弄精神，他指望官員財主咱須順，豈知我甘心的則嫁寒門。」

《盆兒鬼》四【小梁州】：「上告你個待制爺俯鑑察，念小人怎敢調弄姦猾？」

以上「調弄」，謂玩弄。例一「調弄精神」，猶言玩弄聰明。例二「調弄姦猾」，猶言耍姦猾。明·葉憲祖雜劇《團花鳳》二【北雁兒落帶德勝令】「乘機任調弄虛和實」，意謂借機會弄虛頭也。調，這裏讀 diào，音同「掉」。

（四）

戲文《張協狀元》二：「〔生上白：〕……適來聽得一派聲，不知誰家調弄？〔眾：〕【燭影搖紅】。」

此「調弄」，指曲調、詞牌。

調（tiáo）發

調法

調發：一猶挑泛，謂撩撥；二猶言家數，今謂槍花；三猶云調（diào）遣、差發。

（一）

《竹塢聽琴》二【鬪鵪鶉】白：「道姑，你那絃斷幾時了？出家人休調發我。」

《馬陵道》三【得勝令】白：「我直跟到這羊圈根前，吟兩句詩，調發此人，看他說甚麼。」

《太平樂府》卷七喬夢符散套【新水令·閨麗】：「不是將海鶻兒相埋怨，休把這紙鷂兒廝調發。」

《雍熙樂府》卷十九【小桃紅·西廂百詠三十九】：「恁故來調發，俺險些兒立化，尖擔兒兩頭滑。」

《詞林摘艷》卷十陳大聲散套【鬭鵪鶉・伴了些珠履瓊簪】：「捨著命兒緊追陪，我開著門兒慢調發。」

上舉「調發」猶挑泛，意謂撩撥、引惹，可互參。

（二）

《西廂記》三本三折【離亭宴帶歇指煞】：「淫詞兒早則休，簡帖兒從今罷。猶古自參不透風流調法。」

《詞林摘艷》卷九段顯之散套【醉花陰・寶髻高盤鳳釵插】：「一會家思，一會家察，莫不是風流的調法？」

《雍熙樂府》卷十一散套【新水令・尼姑懷胎】：「竊雨偷雲，風流調發。」

上舉「調發」，應作調法，發字同音借用。調法，謂家數，猶今云槍花。王季恩注《西廂》云：「風流調法，教坊市語。調法，猶今謂『槍花』。湯顯祖《牡丹亭》二十八【宜春令・前腔】：「知他，知他是甚宅眷的孩兒，這迎門調法？」此「調法」用作動詞，是掉花槍、弄花樣的意思。朱居易說：「調法，作動詞用時，則為欺騙玩弄的意思。」（見《元劇俗語方言例釋》）意亦近。

（三）

《酷寒亭》一【後庭花】：「誰不知你這吏人滑，若不說妻兒亡化，你這令史每有三千番廝調發。」

《王粲登樓》一【天下樂】白：「叔父，王粲不曾自來，你將書呈三番兩次調發。」

上舉「調發」，謂調遣、差發，調，讀如掉。陸游《老學庵筆記》卷二云：「又久之，而北取燕、薊，調發非常，動以軍期為言。」調發，謂頻繁調遣、差發也。

調三幹四

挑茶幹刺

《張天師》三【上小樓】：「你休那裏便伶牙俐齒，調三幹四，說人好歹，許人曖昧，損人行止。」

《抱粧盒》三【太平令】：「非是我挑茶斡刺，則問你李美人生下的孩兒，要說箇丁一卯二，不許你差三錯四。」

《貨郎旦》四【四轉】：「那婆娘舌刺刺挑茶斡刺，百枝枝花兒葉子，望空裏揣與他箇罪名兒。」

又：「尋這等閒公事，他正是節外生枝，調三斡四，只教你大渾家吐不的嚥不的這一箇心頭刺。」

調三斡四，謂搬口舌、挑撥是非、說人壞話。或作挑茶斡刺，音近義同。另又作斡刺挑茶、挑三窩四、挑三豁四，例如：明·王子一《嬌紅記》上【黃薔薇】：「我爲你實丕丕燃香窮髮，你再不索絮叨叨斡刺挑茶。」《紅樓夢》第六十五回：「那平姑娘又是個正經人，從不會挑三窩四的，倒一味忠心赤胆伏侍他。」《醒世姻緣》第五十七回：「這們個攪家不良，挑三豁四，丈二長的舌頭，誰家著的他罷？」意均同。

挑泛

調泛　調犯　調販

《貨郎旦》四【三轉】：「看上那柳眉星眼杏花腮，對面兒挑泛，背地裏暗差排。」

《西廂記》三本二折【四邊靜】：「怕人家調犯，早共晚夫人見些破綻，你我何安？」

《三奪槊》三【尾】：「向那龍床側近，調泛得君王一惺惺都隨順。」

《雲窗夢》一、白：「酒筵間用言調泛，必然成事。」

《詞林摘艷》卷六無名氏散套【九轉貨郎兒·韓元帥偷營劫寨】：「看上他柳眉星眼杏桃腮，對面兒相挑泛，背地裏暗窺劃。」

《陽春白雪》前集四無名氏小令【紅繡鞋】：「被窩裏閑唧噥，枕頭兒上冷禁持，又是那沒前程的調泛你。」

《雍熙樂府》卷十散套【一枝花·祿山謀反】：「四件事分明緊調犯，勢到也怎摭攔？」

《太平樂府》卷六喬夢符散套【行香子·題情】：「不是我將伊調販。」

挑泛，或作調泛、調犯、調販，意爲挑唆、撩撥、弄舌。挑與調音近，泛與犯、販同音，俱通用。《聖嘆外書》云：「調犯是鄉語，猶云作弄也。」王季思注《西廂》曰：「調犯，譏刺之意。」義俱近。現在湖南方言中尚有「調泛」一語，意謂作弄、調排。可參閱「調（tiáo）發」條（一）。

挑唆

調唆

《桃花女》二【滾繡毬】：「你將那好言語往來收撮，則辦得兩下裏挑唆。」

《看錢奴》二【滾繡毬】白：「我不要他還飯錢也勾了，倒要我的寶鈔！我想來，都是你背地裏調唆他。」

《破窰記》三、白：「調唆的兩家亂一世。」

《張生煮海》一【賺煞】詞云：「叵耐這鬼怪妖魔，將花言巧語調唆。」

《樂府群珠》卷一陳學庵小令【山坡羊·嘆世】：「嘆蕭何，反調唆，未央宮懼惹韓侯過。」

挑唆，一作調唆，謂挑撥離間或唆使。《京本通俗小說·志誠張主管》：「調唆織女害相思，引得嫦娥離丹殿。」《紅樓夢》第十五回：「又有秦鍾戀著智能，挑唆寶玉，求鳳姐再住一天。」《官場現形記》第三十九回：「這人姓胡名福，最愛挑唆是非，說人壞話。」皆其例。又作凋唆，如戲文《小孫屠》：「莫景信凋唆，把奴家恩和愛盡奚落。」按：挑、調、凋，音近義同。「凋」當爲「調」的脫筆字。

挑鬪

挑逗　調鬪

挑鬪：一謂調戲、勾引、耍弄；二謂挑戰。

（一）

《董西廂》卷四【中呂調·古輪臺】：「俺姐姐夜來箇聞得琴中挑鬪，審聽了多時，獨語獨言搔首。」

同書卷七【越調·疊字三臺】：「瑤琴是你咱撫，夜間曾挑鬪奴。」

《蕭淑蘭》三、白：「今日著管家孃孃，持【菩薩蠻】詞一首，戲而
　　挑逗，誰想那生仍將惡意相犯。」

《劉行首》二、白：「我怕大街上有人調鬪我，我往這後巷裏去。」

《百花亭》二【中呂粉蝶兒】：「爲憐他皓齒星眸，拚的箇擲黃金、
　　揮白璧，暗中挑鬪。」

《太平樂府》卷六朱庭玉散套【行香子·寄情】：「娘間阻，人調鬪，
　　枉教咱千生萬受。」

　　以上各例，挑鬪，謂調戲、勾引、耍弄，多指男女私情。「鬪」應作
「逗」，借作「鬪」。挑，一作調，音近義同。

（二）

《董西廂》卷八【般涉調·長壽仙衮】：「坐籌帷幄，駆馬臨軍挑鬪，
　　家場鎮贏八九。」

《三戰呂布》二【尾聲】：「唱道道與那濯足家奴，來來和爺兩箇挑
　　鬪。」

　　挑鬪，猶挑戰，即激使對方出來應戰。《史記·高祖本紀》：「若漢挑戰，
愼勿與戰。」《七國春秋平話》卷中：「孫子曰：『俺交（教）袁達來和你挑
鬪。』」亦其例。

跳索

戲文《宦門子弟錯立身》五【六么序】：「更溫習幾本雜劇，問甚麼
　　粧孤扮末諸般會，更那堪會跳索、撲旂？」

　　跳索，一種類似跳繩的舞蹈，猶今言雜技，在宋代列爲百戲之一。宋·
孟元老《東京夢華錄》卷八「六月六日崔府君生日二十四日神保觀神生日」
條：「自早呈拽百戲，如上竿、趯弄、跳索、相撲、鼓鼓、小唱、鬪雞、說諢
話、雜扮、商謎、合笙……至暮逞拽不盡。」又卷九「宰執親王宗室百官入
內上壽」條：「百戲乃上竿、跳索、倒立、折腰、弄盌注、踢瓶、筋斗、擎戴
之類。」

跳龍門

《董西廂》卷四【黃鍾宮·黃鶯兒】：「你還待要跳龍門不到得恁的。」

《蝴蝶夢》楔【幺篇】：「若三個兒到開春，有甚麼實誠定準，怎生便都能勾跳龍門？」

《柳毅傳書》三【商調集賢賓】：「他本望至公樓獨占鰲頭，今日向洞庭湖跳過了龍門。」

《凍蘇秦》四【梅花酒】：「豈知你倚恃著做官尊，覷朋友若遺塵，沒半點話溫存；訕笑的我不成人，定餓死做異鄉魂，到今日也跳龍門。」

龍門，即禹門，在山西河津縣西北，陝西韓城縣東北，分跨黃河兩岸，形如門闕，相傳是夏禹開鑿的，亦稱禹門。古代神話傳說：鯉魚跳過龍門，就可以變成龍。後來就借以比喻赴京應考中第的人。辛氏《三秦記》：「江海魚集龍門下，登者化龍，不登者點額暴腮。」

貼戶

《救孝子》一、白：「俺是這軍戶，因為夫主亡化，孩兒年小，謝俺貼戶替當了二十多年。」

貼戶，為「貼軍戶」的省稱。元代規定：出人參軍的叫正軍戶；出錢免役的叫貼軍戶。《元史·兵志一》：「既平中原，發民為卒，是為漢軍。成以貧富為甲乙，戶出一人，曰獨戶軍；合二、三戶而出一人，則為正軍戶，餘為貼軍戶。」又云：「正軍貧乏無丁者，令富強丁多貼戶權充正軍應役，驗正軍物力，卻令津濟貼戶，其正軍仍為軍頭如故。或正軍實係單丁者，許傭雇練習之人應役，丁多者不得傭雇，軍官亦不得以親從人代之。」又云：「舊例：丁令強者充軍，弱者出錢，故有正軍、貼戶之籍。」《明史·兵志四》云：「貼戶單丁者免；當軍家闕其丁徭。」是明承元制而損益之也。

俗亦稱側室（即次妻）為貼戶，如明·無名氏雜劇《南牢記》二折淨云：「小姨從來是姐夫貼戶」，是也。

貼旦

《魯齋郎》二：「〔貼旦云：〕纔五更天氣，你敢風魔九伯，引的我那裏去？」

《玉壺春》三【鬪鵪鶉】：「〔正末云：〕姨姨，休要大驚小怪的，則怕那虔婆聽的。〔貼旦云：〕你則這般怕他那！」

《雲窗夢》四【沉醉東風】：「〔孤去：〕狀元來了也，繡房中請出小姐來者！〔梅香捧貼旦上，立定。〕」

貼旦，元劇腳色名，別於正旦而言，故曰貼旦。明・徐渭《南詞敘錄》云：「貼，旦之外，貼一旦也。」地位稍次於正旦，猶今之花衫。明代省稱爲「貼」。如明・葉憲祖雜劇《夭桃紈扇》七折：「〔貼：〕相公，幾時去拜劉令公？〔生：〕明日就去。〔貼：〕奴家後日奉賀」。

貼怪

《百花亭》一【金盞兒】白：「官人，小人別的不會，這調風貼怪，幫閒鑽懶，須是本等行業。」

又：「〔旦笑科，云：〕王小二，你這沒嘴葫蘆，倒會貼怪。既然如此，請那壁官人百花亭上來，俺兩個自有説話。」

貼怪，疑與今云吹捧之意相類；待考。

鐵落

《李逵負荆》三【後庭花】：「惱的我怒難消，踹區了盛漿鐵落，轆轤上截井索，芭棚下攘副槽。」

鐵落，液體容器，指盛水的鐵桶。今山東煙台人猶呼吊水鐵桶爲「喂打落」。

鐵馬（兒）

鐵（兒）　簷馬兒

鐵馬：一謂簷前所懸金屬小片；二猶鐵騎。

（一）

《漢宮秋》四【堯民歌】：「畫簷問鐵馬響丁丁。」

《瀟湘雨》四【笑和尚】詞云：「響玎璫鐵馬鳴金，只疑是冷颼颼寒砧搗杵，錯猜做空堦下蚤絮西窗。」

《鴛鴦被》二【笑和尚】：「元來是琚璫璫畫簷前敲鐵馬。」

《硃砂擔》一【喜秋風】：「畫簷間鐵馬兒玎玎璫璫鬧。」

《詞林摘艷》卷一無名氏小令【喜梧桐・四季閨怨】：「風擺動簷前鐵兒玎璫鬧。」

《金錢記》三【幺篇】：「恨的是這簷馬兒東風驟。」

《陽春白雪》後集五關漢卿散套【侍香金童】：「畫簷間丁當風弄鐵。」

同書前集馬致遠小令【壽陽曲】：「雲籠月，風弄鐵。」

鐵馬，或作鐵馬兒、鐵、鐵兒、簷馬兒，均指古代建築懸於屋簷間的金屬小片，風起則相擊成聲，用來占風的。孟昉《月樂》詩：「風弄虛簷鐵馬鳴」。元・陳芬《芸窗私志》：「元帝時臨池，觀竹既枯，後每思其響，夜不能寢；帝為作薄玉龍數十枚，以縷線懸於簷外，夜中因風相擊，聽之與竹無異；民間效之，不敢用龍，以什駿代，今之鐵馬，是其遺制。」或作玉馬，見「玉馬」條。

（二）

《單鞭奪槊》楔、詩云：「少年錦帶掛吳鉤，鐵馬西風塞草秋。全仗匣中三尺劍，會看唾手取封侯。」

《張生煮海》一【鵲踏枝】：「又不是拖環珮，韻玎玲；又不是戰鐵馬，響錚鏦；又不是佛院僧房，擊磬敲鐘。」

鐵馬，這裏猶云鐵騎，比喻強悍的軍馬。《文選》陸倕《石闕銘》：「鐵馬千群，朱旗萬里。」李善注：「鐵馬，鐵甲之馬。」梁・庾信《周大將崔說神道碑》：「鐵馬有河橋之戰，戈船有汾水之兵。」宋・陸游《十一月四日風雨大作》詩：「夜闌臥聽風吹雨，鐵馬冰河入夢來。」皆其例。

鐵臥單

《陳摶高臥》四【七弟兄】：「則我這鐵臥單，有甚風流況？」

《風光好》二【梁州第七】：「想我那往常伎倆，播弄的子弟如翻掌，這個鐵臥單我怎窩藏？」

《太平樂府》卷九董君瑞散套【哨遍・硬謁】：「皮鍋裏炒爆銅豌豆，火坑（炕）上疊翻鐵臥單。」

臥單，即被單。鐵臥單，形容被單堅硬冰冷，因借喻心腸冷，不動感情，道貌岸然。

聽沉

厅沉

《燕青博魚》四【沉醉東風】：「我這裏聽沉了多時靜悄悄。」

《㑇梅香》一【六幺序】：「聽沉了半晌，空僝僽，靜無人悄悄冥冥。」

同劇同折【賺煞】：「聽沉罷，過初更，更闌也休得消停。」

《盆兒鬼》三【幺篇】：「我聽沉了多半晌，觀瞻了四周圍。」

《忍字記》二【罵玉郎】：「我這裏疑慮絕，觀覷了，聽沉罷。」

《劉知遠諸宮調》二【南呂宮·尾】：「李洪義門外厅沉，發起毒心，安排下手。」

同書二【商調·定風波】：「當此李洪義遂側耳厅沉兩廻三度。」

《董西廂》卷四【仙呂調·賞花時】：「聽沉了一晌，流淚濕卻臙脂。」

《詞林摘艷》卷二散套【中呂好事近·風月兩無功】：「耐向樓頭更皷聽沉罷，尚兀自又打三鼕。」

聽沉，宋、元時口語，就是聽的意思。張相在《詩詞曲語辭匯釋》中舉述「聽沉」諸例之後說：「玩上各劇文、『沉』字之下可接罷、了等字，則『沉』字之非助詞可知；而聽沉二字，或與觀瞻作對，或與疑慮、觀覷作對，則『沉』字直用與『聽』字同義，蓋宋、元時之語言然也。」甚是。北宋時亦有用聽沉者，如黃庭堅【定風波】詞：「上客全辭酒淺深，素兒歌裏細聽沉」。「厅」爲「聽」之假借字。

停分

劈半停分　疋半停分

《秋胡戲妻》二【脫布衫】：「全不怕九故十親笑恥，則待要停分了兩下的財禮。」

《後庭花》一【一半兒】：「若有那拿粗挾細踏狗尾的但風聞，這東西一半兒停將一半兒分。」

《氣英布》一【混江龍】：「喒待要獨分興隆起楚社稷，那裏肯劈半兒停分做漢山河。」

《羅李郎》二【隔尾】：「要從良便寫約無差錯，他要家私停分有下梢。」

《殺狗勸夫》一【賺煞】：「若不是死了俺娘親和父親，這家私和你疋半停分。」

《太平樂府》卷九曾瑞卿散套【哨遍·秋扇】：「樣制孤高，停分無偏，圓成不缺。」

停分，猶云平分，即分一半之意。例中「停分」與「劈半」、「無偏」連文，可證。重言之，則曰劈半停分、疋半停分。因為「停分」為複義詞，又可分開用，如例一是。

停停

《老生兒》楔、白：「老夫待將我這家私停停的分開，與我這女兒和這姪兒。」

《合汗衫》二【紫花序兒】白：「這個汗衫兒，婆婆，你從那脊縫兒停停的拆開者！」

《羅李郎》三【商調集賢賓】：「只被他明明的搶了媳婦，停停的要了家私。」

停停，猶云對成、平均，二分之一的意思，與「停分」意同，參閱「停分」條。

停當

定當　的當

停當，或作定當，的當，意謂妥當；引申之，又有齊備、舒服、投機、穩住等義。

（一）

《圯橋進履》三【尾聲】白：「哥哥，您兄弟來了，我點的軍馬十分停當。」

《西廂記》一本二折【幺篇】：「近主廊，過耳房，都皆停當。」

同劇一本二折、白：「就著他辦下東西的當了，來回我話者！」

《玉壺春》二【隔尾】:「則爲這玉骨冰肌體段香,畫的來素淡輕盈甚停當。」

《勘頭巾》二【牧羊關】白:「張鼎,我聽得你替俺官府每辦事的當,又各處攢造文書,一年光景,好生馳驅。」

《千里獨行》四【七弟兄】:「便有些不停當,你心下自參詳,你心下自參詳。」

《陽春白雪》前集四無名氏【錦橙梅】:「厮收厮拾厮定當,越拘束著越荒唐。」

停當,妥當之意。或作定當、的當,意並同。停、定、的,均一聲之轉。章太炎《新方言·釋言》:「《說文》:『亭,民所安定也。』今人謂物之安、事之定曰亭當。言決定者,亦曰的當。的、亭一聲之轉。」按「物之安、事之定」,即妥當之意。亭,同停(按:《復古編》本作亭,後人又別作停)。《晉書·庾翼傳》:「以二十四日達夏口,輒簡卒搜乘,停當上道。」是晉語已然矣。

(二)

《謝天香》楔、白:「耆卿,衣服盤纏,我都準備停當,你休爲我誤了功名者!」

《陳州糶米》四、白:「今日包待制大人陞廳坐衙,外郎,你與我將各項文卷打點停當,等僉押者。」

上舉二例,停當,猶云齊備,齊全。按(一)(二)意相近,但細按之,實有區別。

(三)

《西廂記》二本三折:「〔紅朝鬼門道喚云:〕老夫人後堂待客,請小姐出來哩!〔旦應云:〕我身子有些不停當,來不得。」

《獨角牛》二【紫花兒序】:「〔折拆驢云:〕孩兒也,你身子不停當哩,將息你那證候咱!」

上舉「停當」,意猶舒服;不停當,即不舒服,指身體生病而言。

(四)

《風光好》二【隔尾】:「這搭兒厮敘的言詞那停當,想昨日在坐上,那些兒勢況,苫眼鋪眉盡都是謊。」

上例，意猶投機，即情投意合。

又，「停當」二字，亦作安頓、穩住之意，如《今古奇觀‧趙縣君喬送黃柑子》：「小童道：『這箇在我，不勞分付，我先行了一步，停當了眾人，看箇動靜，即來約你同去。』」

挺（tǐng）

挺：一謂僵直貌；一謂爭執不屈，讀如頂。

（一）

《東堂老》二【煞尾】：「無食力的身軀怎的撐，凍餓倒的屍骸去那大雪裏挺。」

《殺狗勸夫》四【醉春風】：「我敢向雲陽市裏挺著脖子替哥哥死、死。」

挺，撐直、僵直貌，猶今言直挺挺。今鄂北、河南、湘、贛一帶方言，罵人平直躺著爲挺屍。《鐵拐李》二【煞尾】有句云「直挺挺腿怎拳」，《博望燒屯》二【隔尾】有句云「直挺挺舒著脖項」，句意正與此同。

（二）

《老生兒》二【脫布衫】：「他主著意和別人硬挺，便睜著大呼小叫。」

《魔合羅》三【幺篇】詞云：「將你個賽隋何，欺陸賈，挺曹司，翻舊案，赤瓦不剌海猢猻頭，嘗我那明晃晃勢劒銅鍘。」

《揚州夢》一【油葫蘆】：「打迭起翰林中猛性子挺，拽扎起太學內體樣兒儇。」

《凍蘇秦》三【牧羊關】：「俺兩個纏廝挺，纏廝挺，哎！你敢也走將來喝點湯，喝點湯？」

《抱粧盒》四【堯民歌】：「當初當也波初，俺也拚的廝挺觸，險揭開粧盒覰。」

挺，讀如頂，據理力爭，頂撞不屈之謂。

銅斗兒

《竇娥冤》一【賺煞】：「俺公公撞府沖州，闖闖的銅斗兒家緣百事有。」

《救風塵》一【村裏迓古】:「你可便宜,只守著銅斗兒家緣家計。」

《忍字記》四【中呂粉蝶兒】:「誰想這脫空禪客僧瞞過,乾丟了銅斗兒家活。」

《東堂老》楔、白:「老夫一生辛勤,掙這銅斗兒家計。」

同劇四【水仙子】:「莊兒頭孳畜成群,銅斗兒家門一所,錦片也似莊田百頃。」

《貨郎旦》一【鵲踏枝】:「有時節典了莊科,準了綾羅,銅斗兒家私,恰做了落葉辭柯。」

銅斗,量器;與「家緣」、「家計」、「家私」等連文,成爲元劇中一熟語,意指家業、家產。童斐《元曲選》注云:「銅斗,元時俗語,蓋謂美富且牢固也。」唐・蘇頲《壙上記》載:王莽時的銅斗,在古塚中被發掘,是王莽賜給三公陪葬用的。元劇用「銅斗」形容家產富有、牢固。

銅豌豆

《百花亭》二【普天樂】:「水晶毬銅豌豆,紅裙中插手,錦被裏舒頭。」

《雍熙樂府》卷十關漢卿散套【一枝花・不伏老】:「我箇蒸不爛、煮不熟、搥不匾、炒不爆、響璫璫一粒銅豌豆,恁子弟每誰教你鑽入他鋤不斷、斫不下、解不開、頓不脫、慢騰騰千層錦套頭。」

《太平樂府》卷九董君瑞散套【哨遍套・硬謁】:「皮鍋裏炒爆銅豌豆,火坑（炕）上疊番鐵臥單。」

銅豌豆,是宋、元時勾欄裏對於老狎客的切口。

銅磨笴

《金線池》一【寄生草】:「更辭了鳴珂巷,待嫁與韓輔臣;這紙湯瓶再不向紅鑪頓,鐵煎盤再不使清油混,銅磨笴再不把頑石運。」

脈望館鈔校本《曲江池》二【滾繡毬】:「從今後鐵銚盤少去煎,銅磨笴再休轉。」

《盛世新聲》亥集小令【醉太平】:「紙糊鍬萩鑭,銅磨笴疾嫠,陽關一曲唱三疊。」

笴，讀 gě（葛），又讀 gǎo（稿），原意爲箭杆。銅磨笴，就是石磨上用來轉動磨盤的銅製磨桿。

統鏝

《金線池》一【金盞兒】：「你可早耳朵閉眼睛昏；前門裏統鏝客，後門裏一個使錢。」

《曲江池》一【油葫蘆】：「如今那統鏝的郎漢又村，謁漿的崔護又蹇。」

《梨園樂府》上王修甫散套【越調鬪鵪鶉】：「吃緊的有統鏝的姨夫，果必是箇風流俊人物。」

《太平樂府》卷三無名氏小令【柳營曲·風目擔】：「統鏝情忺，愛錢娘嚴，少不得即里漸里病厭厭。」

《陽春白雪》後集四王伯成散套【鬪鵪鶉·尾】：「狠毒娘間別難相見，統鏝的姨夫失戀纏。」

《樂府群珠》卷四失注小令【普天樂·居】：「干廝迍的姨夫快趂，緊統鏝的郎君熱趲，忒聰明的小姐休頑。」

統鏝，謂揮霍。統，應作捅。《集韻》：「捅，吐孔切，音桶，進前也，引也。」今北語謂送入爲捅。鏝，指錢，故統鏝，即送錢，亦即揮霍之意。明·朱有燉《慶朔堂》三【石榴花】白：「嫂嫂，這是我揮金統鏝的下場頭。」亦其例。

投（tóu）

酘　頭

投：一謂醉酒之後的小飲；二猶到，猶臨；三猶面，猶邊；四謂轉；五謂合或勾引。投，或作酘、頭。

（一）

《曹彬下江南》二【醉春風】白：「若是害酒時，我有箇好方兒，著熱酒投一投便好了。」

《殺狗勸夫》二、白：「再置酒席，與我酘一酘去來。」

《硃砂擔》一【醉扶歸】白：「前面有一個小酒務兒，再買幾碗酘他
一酘。」又白：「大碗裏灑的酒來，將些乾鹽來我吃兩碗，酘過我
那昨日的酒來。」

投，原作酘，本酒名。《抱朴子・金丹》：「猶一酘之酒，不可方九醞之
醇耳。」唐・虞世南《北堂書鈔》：「九醞（yùn）酒曰酘酒。梁簡文帝【烏
棲曲】『宜城酘酒今行熟。』」明・焦竑《筆乘》卷四：「蓋重釀謂之酘酒。」
「酘酒」亦即「投腦酒」，是用肉豆脯報切如細麩炒，再用極甜酒加葱椒煮
食。但上舉各例中的「酘」或「投」用作動詞，意思是說：飲酒過多之後，
次日更須小飲以投（酘）之，頭目才會感到清醒。酘、投，同音通用。《元
曲選》音釋：「酘音豆。」

（二）

元刊本《博望燒屯》【鵲踏枝】：「一投定了華夷，一投罷了相持，
那裏想國難之時，用人之濟（際），早安排下見識，便剝官罷職。」

《拜月亭》四【水仙子】：「一投得官也接了絲鞭，我常把伊思念。」

《襄陽會》一【混江龍】：「一頭的袁紹興兵行跋扈，可又早曹公霸
道騁奸回。」

《漢宮秋》二【梁州第七】：「我雖是見宰相，似文王施禮，一頭地
離明妃，早宋玉悲秋。」

《西遊記》三本十一齣【雁過南樓】：「恰便似投天明的曉燈明滅。」

《醉寫赤壁賦》一【油葫蘆】：「投京師，應舉場。」

投，猶到，猶臨。一作頭，同音假借。作「一投」「一頭」者，意同。《後
漢書・任光傳》：「世祖遂與光等投暮入堂陽界。」「投暮」，謂至暮也。《晉
書・食貨志》：「投秋下種，至夏而熟。」投秋，謂臨秋也。《南史・何思澄
傳》：「投晚還家，所齎名必盡。」「投晚」，謂到晚或臨晚也。王安石《觀明
州圖》詩：「投老心情非復昔，當時山水故依然。」陸游《冬夜》詩：「投老
難逢身健日，讀書偏愛夜長時。」「投老」，謂到老或臨老也。宋・唐庚《湖
上》詩：「湖邊得二友，夜語投三更。」「投三更」，謂到三更也。

（三）

《介子推》四【寨兒令】：「您向當心里水甕防身，您卻四面火把燒
焚：一投於水於水浪滾，一投放火把火光焚。〔云：〕做皇帝一投
放水，一投放火。〔唱：〕那的是您天子重賢臣？」

上舉「投」字，用作方位詞，猶面，猶邊；一投，即謂一面或一邊。向，
一作頭，例如：《清平山堂話本·陳巡檢梅嶺失妻記》：「巡檢一頭行，一頭哭。」
《喻世明言·沈小官一鳥害七命》：「張公一頭走，一頭心裏想」。《水滸》第
十四回：「晁蓋一頭相待雷橫飲酒，一面自肚裏尋思。」皆其例。

（四）

《誤入桃源》三【醉高歌】：「望見那蕭蕭古寺投西，行過這泛泛危
橋轉北，早來到三家疃上熟遊地，這搭兒分明記得。」

《氣英布》二【罵玉郎】白：「據賢弟英雄蓋世，右投則右重，左投
則左重，何處不立功業？何處不取王侯？」

《魔合羅》二、白：「你投東往西行，投南往北走，轉過一個彎兒，……
則那便是李德昌家。」

投，轉也；例一投、轉互文可證。引申之作歸向解，爲《氣英布》例是
也。實則歸向也是轉的意思。

（五）

《金線池》二【牧羊關】：「不見他思量舊，倒有些兩意兒投。」

《西廂記》三本四折、白：「自從昨夜花園中吃了這一場氣，投著舊
證候，眼見得休了也。」

上舉之「投」意爲合。《西廂》例，解爲勾起，亦通。

投至

投至得　投至的　投到　頭到

《拜月亭》三【笑和尚】：「韻悠悠比及把角品絕，碧熒熒投至那燈
兒滅。」

《魔合羅》四【中呂粉蝶兒】：「投至我勘問出強賊，早憂愁的寸腸
粉碎。」

同劇四【幺篇】：「投至得推詳出賊下落，搜尋的案完備。」

《金錢記》一【油葫蘆】：「投至得華清宮初出池，花萼樓扶上馬，則他那殢風流天寶君王駕，簇擁著個嬌滴滴海棠花。」

《西廂記》一本一折【混江龍】：「投至得雲路鵬程九萬里，先受了雪窗螢火二十年。」

《陳州糶米》四【駐馬聽】：「投至的分屍在市街，我看你一靈兒先飛在青霞外。」

《老生兒》三【紫花兒序】白：「投至孩兒每來時，嗒老兩口兒先拜了墳者！」

《坯橋進履》三【尾聲】白：「頭到去上陣廝殺，壓的他大叫高聲，忽的門旗開處，便與他鬮敵相爭。」

《黃花峪》三、白：「我與你一箇馬子，投至我來家，要這一馬子濕濕。」

《爭報恩》楔、白：「投至回家，餓的你扁扁的。」

《梧桐葉》二【呆骨朵】白：「投至央及你，可倒定息了。」

投至，謂及至、等到，意猶比及。投也是至的意思，故「投至」實爲一複義詞。投至，或作投到、頭到、投至得、投至的，義並同。按：「至」、「到」同意；「頭」爲「投」的同意借用字；「得」、「的」爲語助詞，相當「了」字；投至得（的），即等到了之意。

投梭

《董西廂》卷七【正宮·尾】：「兄有援琴之挑，鄙人無投梭之拒。」

《貶黃州》一【寄生草】：「今日有曾參難免投梭誶，今日有周公難免流言講，有仲尼難免狐裘謗。」

投，擲也。梭（suō），織布工具。例一，《晉書·謝鯤傳》：「鄰家高氏女有美色，鯤嘗挑之，女投梭，折其兩齒。時人爲之語曰：『任達不已，幼輿折齒。』」謝鯤字幼輿。後因以投梭比喻婦女拒絕男子的挑誘。元稹《會眞記》：「君子有援琴之挑，鄙人無投梭之拒。」例二，投梭應作投杼，是曾參母親的故事。《國策·秦策》：「昔者曾子處費，費人有曾參者，與曾子同名，族，

殺人。人告曾子之母曰：『曾參殺人』。母曰：『吾人不殺也。』織自若。有頃，人又告，其母尚織自若。頃之，一人又告。其母懼，投杼踰牆而走。夫以曾子之賢，與母之信，而三人疑之，則慈母不能自信也。」故上兩例「投梭」含義不同。《貶黃州》中之「梭」，誤，應作「杼」。

投壺

《百花亭》一【金盞兒】白：「據此生世上聰明，今日獨步，圍棋遞相，打馬投壺……九流三教事都通，八萬四千門盡曉，端的個天下風流，無出其右。」

《太平樂府》卷九無名氏散套【耍孩兒・拘刷行院】：「不會投壺打馬，則慣撥麥看牛。」

投壺，我國古代貴族燕飲時娛樂的一種禮制。玩法是：賓主以次投矢於壺中，勝者斟酒，敗者飲之，叫做投壺。《左傳・昭公十二年》：「晉侯以齊侯宴，中行穆子相。投壺，晉侯先。」《大戴禮・投壺》：「投壺之禮，主人奉矢，司射奉中，使人執壺。」《史記・淳于髡傳》：「男女雜坐，行酒稽留，六博投壺，相引為曹。」《後漢書・祭遵傳》：「遵為將軍，取士皆用儒術，對酒設樂，必雅歌投壺。」宋・高承《事物紀原・博弈嬉戲部》：「《西京雜記》云：『漢武時郭舍人善投壺，以竹為矢，不用棘也。』古之投壺，取中不求還，郭則激矢令還，謂之驍，言如博之立碁於輩中為驍傑也。今投壺之用竹矢，為激還為驍，自郭舍人始也。」李白《梁父吟》：「帝旁投壺多玉女。」據上所引，足見此禮之古。」

頭口（兒）

《誶范叔》四【太平令】白：「丞相，這簡是頭口吃的草料，怎生與我吃？」

《魔合羅》二、白：「鎖了門戶，借個頭口，去看李德昌走一遭去來。」

同劇同折【尾】白：「下的這頭口，進的這廟來，怎生不見李大？」

《陳州糶米》三【梁州第七】白：「我如今且替他籠住那頭口兒，問他個詳細。」

頭口，即牲口，指騾馬等大牲畜。《元典章・刑部十一・偷頭口》：「達達偷頭口一箇，賠九箇；漢兒人偷頭口一箇，也賠九箇。」《京本通俗小說・拗相公》：「只是少一個頭口，沒奈何把一匹與江居坐，那一匹教他兩個輪流坐罷。」《水滸》第二回：「王進告道：『小人母親騎的頭口，相煩寄養。』」《兒女英雄傳》第十四回：「我的老爺！我這兩條腿的頭口，可比不得四條腿的頭口。」皆其例。

頭抵

頭對　頭敵　對頭　敵頭

頭抵，或作頭對、頭敵、對頭、敵頭，都是相對的意思，細析之有如下二義。

（一）

《董西廂》卷二【大石調・尾】：「手提著三尺戒刀，道：『我待與群賊做頭抵。』」

同書卷八【中呂調・碧牡丹】：「我去後必定有官防，君莫怕，我待做頭抵。」

《獨角牛》三：「〔香官云：〕今年頭對是誰？〔部署云：〕今年頭對是獨角牛，二年無對手了，則看今年一年哩！」

《調風月》二【堯民歌】：「是好哥剌和我做頭敵，咱兩箇官司有商議。」

《黃鶴樓》四【梁州】：「來、來、來！我和你做一個頭敵。」

《趙氏孤兒》四【鬭鵪鶉】白：「爭奈兩個文武不和，因此上做下對頭，已非一日。」

《東窗事犯》三【紫花兒序】：「臣統三軍捨命，與四國王做敵頭。」

《千里獨行》二【南呂一枝花】：「你當日逞英雄與曹操做敵頭，則被他倒空營，俺著他機轂。」

《謝金吾》一【青哥兒】：「明明是王樞密與俺家做對頭。」

同劇三【聖藥王】：「我須是天潢支派沒猜疑，來、來、來，我敢和你做頭抵。」

頭抵，謂對手、敵人。宋・楊萬里《聽蟬》詩：「更從誰子做頭抵，只放斜陽不放休」。又作頭對、頭敵，或作對頭、敵頭，義並同。按抵、對、敵，雙聲通假。

（二）

《劉知遠諸宮調》三【仙呂調・六么令・尾】：「求親不肯揀高樓，怕倒了高樓一世休，司公故交他女嫁敵頭。」

《董西廂》卷六【仙呂・六么令】：「一對兒佳人才子，年紀又敵頭。」

敵頭，例一是門當戶對之意；或作對頭，如《紅樓夢》第一一八回：「若說是對頭親。」「對頭親」，即謂門當戶對的親事。例二是指年紀相當。總之，兩例都是說匹配的雙方條件，不相上下。

頭陀

《董西廂》卷一【越調・尾】：「執磬的頭陀呆了半晌。」

同書卷二【大石調・玉翼蟬】：「頭陀中劍，血污了帑娑。」

《西廂記》一本四折【折桂令】：「擊磬的頭陀煩惱，添香的行者心焦。」

梵語稱僧為頭陀，其意為抖擻煩惱。《善住意天子經》云：「頭陀者，抖擻貪欲、瞋恚、愚癡。」《釋氏稽古略》云：「宗一禪師往開元寺受具，雪峰以其苦行，呼為頭陀。」按苦行能除貪瞋諸煩惱，故以頭陀稱之。今俗稱僧人之行腳乞食者為頭陀。《古今小說・明悟禪師趕五戒》描寫頭陀時云：「頭上頭髮，前齊眉，後齊項，一似一個小頭陀。」《水滸》第二十七回：「只可惜了一個頭陀」。又第三十一回：「二年前，有個頭陀打從這裏過，喫我放翻了。」明・陳汝元雜劇《紅蓮債》一折：「全不顧我惱頭陀，賣弄著聰明。」皆其例。

頭面

《魯齋郎》一【油葫蘆】：「逼的人賣了銀頭面，我戴著金頭面。」

《救風塵》一【元和令】白：「但你妹子那裏人情去，穿的那一套衣服，戴的那一副頭面，替你妹子提領系，整釵鐶。」

《後庭花》一【金盞兒】白：「你把你那首飾頭面都拿下來與我，放你兩個走了罷。」又：「李順，你看這釵鑲頭面咱！」

《鐵拐李》二【滾繡毬】：「他與你些打眼目的衣服頭面。」

《劉弘嫁婢》二【幺篇】白：「金銀玉頭面三副，不少麼？」

《百花亭》三【醋葫蘆】白：「解元，妾身只有這付金頭面，釧鐲俱全，與你做盤纏去。」

　　舊時婦女頭上戴的妝飾品叫頭面，也泛指各種妝飾品，如釧鐲之類。宋·孟元老《東京夢華錄》卷三「相國寺內萬姓交易」條：「占定兩廊，皆諸寺師姑賣繡作、領抹、花朵、珠翠頭面……之類。」宋·吳自牧《夢粱錄》卷十三「鋪席」條：記有「小市裏舒家體眞頭面鋪」。宋·周密《乾淳起居注》：「太上皇后幸聚景園，皇后先到宮中起居，入幕次，換頭面。」《清平山堂話本·簡帖和尚》：「這官人原是蔡州通判，姓洪，如今不做官，卻賣些珠翠頭面。」

　　頭面，亦指臉面，如《太平樂府》卷三王和卿小令【天淨沙·詠禿】：「笠兒深掩過雙肩，頭巾牢抹到眉邊。款款的把笠簷兒試掀，連荒道一句：『君子不見頭面。』」

頭梢

頭稍

《勘頭巾》二【黃鍾煞】：「喚公人再傳示，要推勘王小二，定頭梢，下栲指，爲明見，費神思。」

《灰闌記》二【後庭花】：「他每緊揝住我頭梢。」

《玉鏡臺》二【賀新郎】：「待尋條妙計無踪影，老姑娘手把著頭稍目領。」

《桃花女》楔【仙呂端正好】：「坐著門桯，披著頭稍，將小名兒喚，馬杓兒敲。」

《西遊記》一本一齣【後庭花】：「他把他頭梢揪住，風悄悄，水聲幽，薄葦枯。」

《對玉梳》三【迎仙客】：「似鈎住我皮膚，把不定頭梢兒豎。」

頭梢，謂頭髮，猶如眉毛稱眉梢。按梢，末也，髮生頭上稱爲梢，就像樹枝的頂端稱樹梢一樣。梢，一作稍，同音假借。

頭答

頭搭　頭踏　頭蹋

《董西廂》卷七【正宮·尾】：「得箇除授先到家，引著幾對兒頭答，見俺那鶯鶯大小大詐。」

《裴度還帶》四【雙調新水令】白：「媒婆，兀的不頭答繳蓋，狀元來了也！」

同劇同折【川撥棹】白：「祇候人，擺著頭答行！」

《遇上皇》四、白：「左右人擺開頭搭，排列齊整者！」

《東牆記》五【川撥棹】：「列頭搭在馬前，把香車簾半捲。」

《謝天香》四、白：「今借宰相頭踏，誇官三日。」

《西廂記》五本三折【收尾】白：「洛陽張珙，誇官遊街三日。第二日頭答正來到衛尚書家門首。」

《生金閣》一、白：「我若是在那街市上擺著頭踏，有人衝撞我的馬頭，一頓就打死了。」

《金錢記》二【滾繡毬】白：「左右，擺開頭踏，慢慢的行。」

古代官員出行時，走在前面的儀仗（如：旗、鑼、傘、扇……）叫做頭答。頭答，或作頭搭、頭踏、頭蹋；宋·朱象賢《聞見偶錄》又作頭達，音近義并同。在舞臺上，京劇裏的龍套，即由摹擬頭踏，衍變而來。

頭裏

頭裏：一指先前；二指前面。此語現在仍流行。

（一）

《忍字記》楔、白：「兀那君子，你這一會兒比頭裏可是如何？」

《張天師》二、白：「頭裏宋曾鬧時，還是午時，方纔鬧了，他可早交酉時了。」

《羅李郎》楔、白：「老爹頭裏打小哥時，打了他幾下，倒也罷了。」

《千里獨行》二、白：「一頭裏不醉，雲長一見了張虎說他玄德、張飛，雲長就推沉醉，則怕此人要去尋劉玄德、張飛去。」

《凍蘇秦》二【煞尾】白：「老弟子孩兒，頭裏我勸你時，搶白的我沒是處。」

《馬陵道》楔、白：「哥哥過去了也。他頭裏未曾過去時，這橋還壯哩！」

頭裏，指先前，就時間而言。

（二）

《合同文字》一【賺煞尾】：「不爭我病勢正昏沉，更那堪苦事難支遣，忙趕上頭裏的喪車不遠，眼見得客死他鄉，有誰祭奠？」

頭裏，指前面，就空間而言。

頭錢

《調風月》一【尾】：「先交我不繫腰裙，便是半簸箕頭錢撲箇復純，教人道眼裏有珍，你可休言而無信。」

《燕青博魚》二【混江龍】：「挲著這常占勝不占輸、只愁富不愁窮、明丟丟的幾個頭錢問，錢那！我若是告一場響豁，便是我半路裏落的這般勤。」

同劇同折【那吒令】白：「將頭錢來！我和你博這尾魚咱！」

同劇同折【金盞兒】：「〔燕大云：〕你挲頭錢來我看咱！〔正末云：〕這個是頭錢。〔燕大云：〕這錢昏，字饅不好。」

頭錢，一種賭具。賭法是：攤若干錢在手掌上，向外播出，看有幾個正面幾個背面，以定輸贏。那個錢就叫做頭錢。後來謂聚賭抽頭所得之錢為頭錢。又謂頭錢猶言一錢。宋·陸游《老學庵筆記》卷十云：「唐小說載李紓侍郎罵負販者云：『頭錢價奴兵。』頭錢，猶言一錢也。故都俗語云：『千錢精神頭錢賣』，亦此意云。」

頭直上

《金鳳釵》一【混江龍】：「頭直上打一輪皂蓋。」

《任風子》一【那吒令】：「哎！這婆娘不賢，頭直上有天。」

《西廂記》一本二折【迎仙客】：「頭直上只少箇圓光，卻便似捏塑來的僧伽像。」

《瀟湘雨》三【喜遷鶯】：「怎當這頭直上急簌簌雨打，腳底下滑擦擦泥淤。」

《合汗衫》一【天下樂】：「頭直上傘蓋如雲。」

《倩女離魂》三【二煞】：「頭直上打一輪皁蓋，馬頭前列兩行朱衣。」

頭直上，即頭頂上，和腳底下恰成反向。今某些地方方言仍如此說。《劉知遠諸宮調》十一【仙呂調·戀香衾·尾】：「李洪義撞到頭直上。」直上、直下，唐語已然，如白居易《夢仙》「半空直下視，塵世黑冥冥。」

頭廳相

頭庭相

《謝天香》二【梁州第七】：「這爺爺行思坐想，則待一步兒直到頭廳相。」

《玉鏡臺》一【油葫蘆】：「早熬的蕭蕭白髮滿頭霜，幾時得出爲破虜三軍將，入爲治國頭廳相？」

《澠池會》四【折桂令】白：「武將廉頗安社稷，相如謀略古今傳；加你爲上卿之職頭庭相，廉頗你總領三軍金印懸。」

《秋胡戲妻》四【喬牌兒】：「哎！你個水晶塔便休強，這的是魯公宣賜與個頭廳相，著還家來侍奉你娘。」

頭廳相，指宰相、大官。或作頭庭相，音義同。

禿刷

剔抽禿刷　踢收禿刷　剔抽禿揣

《兩世姻緣》一【油葫蘆】：「情知那乾村沙怎做的玉天仙？那裏有野鴛鴦眼禿刷的在黃金殿？」

《蝴蝶夢》三【醉太平】：「告哥哥可憐，他三個足丟沒亂，眼腦剔抽禿刷轉，依柔乞煞手腳滴羞篤速戰。」

《後庭花》二【鬪蝦蟆】:「不由我滴羞跌屑怕怖，乞留兀良口絮，剔抽禿刷廝覷，迷留迷亂躊躇。」

《追韓信》一【勝葫蘆】:「他把我踢收禿刷觀覷。」

《虎頭牌》一【油葫蘆】:「眼腦又剔抽禿揣的慌。」

禿刷，形容人著慌時眼睛轉動或打量的樣子。又作剔抽禿刷、踢收禿刷、剔抽禿揣，重言之，是爲了加重語氣。

禿廝

《董西廂》卷二【正宮·甘草子】:「這禿廝好交加!」

《東坡夢》二【隔尾】白:「這禿廝倒著言語譏諷咱。」

《西廂記》一本二折【朝天子】:「〔末背云〕這禿廝巧說!你在我行、口強，硬抵著頭皮撞。」

《合汗衫》四【得勝令】白:「母親，你好喬也!丟了一箇賊漢，又認了一箇禿廝。」

《竹葉舟》楔、白:「且住，待我鬪這禿廝耍子。」

和尚落髮，稱爲禿人。《涅槃經》三:「故發心出家，如是之人名爲禿人。」禿廝，則爲對和尚的詈詞，猶如說:禿傢伙、禿驢。因和尚剃光頭，故爲此語以嘲謔之。

禿禿茶食

吐吐麻食

《酷寒亭》三、白:「他家裏吃的是大蒜臭韭、水答餅、禿禿茶食。」

《延安府》二、白:「家中是三菩薩、濟哩必牙、吐吐麻食。」

禿禿茶食，一作吐吐麻食，蒙語，一種麵食品。元·和斯輝《飲膳正要》:「禿禿麻食，係手撇面，補中益氣。」按「禿禿」與「吐吐」、「茶」與「麻」，都是譯音上的差別，意同。

荼毗（tú pí）

《猿聽經》四【沉醉東風】白:「不想袁生坐化，貧僧下火已入，荼毗已了。」

茶毗，梵語，意譯爲焚燒，即火葬也。《大鑑清規》：「入滅第三日茶毘。」茶毘即茶毗。

僧侶死亡，亦曰茶毗。《故事成語考·釋道鬼神》：「曰圓寂、曰茶毗，皆言和尙之死。」明·朱權《冲漠子》雜劇二折：「酒也！你把一箇晉劉伶荷鍤的將身棄，把一箇李太白捫月而歸，把一箇爲糟堤送上南朝去，把一箇因酒海又闍毗。」「又闍毗」，謂因酒又致死亡也。「闍毗」即「茶毗」，翻譯時用字不同。

屠毒

《生金閣》一【賺煞】：「你強奪了花枝媳婦，又將咱性命屠毒。」

屠毒即荼毒，荼爲苦荣，毒有害意，引申爲苦痛、虐害之意。《詩·大雅·桑柔》：「民之貪亂，寧爲荼毒。」《書·湯誥》：「罹其凶害，弗忍荼毒。」傳：「荼毒，苦也，不能堪忍虐之甚。」孔穎達疏：「《釋草》云：荼，苦荣，此荣味苦，故假之以言人苦。毒謂螫人之蟲、蛇、虺之類，實是人之所苦，故並言荼毒，以喻苦也。」《國語·周語下》：「寧爲荼毒。」《後漢書·趙壹傳》：「戰國愈復增其荼毒。」唐·李華《弔古戰場文》：「荼毒生靈，萬里朱殷。」按「屠」爲「荼」的同音假借字。

屠沽（子）

《范張雞黍》二【南呂一枝花】：「今日個秀才每遭逢著末劫，有那等刀筆吏入省登臺，屠沽子封侯建節。」

《詞林摘艷》卷三呂景儒散套【哨遍·守道窮經度日】：「你莫不是屠沽子刀筆吏？」

《太平樂府》卷二馬致遠小令【撥不斷】：「子房鞋，買臣柴，屠沽乞食爲僚宰。」

屠謂屠戶，沽謂賣酒者。屠沽，是舊時對從事這類職業者的蔑稱。漢·劉安《淮南子·氾論》：「夫發於鼎俎之間，出於屠酤（同沽）之肆。」《後漢書·郭泰傳》：「召公子、許偉康並出屠沽。」又同書《禰衡傳》：「是時許都新建，賢士大夫四方來集。或問衡曰：『盍從陳長文、司馬伯達乎？』對曰：『吾焉能從屠沽兒耶！』」宋·陸游《老學庵筆記》卷七云：「王荊公素不樂滕元發、鄭毅夫，目爲『滕屠』、『鄭沽』。」據此知鄙視屠沽業者，由來已久。

圖賴

《勘頭巾》一【醉中天】白：「原來不曾咬著，這弟子孩兒這等圖賴
人！」

《謝金吾》一【青哥兒】：「那廝拆壞了咱家第宅，倒把著大言大言
圖賴。」

俗語謂藉端敲詐財物、誣陷良善或企圖否認某事，皆曰圖賴，與誣賴意
近。《六部成語‧刑部‧圖賴》注：「圖謀誣賴他人也。」《京本通俗小說‧菩
薩蠻》：「卻說這般鬼話來圖賴人。」《今古奇觀‧沈小霞相會出師表》：「買放
了要緊人犯，卻來圖賴我。」《福惠全書‧刑名部‧人命上‧總論》：「久病自
故揑詞誣告，移屍圖賴，嚇詐金錢。」皆其例。

土木八

《延安府》二：「〔回回官人云：〕經歷，挐那土木八來！〔經歷云：〕
有！令人挐過那廚子來！〔廚子跪科。〕〔回回官人云：〕兀那廚
子！聖人言語，著俺這八府宰相在此飲酒，你安排的茶飯都不好
吃。……經歷，與我挐出去打四十者！」

土木八，廚子；疑為回語。蒙語呼廚子為「保兀兒赤」（見明‧火源潔
《華夷譯語‧人物門》）。

兔胡

兔鶻　玉兔胡　玉兔鶻

《調風月》二【十二月】：「把兔胡解開，扭扣相離。」

《麗春堂》一【鵲踏枝】：「衲襖子繡攙絨，兔鶻碾玉玲瓏，一個個
躍馬揚鞭，插箭彎弓。」

《調風月》四【駐馬聽】：「官人石碾連珠，滿腰背無瑕玉兔胡。」

《金安壽》三【賢聖吉】：「縷金鞓玉兔鶻，七寶嵌紫珊瑚。」

《射柳捶丸》四【梅花酒】：「呀！你可便看我結束頭巾砌珍珠，繡
襖子絨鋪，鬧粧帶兔鶻。」

《五侯宴》三【倘秀才】：「那官人繫著玉兔鶻連珠兒石碾，戴著頂
白氈笠前簷兒慢捲。」

《虎頭牌》二【醉娘子】：「頭巾上砌的粉花兒現，我繫的那一條玉兔鶻是金廂面。」

兔胡，金代一種束帶；最好的是用玉做裝飾的稱玉兔胡，其次用金，再次是犀象骨角。《金史·輿服志下》：「金人之常服四：帶，巾，盤領衣，烏皮靴。其束帶曰吐鶻。」又云：「吐鶻，玉爲上，金次之，犀象骨角又次之。」按吐鶻即兔鶻，亦即兔胡。此語今河北省安國縣仍在使用，如說「下穿褲衩，上繫兔鶻」，天津方言謂之「腰硬子」。王季思云：「兔鶻原是一種白色獵鷹，因爲它的貴重，也用以稱玉帶。」（見《玉輪軒曲論》）備參。

兔毛大伯

元刊本《看錢奴》【鬼三台】：「元來是我那兔毛大伯有鈔使，全押（壓）著郭巨埋兒，明達賣子。」

《太平樂府》卷九高安道散套【哨遍·嗓淡行院】：「撲紅旗裏著慣老，拖白練纏著胐瞅，兔毛大伯難中瞅。」

關於「兔毛大伯」的解釋，周貽白說：「或是反穿皮褂如七里灘之嚴子陵乎？」語在疑似之間；朱居易在《元劇俗語方言釋例》中則斷言爲「土財主」：各有所取，但不全面。朱居易的解釋，只適合於《看錢奴》例。而《太平樂府》例則是另一回事。據宋·周密《武林藝事》卷二「大小全棚傀儡」舞隊名下有「兔吉」，原注：「兔毛大伯」。則「兔毛大伯」當係舞隊（傀儡）名：再從上舉《太平樂府》例中接連舉了「撲旗」、「拖練」、「兔毛大伯」、「踏轎」、「番跳」、「登踏判」、「調隊子」、「疙疸鬼」等八種技藝看來，兔毛大伯很可能是一種舞蹈技藝名，角色則是一個翻穿皮衣的老大爺。金、元人習稱老叟爲大伯，亦合乎舞蹈創造的時代背景。

團

糰　清團

《董西廂》卷四【中呂調·古輪臺】：「爭奈他家不自由，我團著，情取簡，從今後，爲伊瘦。」

同書卷六【雙調·倖倖戚】：「我團著這妮子做破大手腳。」

《兒女團圓》二【黃鍾尾】：「使不著你糕也似團，婆婆也，我則要謎也似猜。」

元刊本《薛仁貴》【醋葫蘆】：「不索你糕也似糰，謎也似猜，我運
漿持水趲下資財。」

《劉知遠諸宮調》一【南呂宮·應天長】：「此般希差（詫）事，慈
父你試清（猜）團。」

團，猜想、估量之意。糰、團用音假借。「清」疑爲「猜」之訛，清團，
即猜團，爲複義詞。韓愈《南山》詩：「團辭試提絜，掛一念漏萬。」是說要
想提綱絜領下一約估之辭，又擔心概括不了，掛一而漏萬。宋·晁元禮【少
年遊】詞：「眼來眼去又無言，教我怎生團？」此「團」字亦猜想意。

團衫

《望江亭》三【調笑令】白：「你和張二嫂說：大夫人不許他，許他
做第二個夫人，包髻、團衫、繡手巾，都是他受用的。」

《調風月》一【尾】白：「許下我包髻、團衫、袖手巾，專等你世襲
千戶的小夫人。」

《西廂記》四本十三齣【賺煞尾】：「我按不住風流俏膽，連理枝頭
誰下砍，對菱花接上瑤簪，過得南山，則小簡包髻、團衫。」

《金安壽》三【雙鴈兒】：「團衫纓絡綴珍珠，繡包髻鸂鶒袱。」

《樂府群珠》卷一失注小令【喜春來·間阻】：「冠兒褙字多風韻，
包髻團衫也不村。」

女眞婦女上衣謂之團衫。《金史·輿服志》：「女眞婦人，上衣謂之團衫，
用黑紫或皁及紺，直領左衽，掖縫兩傍，後爲雙襞積，前拂地，後曳地尺餘。」
《續文獻通考·王禮考》：「定命婦團衫之制。」明·張昱《白翎雀歌》：「女
眞處子舞進觴，團衫鞶帶分兩傍。」按元代禮俗：娶妻訂婚禮品，有羊酒、
紅定等綵禮；娶妾只用包髻、團衫、繡手巾。

團瓢

團標　團苞　團茆

《李逵負荊》三【雙鴈兒】：「就恨不一把火，刮刮拶拶燒了你這艸
團瓢。」

《硃砂擔》一【賺煞尾】：「回來一把火燒了你這草團瓢。」

《忍字記》一【賺煞】：「我今蓋一座看經修煉的團標。」

《黃梁夢》三【六國朝】白：「這山前有一個草團標。」

《太平樂府》卷一孫周卿小令【蟾宮曲·自樂】：「草團標正對山凹。」

《詞林摘艷》卷一王太傅小令【沉醉東風·樂閑】：「對溪蓋一座團標。」

《劉知遠諸宮調》二【般涉調·尾】：「團苞用草苫著，欲要燒毀全小可。」

《樂府群珠》卷四張雲莊小令【普天樂·辭參議還家】：「遠是非，絕名利，蓋座團茆松陰內，更穩似新築沙堤。」

　　圓形草屋，名團瓢。清·龔賢《畫訣》：「空者為亭，實者為團瓢。」元·何中《涿州道間雪霽》詩：「團瓢忽雞鳴。」瓢，或作標、苞、茆（茅），北人口語，呼濁音瓢為標、苞、茆。或又作團焦，如《北齊書·神武帝紀上》：「後從榮（尒朱榮）徙據并州，抵揚州邑人龐蒼鷹，止團焦中。」明·方以智《通雅·宮室》：「團焦，團標也。」又云：「今人曰團瓢，謂為一瓢之地也。」

團臍（tuán qí）

《岳陽樓》一【油葫蘆】：「正菊花秋不醉倒陶元亮，怎發付團臍蟹一包黃？」

《延安府》二【尾聲】白：「你見人家好歃呵，便要胡鉗；他若不與你呵，你可著你那祗從人團臍將上來。」

《詞林摘艷》卷六馬九皋散套【端正好·訪知音習酬和】：「團臍蟹味欺著錦鯉，嫩黃雞勝似肥鷺。」

　　雌蟹腹甲形圓，謂之團臍，如一、三兩例。宋·陸游《記夢》詩：「團臍霜蟹四腮鱸，尊俎芳鮮十載無。」明·李禎《剪燈餘話》卷二《秋夕訪琵琶亭記》：「多買團臍之蟹。」皆其例也。引申之作圍攏、包圍解釋，如例二。

推磨

《對玉梳》二【賽鴻秋】:「則俺那雙解元普天下聲名播,哎!你個馮員外捨性命推沒磨。」

《雲窗夢》一【上馬嬌】:「推的箇沉點點磨桿兒滴溜溜的轉,暢好是顛,眼暈又頭旋。」

《貨郎旦》一【寄生草】:「只怕你飛花兒支散養家錢,旋風兒推轉團圓磨。」

《太平樂府》卷三張小山小令【柳營曲·妓怨】:「赤緊地板障婆婆,水性嬌娥,愛他推磨小哥哥。」

《雍熙樂府》卷十六散套【金落索·愁悶】:「勤兒推磨,好似那飛娥投火。」

推磨,本意是轉動磨石,這裏借喻嫖客爲妓女奔走效勞,就象牛馬推磨一樣。

腿脡 (tuǐ tǐng)

腿鞓

《黑旋風》一【二煞】:「我將煙氈帽遮了眼睛,粗布帛縛了腿脡,著誰人識破我這喬行逕?」

《昊天塔》三【滾繡毬】:「這便是膝蓋骨帶腿脡全付。」

《來生債》四【喬牌兒】:「諕的我意癡癡,身倒偃,把不住的腿脡顫。」

《猿聽經》二【罵玉郎】:「我這裏心驚顫,心驚顫,腿鞓搖。」

腿脡,即股脛(腿肚子)。俗稱股爲大腿,脛爲小腿。脡,一作鞓(tīng),音近借用。

囤塌 (tún tā)

停塌　頓塌

《陳州糶米》二【煞尾】:「河涯邊趲運下些糧,倉厫中囤塌下些籌。」

《桃花女》一【混江龍】:「俺可也比每年多餘黍麥,廣有蠶桑,囤塌細米,垛下乾柴。」

《陽春白雪》後集三劉時中散套【端正好·上高監司】：「殷實戶欺心不良，停塌戶瞞天不當。」

《樂府群玉》二喬夢符小令【水仙子·爲友人作】：「愁行貨頓塌在眉尖。」

囤塌，謂囤積、儲存。囤，屯聚之也（見漢·劉熙《釋名》）。按俗云囤貨、囤糧均此義。「停塌戶」，即囤積戶。囤，一作停、頓，音近借用。

拖逗

迤逗　迱逗　拖鬭

《謝天香》四【石榴花】：「莫不是將咱故意相拖逗，特教的露醜呈羞。」

《漢宮秋》二【三煞】：「爭忍教第一夜夢拖逗，從今後不見長安見北斗，生扭做織女牽牛。」

《董西廂》卷四【仙呂調·繡帶兒】：「多應是你，廝迤廝逗。」

《西廂記》一本二折【醉春風】：「迤逗得腸荒，斷送得眼亂，引惹得心忙。」

《秋胡戲妻》四【折桂令】：「誰著你戲弄人家妻兒，拖逗人家婆娘！」

《竹葉舟》二【鴛鴦煞尾】：「你則爲功名兩字相迤逗，生熬得風波千里親擔受。」

《劉行首》二【伴讀書】：「我、我、我，迤逗的心内焦，惡噷噷的高聲叫。」

《五馬破曹》一【寄生草】白：「你去關下搦戰，將曹兵拖逗的離了陽平關數十里。」

《小尉遲》三【調笑令】：「我見他遮截好省氣力，卻怎生倒拖鬭的我氣喘狼籍。」

《太平樂府》卷二貫酸齋小令【清江引·惜別】：「無處托春心，背立秋千下，被梨花月兒迱逗煞。」

逗，逗引也。故拖逗有勾引、引誘、引惹、牽引、糾纏等義。上舉《謝天香》、《秋胡戲妻》、《竹葉舟》、《五馬破曹》等例，皆勾引、引誘意也。《西

廂記》、《劉行首》等例，皆引惹意也。《董西廂》、《漢宮秋》等例，皆牽引、
糾纏意也。意均相近，而又微有區別。

又有作攛掇、慫恿講的，如《東牆記》三：「我想來，都是這小賤人迤逗
的來。」作帶累講的，如《小尉遲》例。作輕慢講的，如《殺狗勸夫》一：「這
村醪酒剛半盆，紙錢兒值幾文？不是我將父母相拖逗，也是你歹孩兒窮孝順。」
作打鬧講的，如《翫江亭》三：「我可便見他呵，相逢處，這一場迤逗！」作
擺脫講的，如《陰山破虜》：「則要他施爲，迤逗調（掉）匈奴。」以上皆前
義的引申。

參見「挑嚲」條（一）。

拖翻
拖番

> 《延安府》三【白鶴子】白：「打我拖翻則管打，張千是箇狗骨頭。」
>
> 元本《琵琶記》十六【普賢歌】：「官司點義倉，並無些子糧，拚一
> 　個拖番吃大棒。」又白：「若還把我拖番，便叫高擡明鏡。」

拖翻，謂扯倒。翻，省作番；又作泛，音近借用。如明·李開先《詞謔》
一：「令軍牢拖泛責打。」即其一例。

拖麵

> 《東坡夢》一【後庭花】白：「拖麵煎草鞋，醬拌鵝卵石，快些管待
> 　學士。」

用肉塊或魚塊放在麵粉糊中攪拌過，然後再放到油中煎炸而成的一種食
品，叫做拖麵，也稱花魚或花肉。明·無名氏《齊天大聖》三、白：「打緊的
這兩日東西又貴，止尋了些野味兒，頭一道是川炒癩頭黿，第二道是油煠叫蟆
蚱，第三道是拖麵煎蠍虎。」亦一例。現在烹飪方法中仍有此法。

拖地錦
拖地紅

> 《西廂記》三本四折【幺篇】：「不圖你甚白璧黃金，則要你滿頭花、
> 　拖地錦。」

《兩世姻緣》四【雙調新水令】：「拖地錦是鳳尾旗，撞門羊是虎頭牌。」

《牆頭馬上》三【駐馬聽】：「也強如帶滿頭花，向午門左右把狀元
接；也強如掛拖地紅，兩頭來往交媒謝。」

明・閔遇五注《西廂》云：「滿頭花妝雜，拖地錦裙長，掩足之不織也。」
王季思注《西廂》云：「則滿頭花實命婦出外時之盛裝，拖地錦實女子結婚時
之披紅也。」按：拖地錦，即拖地紅，指結婚時女子的披紅。

拖地膽

《單刀會》三【堯民歌】白：「左右報伏去，有江下魯子敬，差上將
拖地膽黃文，持請書在此。」

《鐵拐李》二【倘秀才】：「他那擎天柱官人每得權，俺拖地膽曹司
又愛錢。」

拖地膽，比喻膽量大，故以此為綽號。

拖狗皮

拖狗皮：一指吃白食；二用作詈辭，借狗罵人。

（一）

元刊本《氣英布》二、白：「我不認的劉沛公！放二四，拖狗皮，
是不回席。」

脈望館鈔校本《青衫淚》四【蔓菁菜】：「大賒淡酒，幫人家拖狗皮
的措大，妄往常酒布袋將他廝量抹，怎想他也治國平天下。」

《薦福碑》四【水仙子】：「眼睜睜現放著傍州例，我則去那菜饅頭
處拖狗皮。」

以上三例，皆吃白食之意。例一，明言「不回席」，可證；明・徐仲山《殺
狗記》七【前腔】：「每日只是拖狗皮，那曾見回個筵席」，亦其例。二、三兩
例，從「酒布袋將他廝量抹」、「菜饅頭處拖狗皮」兩語來看，意亦顯然。

（二）

《望江亭》三【調笑令】：「見官人遠離一射，索用甚從人攔當者，
俺只待拖狗皮的拷斷他腰截。」

《氣英布》三【脫布衫】：「那時節在豐沛縣草履團頭，常則是早辰間露水裏尋牛，驪山驛監夫步走，拖狗皮醉眠石白。」

《剪髮待賓》一【寄生草】：「則你這拖狗皮纏定謝家樓，幾時得布衣人走上黃金殿？」

《殺狗勸夫》三【幺篇】：「是一個啜狗尾的喬男女，是一個拖狗皮的賊醜生。」

《盛世新聲》亥集小令【折桂令】：「見如今鶯朋燕友交雜，拖狗皮從他，踏狗尾休誇。」

以上五例，拖狗皮，即披狗皮，意謂非人類，是罵人的話。

脫空

脫空禪

《劉知遠諸宮調》十一【黃鍾宮・尾】：「金印奴家緊藏著，休疑性不與伊呵，又怕是脫空謾謊我。」

《救風塵》四【雙調新水令】：「笑吟吟案板似寫著休書，則俺這脫空的故人何處？」

《西廂記》二本四折【東原樂】：「這的是俺娘的機變，非干是妾身脫空。」

《馬陵道》一【後庭花】：「我對大人行會脫空。」

《敬德不伏老》二【中呂粉蝶兒】：「爲甚麼忙出星州，我將這脫空禪近來參透。」

《詞林摘艷》卷一劉庭信小令【水仙子・相思】：「藕絲兒縛虎是難縛，濕紙兒包龍怎地包，草圈兒套鳳如何套，似這般脫空禪參透了，磨桿兒再休想湯著。」

脫空，即說謊、不踏實、無著落、掉弄玄虛。宋・陶岳《五代史補》卷五：「今一旦反作脫空漢，前功業盡棄，令公之心安乎？」清・厲鶚、查仁《絕妙好詞續鈔箋》「陸游」條，蜀妓答放翁客詞：「說盟說誓，說情說意，動便春愁滿紙。多應念得脫空經，是那個先生教底？」朱熹《朱子全書・大學二》：「如人說十句話，九句實，一句脫空，那九句實底，被這一句脫空底

都壞了。」《宣和遺事·亨集》：「朕語為敕，豈有浪舌天子、脫空佛？」宋·王君玉《續纂》「改不得」條：「好說脫空。」《京本通俗小說·西山一窟鬼》：「自己也認做眼花了，只得使個脫空，瞞過道……」據此知五代以來，已有此語。

脫空，或作托空，如《神仙會》一：「引的他出迷途，再不入托空城。」或作托空，如《輟耕語錄》：「苦相思兩手託空。」又作稍空，如《宋史·宇文虛中傳》：「樞密不稍空，我亦不稍空，如中國人稱脫空，遂解兵北去。」義並同。

脫空禪，猶言脫空經，指說謊話的經典書籍。

脫稍兒

《金錢記》三【滿庭芳】：「都只為掉罨子鸞交鳳友，到做了個脫稍兒燕侶鶯儔。」

脫，意為失落；稍，下場；稍兒，意為了局、收梢結果。脫稍兒，有沒好下場、無結果、不得團圓等意。徐嘉瑞解作「分飛」（見《金元戲曲方言考》），近是。

駝垛（tuó duò）

《虎頭牌》二【忽都白】：「我就著人打開駝垛，將一領棉團襖子來，與哥哥禦寒。」

《西遊記》二本五齣【尾聲】白：「驛子那裏？打起駝垛馬，趁早行一程。」

同劇六本二十一齣【鵲踏枝】：「我則道唐僧怎生一箇高足徒弟，元來是箇打駝垛受苦的天尊。」

駝垛，謂駱駝背上所載的囊子，裏面可以裝載貨物和行李。